1789 A 1889

UN SIÈCLE
DE
RÉVOLUTIONS
EN FRANCE

POLITIQUE DE LA RÉVOLUTION
ET POLITIQUE CHRÉTIENNE ET FRANÇAISE

PAR

A. DE SAINTE-MARIE

PARIS
LIBRAIRIE VICTOR PALMÉ
(SOCIÉTÉ GÉNÉRALE DE LIBRAIRIE CATHOLIQUE)
76, rue des Saints-Pères, 76

BRUXELLES	GENÈVE
SOCIÉTÉ BELGE DE LIBRAIRIE	**Henri TREMBLEY**
VANDENBROECK, Diecteur	LIBRAIRE-ÉDITEUR
8, rue du Treurenberg, 8	4, rue Corraterie, 4

1888

UN SIÈCLE

DE

RÉVOLUTIONS EN FRANCE

1789 A 1889

UN SIÈCLE
DE
RÉVOLUTIONS
EN FRANCE

POLITIQUE DE LA RÉVOLUTION
ET POLITIQUE CHRÉTIENNE FRANÇAISE

PAR

A. DE SAINTE-MARIE

PARIS
SOCIÉTÉ GÉNÉRALE DE LIBRAIRIE CATHOLIQUE
Victor PALMÉ, Directeur général
76, rue des Saints-Pères, 76

BRUXELLES	GENÈVE
SOCIÉTÉ BELGE DE LIBRAIRIE	Henri TREMBLEY
VANDENBROECK, Directeur	LIBRAIRE-ÉDITEUR
8, rue du Treurenberg, 8	4, rue Corraterie, 4

1888

PRÉFACE

Je ne puis pas dire : « Prends et lis ! » car la voix qui disait ces mots à l'oreille du fils de Monique était une voix divine ; et le livre à lire était l'Écriture sainte, le livre de vérité et de vie.

Mais combien de Français aveuglés et entraînés encore par les erreurs, les passions, les intérêts révolutionnaires, auraient besoin de voir sous un jour nouveau l'histoire de nos discordes civiles ! Je désire que ce livre soit du moins un éclaircissement.

L'heure actuelle est une de ces heures capitales où sont en suspens les destinées de l'avenir. Les graves problèmes sociaux et politiques ont en ce moment pour se traiter des armées innombrables prêtes à entrer en lice ! Des hommes d'État, princes et parlements, hardis ou imprévoyants, habiles ou inhabiles, manieront des forces brutales et terribles.

Par quelle suite d'événements et d'idées est-on arrivé là ?

La Révolution française par ses principes et ses conséquences apparaît à toutes les pages de l'histoire européenne. Le bouleversement des conquêtes soit par nous, soit contre nous ; les rénovations d'Empires soit par nos gloires, soit par nos défaites; nos bouleversemenis intérieurs enfin, nous ont conduits à un point où il nous faut savoir clairement ce qu'a été la Révolution, et ce qu'elle est, pour ne pas en périr. Quelles peuvent être pour la France les voies du salut? qu'y a-t-il devant nous? la déchéance, ou le maintien d'une grandeur utile à nous et au monde ?

Un siècle de révolutions, et pas encore terminées !

POLITIQUE
DE
LA RÉVOLUTION

LIVRE PREMIER

LES IDÉES ET SYSTÈMES

CHAPITRE PREMIER.

LA RÉVOLUTION.

Depuis un siècle nous avons eu plusieurs Révolutions; mais il y a ce que l'on a nommé et non sans cause, la grande Révolution; car cette Révolution a été, et a voulu être une Révolution sociale.

A l'encontre du Christianisme, elle a voulu changer le monde, et elle poursuit encore cette vaste entreprise.

Elle a dit : moi aussi et à mon tour, je renouvellerai la face de la terre.

Le monde a été renouvelé au nom de Jésus-Christ, l'Homme-Dieu, moi je le renouvellerai au nom de l'homme seul.

Elle a dit, n'ayant rien trouvé de mieux que de s'approprier un chant triomphateur, arrière tout ce qui m'a précédé! Tout cela vieilleries! *Recedant vetera*, et que toutes choses, de par moi, soient nouvelles! *Nova sint omnia*.

Ces nouveautés n'ont été en grande partie, que des évocations, antiques et païennes. Néanmoins elle est bien nommée à titre général la Révolution, cette Révolution française qui éclata il y a un siècle, et dont on veut fêter le centenaire ; cette Révolution dont le socialisme de nos jours n'est qu'un tronçon, dont le républicanisme n'est qu'une forme, et dont le nihilisme et l'anarchie ne sont que des conséquences dernières.

Elle englobe les autres Révolutions, et les domine de toute la différence qu'il y a entre s'attaquer à des hommes, à des formes, institutions, et pouvoirs politiques ; ou bien s'attaquer à Dieu, au Christ, à son Église, à la Société chrétienne tout entière.

Aux histoires de la Révolution, j'ai souvent trouvé qu'il manquait un inventaire des hommes et des idées. C'est cet inventaire que des ouvrages remarquables et récents ont commencé ou fait. (Rousset, Taine, etc.)

Pour moi, laissant de côté les hommes, afin de ne m'attacher qu'aux idées, je veux aussi faire cet inventaire historique de la Révolution, de ses principes et de leurs conséquences.

Cette étude de la politique révolutionnaire nous fournira, par contraste, une étude première de la politique chrétienne.

Je n'amoindrirai pas la Révolution ; encore moins veux-je l'exalter.

On a dit que Milton avait donné tant de grandeur à Satan, que dans son poème, si Lucifer n'égalait pas tout à fait Dieu, il dépassait les anges ses vainqueurs.

Dans le combat de la Révolution contre le Christianisme, et dans ces tentatives renouvelées jusqu'à nos jours, pour détrôner le Christ et lui ôter l'empire de la France et du monde, il y a aussi, surtout au début, une grandeur épique.

Le Satan révolutionnaire n'a pas seulement livré à la Société chrétienne d'effroyables batailles ; il a eu, il a des hymnes à sa gloire, des enthousiastes pour le célébrer et appeler ses soldats des géants, il a des milices nombreuses pour répondre à ses appels, et des trompettes retentissantes pour acclamer son nom.

Observateur de cette lutte, et minime soldat dans les rangs

chrétiens, je désire éclairer les causes et les résultats de cette mêlée où les destins de l'homme et de l'humanité ont été mis en cause.

Mais je crois au triomphe chrétien !

Si le xviiie siècle, après avoir banni Jésus-Christ de ses autels, tué et dispersé ses prêtres, détruit et mutilé ses églises, adoré la déesse Raison au temple même de Notre-Dame de Paris, et substitué à l'ère chrétienne, l'ère de la Révolution ; si le xviiie siècle s'est pourtant effondré devant le xixe siècle, et que celui-ci dès sa naissance ait, avec le concordat, rétabli le Christianisme en France, ce xixe siècle n'a pas failli dans les grands combats pour l'Église ; il ne sera pas arrêté dans sa fin par l'astuce des dernières embûches.

Après avoir montré, dans l'ampleur de ses desseins, la politique de la Révolution, j'essaierai pour des jours meilleurs et non éloignés de tracer le tableau plus grand et plus durable d'une politique chrétienne et française.

CHAPITRE II

LE PROTESTANTISME ET LA RÉVOLUTION.

La Révolution a pu vraiment s'appeler française, parce que c'est la France qui a donné ses plus complets développements, et ses dernières limites, à la vaste Révolution dès longtemps commencée.

Mais c'est l'Allemagne qui a ouvert la voie : l'Angleterre l'a suivie, puis la France mûrissant le fond des idées, leur a donné une extension et une expansion immenses et imprévues.

Le XVIe siècle et le XVIIIe siècle s'allient et se répondent. Protestantisme et Révolution française sont de violentes attaques au Christianisme ; les premières plus limitées, les dernières à fond et sans limites.

Les premières, en attaquant et détruisant dans une part de l'Europe le Catholicisme, ont eu la prétention d'épurer le Christianisme ; de l'affermir en ébranlant l'œuvre des siècles passés, et en lui ôtant l'unité de son autorité et de ses dogmes ; enfin de le mieux conformer aux idées variées de la raison humaine : les secondes, en s'attaquant au Christianisme entier, ont une prétention plus vaste : c'est que, devant la raison humaine, il tombe et disparaisse.

Au résumé, ces deux attaques sont reliées entre elles, non-seulement par leur violence, mais par leur principe.

Entre le XVIe et le XVIIIe siècle se place le XVIIe siècle qui semble différent. Épanouissement d'un siècle affermi dans la religion, après tout un siècle de luttes religieuses, le XVIIe siècle fut une floraison de grandeurs intellectuelles, et de grandeurs catholiques : cependant il servit aussi à continuer et à fortifier la chaîne des idées qui réunissent le Protestantisme à la Révolution.

Car, dans ce cycle de trois siècles, les premiers pas ont été, au sein même du Christianisme, une protestation contre quinze siècles du Christianisme précédent, et un retour vers l'antiquité : au xviie et au xviiie siècle, la marche suivie a été la propagation et la diffusion des idées antiques et païennes : le lien de ces trois siècles a été l'admiration de plus en plus vive de l'antiquité, et le mépris croissant des époques chrétiennes. Le terme devait être le mépris absolu du Christianisme, et s'il était possible, sa destruction.

Au xvie siècle, retour, par le Protestantisme, aux antiquités juives et bibliques ; en même temps, par l'étude enthousiaste des auteurs grecs et latins, retour à l'antiquité païenne ; par les arts, retour à la mythologie et aux sensualismes antiques ; siècle de la Renaissance, c'est-à-dire nouvelle aurore de l'antiquité se levant sur les ténèbres du moyen âge ; c'est-à-dire mépris des idées, des croyances et des arts antérieurs et modernes, pour renaître à l'antiquité.

Au xviie siècle, malgré l'éclat rayonnant des saintetés et des éloquences chrétiennes au milieu de la plus brillante civilisation, la littérature n'en amène pas moins une invasion générale et triomphante des admirations classiques.

Au xviiie siècle enfin, par l'histoire, la philosophie, la politique et les sciences incomplètes ou fourvoyées, substitution complète des idées païennes et anciennes aux idées chrétiennes. Le xviie siècle avait proclamé la supériorité des anciens sur les modernes en littérature ; le xviiie siècle la proclama en philosophie, en politique, en organisation sociale, en vertus patriotiques et civiles. Il n'y avait plus que là où chercher des modèles.

C'est, par ce travail de trois siècles, qu'une révolution, constante dans ses voies et son action, substitua à l'appréciation du Christianisme, et de la supériorité des temps modernes, l'admiration exclusive de l'antiquité et des supériorités antiques.

Et c'est au moment magnifique où Christophe Colomb, le catholique, venait de jeter un incomparable éclat sur la marche progressive des temps modernes et des siècles catholiques dans l'Europe, en ouvrant tout un monde immense et nouveau ; c'est à ce moment-là que, par un esprit bien contraire, le Protestantisme commença la marche en arrière vers l'antiquité, vers le monde étroit aux horizons surannés et bornés.

Le Protestantisme n'a pas eu pour premier principe le progrès ni la liberté, comme on l'a dit, comme on a voulu lui en faire honneur.

La liberté de l'esprit et du cœur, le domaine sacré de la conscience ont été acquis au monde par le Christianisme, qui a détruit la servitude, agrandi les notions de la liberté, et, pour témoins premiers et libres, a eu les martyrs.

Luther, Calvin et les sectaires du Protestantisme, comme ceux de la Révolution, tout en revendiquant pour eux libre examen et liberté entière, ne respectaient aucunement la liberté, et recouraient à la violence ; de même, la Révolution n'a jamais cessé, comme nous le voyons encore, de persécuter et d'opprimer.

Ainsi, le Protestantisme s'est prêté, au détriment de la liberté, à toutes les extensions des pouvoirs séculiers et despotiques ; de même, la Révolution a toujours sacrifié la liberté, à la toute-puissance de proconsuls et d'assemblées sans frein.

Le Protestantisme a retiré l'autorité au pape pour la donner aux princes ; en libérant les potentats, il ôtait aux peuples les garanties que leur donnait l'Eglise, car, ainsi que l'a dit Louis Blanc, l'indépendance des rois, c'est la servitude des peuples.

Au lieu d'une garantie supérieure et protectrice, il ne resta plus que l'énergie, l'indépendance individuelle. Le XVIe siècle a proclamé les droits religieux de chacun, les droits de l'individu ; comme le XVIIIe siècle a proclamé les droits naturels de l'homme : mais, de l'individu isolé, le Protestantisme a bien vite abouti à l'Etat, absolument comme la Révolution.

D'un côté, le Protestantisme a poussé les princes au pouvoir absolu ; d'un autre côté, il a poussé le peuple à l'anarchie :

double face pareille à celle de la Révolution, avec ses tyrannies d'un côté et ses anarchies de l'autre.

Aussi, la Révolution a montré constamment faveur aux protestants, de même que les protestants en général donnent toute faveur à la Révolution ; et cela est naturel, car le Protestantisme a été un premier et grand ébranlement dans le Christianisme ; et de cet ébranlement, la Révolution passe au renversement; les deux choses se tiennent.

Le point de départ commun a été le retour à l'antiquité. Loin d'être un progrès, le Protestantisme ne s'appliqua, dans ses recherches en arrière, qu'à s'appuyer sur les premiers siècles de l'Eglise : et là, ne trouvant pas un appui bien certain et conforme à ses vues, il alla plus loin ; il remonta de l'Evangile, testament nouveau, à la Bible, ancien testament. C'est à la Bible qu'il alla demander ses inspirations et ses exemples ; c'est dans l'antiquité biblique rude et souvent cruelle, suivant les mœurs antiques, qu'il alla chercher ces leçons de rigorisme et de cruauté que reflétèrent aussitôt son langage et ses actes.

Judith tuant Holopherne, le clou enfoncé dans la tête de Sisara, Elie faisant périr les prêtres de Moab, furent les grands modèles invoqués par le fanatisme protestant ; de même que Brutus égorgeant ses fils sera le grand modèle du fanatisme révolutionnaire.

Le Protestantisme s'éprit dans la Bible des noms juifs, Sarah, Rebecca, Rachel, Moïse, Tobie, Samuel, etc., les noms juifs sont restés jusqu'à nos jours en usage et en prédilection parmi les protestants.

La Révolution, avec plus de ridicule, ira chercher dans Plutarque et dans Tite-Live, ses noms favoris grecs et romains. Dès avant 1789, les noms de Numa, Léonidas, Anacharsis étaient en vogue. Les noms de Scévola, Cassius, Brutus feront fureur ensuite.

Dans ses guerres générales ou civiles, le Protestantisme s'acharna contre les monuments, les images, les statues, les églises, les monastères. Les révolutionnaires ont aussi mutilé, saccagé églises, statues, couvents, abbayes, œuvres magnifiques de la grandeur et de la foi des siècles chrétiens.

Protestants et révolutionnaires ont détruit, autant qu'ils l'ont pu, dogmes, institutions, lois et souvenirs.

Le Protestantisme a eu ses têtes rondes, ses puritains farouches, ses covenantaires et ses anabaptistes. La Révolution a eu ses jacobins, ses sans-culottes, ses terroristes. Socialistes, communistes et anarchistes, sont la ressemblance et la suite.

Le Protestantisme a, le premier, conduit une royauté à l'échafaud avec des formes juridiques, sans s'arrêter devant la dignité fière de Charles Ier. La Révolution a imité, et ne s'est pas arrêtée devant la bonté de Louis XVI. Elle a ajouté l'échafaud de la reine, et les ignominies de son jugement ; puis, elle a supplicié l'enfant.

Le Protestantisme a commencé sous le nom de Réforme.

Après des siècles de stabilité dans un même ordre de choses, il y a des abus à réformer. Dans plusieurs ordres religieux, il y a eu des réformes. Le concile de Trente, avec l'autorité de sa mission, fut réformateur : mais la Réforme protestante devint bientôt une révolution.

Une question de rivalité entre deux ordres monastiques, et une question d'argent, furent suffisantes à donner le branle aux idées novatrices et à l'anarchie religieuse ; parce que le renouveau de l'antiquité avait mis dans les esprits le doute et l'effervescence ; parce que les rois trouvèrent l'insurrection contre Rome favorable à leur puissance temporelle, et même, dans l'ordre moral, se croyaient affranchis de tout contrôle, de toute censure ecclésiastique; enfin surtout, princes et grands, en laissant au peuple le petit pillage et les destructions grossières, se saisirent des grands édifices monastiques, de leurs biens agricoles, des seigneuries épiscopales, et firent leur richesse particulière de ce qui était la richesse publique, patrimoine des pauvres, et refuge d'un grand nombre d'hommes.

La Révolution française commença aussi par une question de finance, par la rivalité entre deux ordres politiques, et par le mot de Réforme : réforme des abus ! tout le monde avait l'ardeur des réformes !

Mais les réformes de la nuit du 4 août 1789, avec leur enthousiasme, les réformes réelles, utiles et qui ont subsisté, les réformes indiquées par les cahiers et bien vite obtenues, ne suffirent même pas un jour aux ambitions du Tiers-Etat, à l'emportement des rivalités, et à l'anarchie des idées. En dehors et au-delà des réformes, ce fut la Révolution !

En France, les biens des monastères et du clergé n'étaient pas devenus la proie des rois, princes et seigneurs protestants. La royauté s'était seulement adjugé le droit d'en distribuer une partie en usufruit, par la feuille des bénéfices ; et cette part de jouissance se partageait en faveurs accordées à des fils de famille, et à des prélats bien en cour. La spoliation révolutionnaire ne fut pas, comme dans le Protestantisme, au profit des grands. Elle ne fut pas davantage au profit du peuple auquel on laissa le pillage vulgaire, quelques allocations clandestines, la fureur des destructions, la décapitation des têtes de saints en pierre, la dégradation des beaux portails des cathédrales : la spoliation fut dite au profit de la Nation, à qui tous ces biens ne profitèrent guère, car ils passèrent rapidement et à vil prix aux mains des classes moyennes révolutionnaires.

Le Protestantisme s'attaqua à tout ce qui, dans la religion catholique, répondait au cœur, à l'imagination, aux sentiments populaires ; et d'un même coup, il tarit toutes les sources de l'art et de la charité, tout ce qui consolait et charmait les populations. Il ne s'adressa, en la rétrécissant, qu'à la raison froide, austère, hautaine et compassée.

La Révolution chercha bien à remplacer, pour le peuple, les fêtes chrétiennes par les fêtes grecques et romaines ; mais, comme elle était gourmée de philosophisme, elle mit au-dessus de tout la Raison. Elle proscrivit les sentiments religieux et le culte de Dieu. Après avoir faussé la Raison, elle la déifia.

On pourrait étendre ce parallèle entre la Révolution et le Protestantisme, car on le retrouve jusque dans cette doctrine du Protestantisme, que la foi suffit à tout, indépendamment des œuvres, — *justificatio ex fide* — doctrine poussée par l'impudence de Luther jusqu'à cette formule : Crois fermement et pèche fortement. *Crede firmiter, et pecca fortiter*. La foi suffit et couvre tout. Principe commode, que la secte des *indépendants* mettait en usage.

La Révolution en a fait l'application à la République. Malversations, iniquités, tyrannies, tout est justifié pour les républicains, par la foi en la République. *Justificatio ex fide.*

On parlait, à Robespierre, d'un banqueroutier frauduleux auquel il avait donné une mission. « Mais, c'est un malhonnête homme. — N'importe, répondait Robespierre, c'est un bon patriote. — C'est un coquin avéré. — C'est un bon patriote. » Je n'en pus jamais arracher que ces trois paroles (Meillan). Dans le langage du XVI° siècle, la foi couvre tout ; dans le langage de 93, le patriotisme, tel qu'ils l'entendaient, couvrait, justifiait tous les crimes.

Le Protestantisme avait scindé le Catholicisme, séparé en deux l'Europe, le Nord et le Midi, armé les uns contre les autres les descendants de ces croisés qui avaient une même foi, et marchaient sous le seul et même étendard de la Croix ; il avait élevé contre Rome des protestations furibondes, il avait fait la moitié de l'ouvrage de la Révolution.

Seulement, en Angleterre et en Allemagne, les ouvriers s'arrêtèrent dans leur œuvre, parce que l'antiquité, imbue surtout de l'esprit et du caractère des races méridionales, n'avait pas entièrement pénétré les idiomes et le génie des peuples du Nord.

Mais l'antiquité trouva en France, sur le sol gallo-romain, races, mœurs, lois, traditions et langage venus du monde ancien. Elle put, sur ces racines, prendre toute sa croissance.

La protestation anti papiste, anti catholique du XVI° siècle, s'est élevée au XVIII° siècle, en France, jusqu'à la protestation contre le Christianisme, Jésus-Christ son auteur, et Dieu !

CHAPITRE III

L'ANTIQUITÉ.

Il me faut insister sur ce caractère premier, sur cette première origine et marque de la Révolution ; — le retour à l'antiquité !

On ne peut comprendre la Révolution française, si l'on ne se rend pas compte de cette étonnante et complète résurrection de l'antiquité, au milieu de nos temps modernes.

La France s'est affolée dans la passion et dans l'imitation de l'antiquité.

Artistes et légistes d'abord, littérateurs ensuite, puis érudits, philosophes, historiens et politiques, rois, peuple, nobles et bourgeois, magistrats, et jusqu'au clergé même, jusqu'au clergé chrétien, ce fut à qui se pénétrerait davantage des sentiments, des idées, des principes et maximes appartenant aux civilisations anciennes, impériales, républicaines, et avant tout, païennes. Ce fut à qui méconnaîtrait les nations vivantes, pour mieux connaître les nations mortes, et les faire revivre ; ce fut à qui oublierait plus profondément les choses, les hommes, les institutions de la France et de l'Europe, pour mieux apprendre les choses, les hommes, les institutions de l'antiquité.

L'antiquité plana sur toutes les idées. L'aigle de Meaux, si haut que soit son vol, n'échappe pas entièrement à ce mirage ; et même en traçant l'épopée historique du Christianisme dans l'histoire universelle, sa plume demeure empreinte des admirations de l'Egypte et de Sparte. Fénelon « offre aux imagina-« tions rêveuses le monde antique, l'Egypte et la Grèce, comme

« le modèle de la perfection et des vertus sociales. » (Thierry, *Rec. Mer.*, ch. 3). Le bon et pieux Rollin se charge de bourrer l'éducation de la jeunesse de l'histoire panégyrique des peuples anciens ; comme le bon et pieux évêque Amyot avait déjà appris à son siècle à n'admirer que les vertus et le courage des héros de l'antiquité, et même à trouver de la pudeur dans les luttes publiques des jeunes lacédémoniennes toutes nues.

La mythologie et le paganisme s'étaient amalgamés si brillamment et si savamment avec les dehors chrétiens, le mélange des idées chrétiennes et païennes était tel, que chacun était entraîné dans le courant des idées antiques, sans s'apercevoir que le Christianisme y était submergé ; et que l'enthousiasme pour les temps anciens, c'était le dénigrement des temps modernes ; c'était le monde chrétien méconnu et avili, dès lors que le monde ancien était porté aux nues.

Si une réaction timide vient à s'élever contre les *Anciens*, tous les plus imposants génies se réunissent, pour écraser les pauvres souteneurs des temps modernes.

L'art grec et romain déclare barbare le gothique, auquel le nom d'art n'est plus même accordé ; accole, de la manière la plus tristement disparate, des portails d'ordre toscan ou dorique aux cathédrales du XIIe et du XIVe siècle ; et apprend à bien dédaigner le moyen âge, en dédaignant et gâtant jusqu'à ses œuvres les plus belles.

La littérature, méprisant les sources de l'inspiration nationale, ne puise qu'aux sources antiques ses imitations et les formes de sa beauté ; elle place le beau et le bon dans l'antiquité, et, pour ne pas se dire française, s'intitule classique.

Cependant, le génie français ajoute au génie de l'antiquité : et cette gloire demeure aux grands écrivains de la France. Le génie français, dans son originalité puissante, éclate avec Molière et La Fontaine ; de même aussi, le génie chrétien, avec ses admirables orateurs et penseurs, se dégage de l'antiquité, et la dépasse.

Les vertus chrétiennes, avec saint Vincent de Paul, saint François de Sales et bien d'autres, gardent au Christianisme sa priorité, et, le clergé, malgré les infusions de l'antiquité, gardera assez de sève chrétienne pour resplendir encore, quand viendront le grand orage et les bouleversements ; mais, le flot de l'antiquité, comme une inondation refoulée et suspendue pendant le xviie siècle, reste croissant toujours, et finit par surmonter tous les rivages, comme un déluge irrésistible.

Le xvie et le xviie siècle s'étaient pénétrés de l'antiquité, surtout par l'admiration de la forme ; l'imagination avait été séduite, et les reproductions de l'antiquité recherchaient le charme et la beauté.

Mais, des séductions artistiques, poétiques et littéraires, le xviiie siècle passa logiquement et violemment au réalisme des idées ; de la forme, il passa au fond.

Le sensualisme antique éclata dans la corruption des mœurs. Cela s'était bien produit, et tout d'abord, au xvie siècle ; mais les guerres cruelles et le sectarisme religieux avaient refréné les mœurs ; au xviiie siècle, le luxe, la paix, et l'incroyance religieuse leur donnèrent toute licence.

Puis, un rationalisme tout païen envahit les esprits, et sous l'hallucination des temps anciens, la philosophie se porta pour héritière de Socrate, sans voir que les rangs chrétiens contenaient depuis longtemps les vrais héritiers du Sage, mort pour la vérité.

La philosophie ne voulut voir, dans les prêtres de l'Evangile, que des successeurs aux prêtres d'Isis ou de Jupiter ; et, confondant à dessein la religion chrétienne avec toutes religions qui ont pu exister dans le monde, les plaçant toutes au même niveau, sous le nom de superstitions, elle reporta au Christianisme les coups appliqués jadis et applicables aux superstitions païennes.

Alors se fait une confusion étrange, et renaissent les plus anciens systèmes.

L'histoire n'est accueillie que si elle raconte l'antiquité. Les lois ne recourent pas seulement au Digeste comme à une étude utile, mais, l'esprit des lois antiques, absolutistes, transforme l'esprit de liberté des lois françaises. Royauté, communes, états-généraux, parlements, corporations, franchises des États, des villes et des provinces, la connaissance intime, et la compréhension de toutes ces choses se perd. L'alliance de ces institutions entre elles, leur filiation, leur nature, leurs bases, tout s'altère. Dans sa science de l'antiquité, mais dans l'ignorance générale de son passé et de soi-même, la Nation ne connait plus, à vrai dire, la limite et la portée de ses institutions. Telle, comme la royauté, a grandi démesurément ; telles, comme la représentation communale et nationale, s'oblitèrent et tombent.

Montesquieu entreprend bien d'éclairer le moyen âge ; mais, c'est à la fin de son *Esprit des lois*, derniers volumes qu'on ne lit guère ; et c'est au commencement de son livre, quand il emprunte aux Anciens ses classifications de gouvernement despotique, monarchique et républicain, et qu'il parle de la vertu antique, c'est par là qu'il intéresse son époque : il s'illustre en parlant de la grandeur des Romains. A quoi bon l'histoire et les institutions de la France et du moyen âge? Rome, Sparte, Athènes, voilà où sont les institutions qu'on étudie et qu'on admire.

L'antiquité s'était infiltrée, par tous les pores, dans le sang de la nation française. Toute éducation, même celle donnée par les ordres religieux, était envahie par l'engouement de l'antiquité, par l'enseignement classique, ne présentant, ne vantant que l'antiquité.

On demande si la Révolution pouvait être évitée ? On va rechercher à la Révolution de petites causes, embarras de finances, parlement chassé et rétabli, influence de la guerre américaine, et autres choses, qui ont pu avancer ou ralentir le pas d'un jour ou d'une heure. Mais, les institutions françaises méprisées ou perdues, l'enthousiasme de l'antiquité inculqué à tous les esprits et débordant en toutes les idées, le Christianisme détruit dans les sentiments, les croyances et les mœurs, et le paganisme réhabilité : voilà la Révolution inévitable, la mer profonde où se précipitait le courant de trois cents années !

De l'art à la littérature, puis à la philosophie, à l'histoire, à la politique ; du retour à l'antiquité juive par le Protestantisme ; du retour à l'antiquité païenne par le xviiie siècle et la Révolution ; il y a l'enchaînement complet, la progression géométrique des idées antiques et païennes : le cercle était achevé ; l'antiquité allait surgir à l'action.

Maintenant, Grecs et Romains, sortez des collèges, des cloîtres, des rangs même du clergé et des nobles, et surtout de la bourgeoisie ; croulez institutions de la France, et, pour qu'on en perde même la mémoire, qu'on cesse de rechercher les monuments de notre histoire ! « La publication des chartes, « diplômes, ordonnances, fut arrêtée par ordre révolutionnaire ; « les exemplaires jetés au rebut, les matériaux dispersés. » (Thierry, *Rec. Mer.*, t. Ier). Mais, que les savants recherchent un exemplaire des lois de Minos, la Convention le demande.

Députés, déchirez vos cahiers, car, cela ne vient que du sol national : et déchirez en même temps la carte du pays et son histoire. Détruisez, démolissez ! ceux-ci, les institutions politiques et religieuses ; ceux-là, les châteaux, les archives et les églises ; et, quand la royauté, cette tour centrale qui dominait et élevait si haut le drapeau de la France, quand cette tour démantelée, la dernière debout et imprimant encore le respect, tombera enfin sous le marteau et la hache ; la République de l'antiquité, avec le bonnet phrygien, les faisceaux, les citoyens, les tribuns, proclamera le triomphe de l'idée et de la forme antique et païenne, sur les idées et les formes de la société française, moderne et chrétienne.

Crouleront le Christianisme, son culte, ses temples, ses autels, et la date même de son avènement, que jusque-là, il avait donné au monde.

Débordez-vous alors, saturnales des temps anciens, et que l'antiquité apparaisse jusqu'au délire ! Parcourez les rues, Horatius, Scévola, Cassius, Anacharsis ; que le grand nom de Brutus préside aux égorgements de fils ou de frères, et aux hécatombes de la guillotine, qui n'épargne pas plus les femmes que les hommes, et les enfants que les vieillards. Que ce nom de Brutus soit ambitionné par des villes mêmes qui se le donnent avec des épithètes diverses.

Et, pendant ce temps, jeunes Spartiates, jeunes Athéniennes, couronnés de fleurs et entrelacés de guirlandes, chantez des hymnes autour de l'autel de la Patrie ; tandis que les vieillards, assis à des banquets communs, se lèveront pour verser des libations au pied de l'arbre de la liberté !

La folie de l'antiquité avait atteint son paroxisme.

Précédemment, on avait extrait l'or du fumier d'Ennius. Maintenant, c'est le fumier qui fait litière ; c'est tout le sordide, le mauvais et le cruel de l'antiquité que l'on va rechercher et imiter.

Les reproductions de l'antiquité ne seront plus fictives, et faites seulement pour le théâtre où l'on traduisait la langue de Térence ou d'Euripide ; elles seront des reproductions réelles de tout ce que l'antiquité, dans ses haines de peuple à peuple, de cité à cité, et de citoyens entre eux, a de plus vindicatif et de plus odieux. Elles seront les reproductions des massacres, des proscriptions, des oppressions, choses coutumières à l'histoire des Grecs et des Romains.

Ces reproductions du forum et de la rue sont à la fois une horreur et une parodie; et, comme on a vu se produire le langage du fanatisme puritain, il va se produire un langage ridicule et barbare, qui, de la classe pédantesque bourgeoise, tombant dans la populace, va former un jargon étonnant et sanguinaire, tout farci, pour un fanatisme nouveau, des noms, des mots, et des idées antiques.

Telle a donc été, dans ses principaux aspects, la Révolution française.

Haine du Christianisme, et, retour vers l'antiquité !

Aux temps romains, le Christianisme, monde nouveau, caché dans les catacombes, avait miné peu à peu tous les dessous de Rome ; il en sortit, et la Rome supérieure se trouva sa conquête.

Aux temps modernes, le paganisme, monde ancien, a essayé une revanche.

Dissimulé d'abord par les arts, la poésie et les lettres, il a miné peu à peu la société extérieure et en a sapé les bases, à savoir, les idées et croyances chrétiennes ; puis, il s'est levé soudain et s'est emparé d'elle.

Mais, il ne pouvait pas être donné au monde ancien, au monde du passé, de prévaloir contre le monde moderne, monde de l'avenir. Toutefois, la lutte a été gigantesque.

Les révolutions ne sont, en général, que des transformations progressives, intérieures et bornées; des luttes d'intérêts, des faits locaux et nationaux.

La Révolution française a, d'un côté, ces mêmes caractères; mais, par son côté principal, elle est plus que cela : elle a voulu être une transformation fondée sur des idées générales, la plupart puisées au fond primitif et commun, l'antiquité.

Elle a voulu être un fait plus que français, un fait social. Quelque rétrograde qu'ait été ce retour à l'antiquité, je n'amoindris pas la portée de ce mélange extraordinaire du paganisme avec le Christianisme. La Révolution a été la confusion de ces deux grands courants entre lesquels s'est partagée l'humanité.

La Révolution a été dans le champ clos de la France d'abord, puis chez d'autres nations, un combat sur lequel tout l'univers peut bien avoir les yeux fixés; car cela a été et cela est encore le combat de l'ancien monde contre le monde nouveau.

La Révolution aura beau protester que ses idées sont neuves, et les dater d'un siècle seulement; beaucoup ne sont que des vieilleries grecques et romaines, et restent imprégnées de cette antique provenance.

C'est dans l'antiquité que la Révolution a été chercher les grandes parts de sa politique.

CHAPITRE IV.

CONSTITUANTS ET CONSTITUTIONS.

§ 1.

A la tête de toute évolution humaine plus ou moins grande, il y a toujours un livre.

Dans les fêtes, noms et costumes de la Révolution, surtout sous le Directoire, on vit se produire le livre de l'abbé Barthélemy, *le Jeune Anacharsis*; en 1858, nous avons vu, dans une courte période, l'influence des *Girondins*, de M. de Lamartine.

Il y a, pour les événements plus grands, des livres de portée plus profonde. Telle a été, pour les protestants, la *Bible*.

Le livre de la Révolution a été le *Contrat social*. — Quiconque a étudié la Révolution, le reconnaît et le déclare.

Ce livre ne pouvait être écrit que par un protestant, il a toutes les haines des protestants contre les catholiques; on y voit partout le sectaire.

En outre, plein au suprême degré d'admirations antiques et de mépris inouïs pour les modernes, au point de ne pas même reconnaître de courage chez les guerriers chrétiens (1), Rousseau, fanatique de l'antiquité, s'écrie : « Quand on lit l'histoire

---

(1) « Mettez vis-à-vis des chrétiens ces peuples généreux que dévorait l'ardent amour de la patrie, supposez vos chrétiens vis-à-vis de Sparte ou de Rome, ils seront battus, écrasés, détruits avant d'avoir eu le temps de se reconnaître, ou ne devront leur salut qu'au mépris que leur ennemi concevra pour eux... Les troupes chrétiennes sont excellentes, dit-on, je le nie. . » (*Contrat social*, l. IV, ch. VIII).

de l'antiquité, on se croit transporté dans un autre univers et parmi d'autres êtres ! Qu'ont de commun les Français, les Anglais, les Russes, avec les Romains et les Grecs ? rien presque, que la figure ! Comment eux, qui se sentent si petits, penseraient-ils qu'il y ait eu de si grands hommes ? »

Rousseau et son livre étaient contraires à toute idée de liberté moderne. Car l'idée et le mot de *représentation*, dans l'organisation politique, n'est traitée que d'idée absolument barbare, féodale, digne des temps ténébreux du moyen âge. « Jamais, dans les anciennes républiques, le peuple n'eut de *représentants*. On ne connaissait pas ce mot-là. »

Enfin, édictant la mort avec ce sophisme nouveau qu'on tuera le chrétien, non pas comme chrétien, mais comme *insociable*, le *Contrat social* répondait entièrement aux idées antichrétiennes et païennes de l'époque où il parut, et à toutes les passions de haine et de destruction qui, depuis le protestantisme, s'attaquaient à la société catholique.

De la réformation partielle du seizième siècle, on était arrivé à la réformation totale cherchée par le dix-huitième siècle. Rousseau en traçait la voie et en édictait les principes.

Le *Contrat social* a été et demeure la bible de la Révolution.

Or, la grande voie tracée pour en arriver là, fut, à l'opposé des idées représentatives, l'idée de *Constitution*, l'idée arbitraire de législateurs suprêmes, le grand mot de *constituants*.

Rousseau avait été frappé, dans l'histoire des temps anciens, du grand rôle des législateurs qui avaient façonné, d'après leurs idées, les institutions, les mœurs, l'esprit et l'âme des divers peuples, et avaient, pour ainsi dire, fondu toute une nation d'un seul jet dans le moule de leur pensée profonde.

Moïse, Solon, Lycurgue, Numa, ces hommes puissants, avaient décrété et réglé ce que devaient être, dans la vie publique et privée, dans la religion et ses cérémonies, dans l'état social et politique, en un mot dans leur vie entière, tout ce que devaient être Juifs, Athéniens, Spartiates, Romains ; et de même Zoroastre et Confucius, mais Numa et Lycurgue surtout, Grecs et Romains, cela était le principal : ces hommes avaient institué, constitué Lacédémone et Rome.

Quelle sublime influence !

Tout entier à cette contemplation et oubliant beaucoup de choses, entre autres un législateur assez célèbre pourtant et dont je parlerai un peu plus loin ; Rousseau traça avec passion ce rôle du législateur, « qui doit se sentir en état, pour ainsi dire, de changer la nature humaine, de transformer chaque individu en partie d'un plus grand tout, dont cet individu reçoive en quelque sorte sa vie et son être : législateur à tous égards, homme extraordinaire dans l'Etat, fonction particulière et supérieure. — Mission sublime au-dessus de la portée des hommes vulgaires ! »

Et Rousseau se plongea dans ce rêve, qu'il pourrait bien être, lui-même, un de ces hommes glorieux façonnant un peuple à sa guise.

La Pologne, qui cherchait partout à ce moment-là des sauveurs empyriques, ne sachant pas se préserver elle-même de ses discordes civiles, recourut à lui, et lui donna l'espoir qu'il allait constituer, renouveler un peuple. Cet espoir engendra un corollaire du *Contrat social*, rempli comme lui de protestantisme, d'antiquité et d'incroyables outrages aux idées modernes.

Mais, s'il n'a pas été *constituant* pour la Pologne, Rousseau n'en a pas moins créé l'école des Constituants et des Constitutions.

Il a trouvé le terrain de l'antiquité tout préparé en France. Il a donné aux révolutionnaires ce moyen tout-puissant de se poser en réformateurs des nations. Il a ouvert le chemin à toutes les prétentions, à toutes les utopies de rénovation sociale, et fourni l'arme de la tyrannie aux Assemblées ou Conventions constituantes.

Car nulle tyrannie et nul orgueil n'ont eu une ampleur plus grande, et un prétexte plus spécieux que cette théorie constituante.

Se donner, d'après les droits du génie, mission *de changer*, *pour ainsi dire, la nature humaine,* de transformer l'individu et la nation!

Ne tenir nul compte des opinions, des croyances, des volontés que l'on qualifie de vulgaires; — se mettre au-dessus du titre et des devoirs de mandataire ou représentant, pour assumer le titre de législateur suprême! Dominer la liberté individuelle et générale de toute cette hauteur qu'on se donne, et de cette sagesse qu'on s'attribue; — ne voir dans l'ordre social, religieux et politique, rien qui puisse s'opposer à votre pouvoir constituant, à vos théories de rénovation sociale!

C'est, au résumé, l'idée du pouvoir à sa plus haute puissance, l'idée de loi primordiale, omnipotente, quasi-divine! Ce pouvoir, aux mains d'un homme ou d'une Assemblée, c'est la tyrannie sans limites, dans le domaine même de la pensée et de la conscience!

C'est bien là, en effet, ce que furent les *pouvoirs* dans l'Assemblée première de 1789, où la théorie constituante, sortie toute fraiche du *Contrat social*, eut sa plus grande portée; et puis dans la Convention, c'est bien là ce que furent les pouvoirs constituants. Ils dominèrent tout, et la tyrannie n'hésita pas à aller jusqu'au for intérieur de la pensée.

Quiconque, gardant le sentiment de la liberté, résistait à cette omnipotence constituante, fut suspect, poursuivi, condamné, dut fuir, émigrer ou être guillotiné.

Quiconque n'admit pas que la religion chrétienne pût être constituée à nouveau et civilement constituée, fut exilé, proscrit, traqué ou mis à mort par jugement ou par massacres.

On n'a pas assez remarqué que la tyrannie effroyable de la Révolution, tout en résultant de plusieurs causes, a été d'abord une conséquence directe de cette théorie constituante, qui veut de gré ou de force transformer la nation; courber et briser toutes volontés contraires; si l'individu se refuse à être transformé, on le supprime; on supprime par guillotine, noyades ou tueries, tous les mauvais vouloirs, toutes les résistances.

Je ne m'étonne pas que Rousseau admirât Mahomet. Au bout de son système constituant, comme à la suite du mahométisme, il y a, pour qui n'est pas adepte, l'extermination !

Mais, en dehors de ces fatales conséquences, nulle idée n'a eu plus grande faveur que cette idée de Constitution !

Les vanités politiques et socialistes l'ont saisie avec ardeur ; les ambitions se sont portées avec frénésie vers cette gloire de créer des institutions, de faire des lois primordiales, d'établir une Constitution entière et de dominer tout un peuple au gré d'une pensée dirigeante. Chacun a pu se couvrir de ce masque théâtral de législateur constituant, pour attaquer la société existante et éditer une société nouvelle. Il n'est si mince rêveur qui n'ait pu aspirer à ce rôle.

Les Constituants sont venus en foule, et les Constitutions se sont succédé les unes aux autres, chacune avec la prétention d'être la meilleure, la plus parfaite et la finale.

Il y a eu des hommes qui ont cru fermement être ce grand législateur, ce constituant sublime dont l'œuvre allait se placer à côté de celles de Lycurgue et de Numa. L'abbé Sieyès, entre autres. Il s'attribuait avec persuasion ce rôle. Bonaparte eut intérêt un moment à le lui laisser croire. Mais ce Lycurgue prétendu ne s'exila pas dans la pauvreté ; il ne termina son rôle que dans une très riche prébende.

Rousseau n'a pas eu seulement pour élèves et crédules les infatués de leur génie. Il a eu des rois comme Louis XVIII avec la Charte, bien que ce fût déjà une Constitution amoindrie, cherchant sa base dans l'histoire nationale, et non dans les idées générales d'une philosophie politique ; il a eu des assemblées entières de constituants.

L'idée de Constitutions toutes neuves a parcouru l'Europe et le monde. Elle a présidé à toutes les Révolutions. Elle règne encore, bien qu'elle soit fort affaiblie. Les Assemblées n'ont pas renoncé à cette idée qu'elles peuvent se mettre au-dessus du titre de représentants de la nation, en se déclarant Constituantes. Elles aspirent toujours à sortir de leur mandat, à jouer un rôle constituant, au moins quelquefois et momentanément.

Après tant de Constitutions déchirées, renversées, effondrées les unes sur les autres, n'ayant parfois duré qu'une ou deux années; après tant de Constitutions décriées, bafouées et méprisées par celles qui les ont suivies, l'idée première de Constituants et Constitutions s'est, il est vrai, dénaturée et dégradée; néanmoins, elle se débat dans sa décadence.

Leur idéal premier et fondamental était *l'immutabilité*. Les Constitutions antiques, en effet, n'étaient pas changeantes et mobiles. L'œuvre de Moïse, Lycurgue, Numa, était stable et *sacrée*. Elle était sacrée, parce qu'elle était dite et réputée inspirée par Dieu ou par les dieux. Lycurgue faisait consacrer ses lois par l'oracle de Delphes, puis disparaissait, afin que le testament de ses lois fût immuable. Numa recevait ses lois de la nymphe Egérie, Moïse les recevait de Jéhovah. Ces Constitutions étaient sacrées, parce qu'elles étaient la religion même, et comprenaient le culte et l'organisation sociale.

C'est pourquoi l'Assemblée constituante voulut englober la religion dans ses Constitutions.

Mais le caractère *sacré* devait manquer à toutes les entreprises modernes de Constitutions; et l'Assemblée constituante, convaincue de son importance, eut beau s'emparer de la Religion et se donner une autorité presque divine, elle fut aussitôt démentie par la chute profonde de ses prétentions. Elle s'imagina dans son orgueil faire une constitution immuable, elle décréta l'immutabilité, elle déclara que la Constitution étant faite, *la Révolution était finie!*

Eh bien, une année ne s'était pas écoulée que l'œuvre de la grande Assemblée constituante craquait de toutes parts; sa constitution immuable était à refaire. La Révolution proclamée finie n'était qu'au premier de ses actes, au prélude de dix autres.

Cependant, à cette première Constitution, les fédérations dans toute la France prêtaient serment et en juraient le maintien. Les délégués de ces fédérations vinrent par milliers à Paris renouveler le serment devant l'autel de la Patrie. L'ardeur de deux cent mille travailleurs volontaires, hommes et femmes, avait préparé le terrain au Champ de Mars pour cette solennité extraordinaire, ou tous enthousiastes, gardes nationaux, armée, multitude, se levèrent et jurèrent fidélité à la Constitution nouvelle.

Ce pacte social, proclamé avec un tel délire, n'en fut pas moins éphémère.

La Convention recommença avec le même orgueil et la même confiance en elle-même, et puis,... et puis,... neuf à dix Constitutions ont passé les unes sur les autres sans que la race des croyants aux Constitutions ait disparu encore. N'a-t-on pas en 1885, décrété la Constitution, non pas immuable dans sa totalité, mais immuable dans la forme de son gouvernement, la République?

Cette récente prétention d'immutabilité constitutionnelle ne s'est manifestée, il est vrai, qu'au milieu des sarcasmes et des protestations; mais enfin les législateurs ne sont pas encore fixés sur la limite de leurs droits, et l'on ne comprend pas encore pleinement que la théorie constituante de Rousseau, du socialisme et de la Révolution soit fausse et mal fondée.

« S'il est au monde une œuvre difficile à faire, c'est une Constitution, surtout une Constitution complète. Remplacer les vieux cadres dans lesquels vivait une grande nation, par des cadres différents, appropriés et durables, une pareille entreprise est prodigieuse et probablement au-dessus de l'esprit humain » (1).

Voilà sur les Constitutions, le mot actuel de l'historien le plus récent, l'historien le plus net de la Révolution.

Mot incomplet, pourtant : car M. Taine n'entend là par Constitution que le synonyme de lois institutionnelles, les *cadres* d'une nation, la machine gouvernementale, et, suivant ses comparaisons, la vieille frégate à diriger, à radouber, à reconstruire.

Pour cela, il énumère les conditions nécessaires à une sage élaboration des lois, et montre que toutes ces conditions manquaient essentiellement à l'Assemblée constituante.

(1) Taine, liv. II, ch. 1ᵉʳ, *Origine de la France contemporaine*.

Ni sécurité au dehors, ni ordre au dedans, ni sang-froid, ni expérience, ni esprit pratique.

« Douze cents députés,... presque une cohue, — pas même de règlement pour la conduite des débats, — une présidence renouvelée tous les quinze jours. — Discussions et votes sous la pression continue et les interruptions fréquentes, huées ou applaudissements des galeries publiques occupées, en grande partie, par des hommes, des femmes et des filles que soudoyait la faction jacobine. — L'intervention de l'émeute, les cris à l'eau! à la lanterne! les menaces de mort devenues telles, qu'avant l'achèvement de la Constitution, plus de quatre cents membres, plus d'un tiers de l'Assemblée est réduite au silence ou à la fuite. — Une majorité composée de moyenne bourgeoisie sans préparation politique : sur les cinq cent soixante dix-sept membres du Tiers-État, dix seulement ayant exercé des fonctions importantes; la plupart des autres, avocats inconnus, gens de loi d'ordre subalterne. — Tous ces constituants, non seulement exaltés, mais ayant besoin d'exaltation et de coups de théâtre, — aimant l'emphase déclamatoire et sentimentale, saisis parfois d'enthousiasme jusqu'au vertige.

« Cette assemblée novice en pratique, extravagante en théorie, stupéfie les politiques les plus illustres de l'Amérique et de l'Angleterre » (1).

Tout cela est très vrai, et encore M. Taine n'énumère ni les passions ni les intérêts. Mais ces constituants, s'ils ont ainsi voulu constituer la France, et même l'écrit un témoin (Dumont), faire le code de toutes les nations; si on n'a jamais vu tant d'hommes s'imaginer qu'ils étaient tous législateurs, et qu'ils étaient là pour réparer toutes les fautes du passé et assurer le bonheur des siècles futurs; s'ils se croyaient les infaillibles promoteurs d'une rénovation humanitaire; c'est, comme le remarque M. Taine, qu'ils *avaient une théorie* et que cette théorie les dispensait de tout le reste.

En effet, la théorie constituante, d'après Rousseau, était

---

(1) Taine, *ibid.*, *passim*.

l'œuvre d'un génie supérieur qui domine les autres hommes jusqu'à les transformer : l'Assemblée constituante s'attribua ce génie.

Dès lors, il ne s'agissait pour elle ni de prudence, ni d'expérience, ni de méthode progressive, ni de réparations et de réformes, ni des *cadres* d'une nation; il s'agissait d'une constitution immuable qui fût une refonte sociale tout entière, un cadre humanitaire à l'encontre des vieux cadres français et chrétiens; une Constitution qui fût sur les modèles de l'antiquité en même temps qu'elle serait l'œuvre suprême de la philosophie et de la raison; une Constitution qui devînt l'âme de la patrie et de la nation !

Voilà ce qu'ont voulu la Constituante, et après elle, la Convention, et comme ils entendaient une Constitution : non seulement une œuvre prodigieuse, mais une œuvre qui fût au-dessus de l'humain.

Juste punition d'une telle vanité, leurs œuvres ont croulé à peine édifiées. Mais des Assemblées plus modérées, plus sages, plus expérimentées, avec un règlement parlementaire bien étudié, des présidences longues et habiles, sans les excitations ni la pression des galeries publiques, et dans des conditions tout autres que celles de la Constituante et de la Convention, ont refait des Constitutions plus savantes les unes que les autres, se croyant et pouvant se croire mieux combinées et se promettant la durée !

Croulées, — croulées, aussi bien que les premières !

Entre autres, celle de 1848 croulée à peine promulguée ! Pour elle, ne manquaient cependant ni les politiques instruits, capables, formés à l'école et à la pratique du gouvernement, et formés par l'étude de l'histoire; ni les sciences de la théorie, ni les hardiesses mêmes des socialistes tels que Proudhon, en même temps que la poésie de Lamartine, en même temps que la sagesse et les talents d'hommes tels que Guizot, Thiers, de Tocqueville, Berryer, Léon Faucher, Dupin et beaucoup d'autres.

L'Assemblée de 1789 peut encore être dite la grande Assemblée constituante, parce qu'elle a donné pleinement dans l'erreur du système constituant, parce qu'elle a été l'incarnation première et complète de la théorie; parce qu'elle n'a reculé ni devant l'absurde, ni devant l'impossible, ni devant les ruines amoncelées. Elle a été tellement emportée par la théorie et si entière en ses aberrations, que cette sorte de grandeur et de passion a fasciné et entraîné à sa suite et jusqu'à nous dans la voie des Constitutions. Elle a voulu de parti pris être prodigieuse, faire plus que de l'humain; et, en effet, nous allons dire et voir qu'au delà des lois et des institutions politiques, nationales et civilisatrices, l'idée de Constitution et de Constituants selon Rousseau, idée dont le socialisme et la Révolution ont gardé le principe, n'est pas réalisable dans nos temps modernes; et que, si cette idée, à chacune de ses tentatives, s'est brisée comme un airain fêlé qui ne résiste pas à l'épreuve, c'est qu'elle est à la fois, — au-dessus de l'esprit humain, — et au-dessous de l'esprit chrétien; au-dessous des temps modernes où nous sommes.

CONSTITUANTS ET CONSTITUTIONS (*Suite*).

§ 2.

Tout préoccupé qu'il fût des anciens, Rousseau, cependant, avait songé brièvement à un législateur constituant dans les temps modernes : Mahomet !

« La loi de l'enfant d'Ismaël qui, depuis dix siècles, régit la moitié du monde, annonce encore aujourd'hui le grand homme qui l'a dictée : et tandis que l'orgueilleuse philosophie ou l'aveugle esprit de parti ne voit en Moïse et en Mahomet que d'heureux imposteurs, la vraie politique admire dans leurs institutions, ce grand et puissant génie qui préside aux établissements durables. »

Mais il est un législateur, un Constituant et une Constitution que Rousseau a complètement oubliés, ou qu'il n'a voulu ni voir, ni mentionner, bien que l'œuvre de ce législateur eût dix-huit siècles de durée, et régit aussi la moitié du monde. Ce Constituant est Jésus-Christ, législateur des temps modernes ; cette Constitution est l'Evangile, Constitution sociale des nations et des sociétés chrétiennes.

Comment Rousseau, qui voyait si bien Mahomet et le signale parmi les grands constituants du monde, n'a-t-il pas vu et signalé Jésus-Christ ?

Or, ce que Rousseau avait remarqué chez les anciens était vrai. Oui, il y avait eu des constituants supérieurs ; et cette supériorité du génie réglant les destinées de Rome et de Lacédémone, maintenant son influence durant des siècles, et léguant aux générations une Constitution respectée, c'était vraiment une grandeur faite pour attirer l'attention et pour tenter ceux qui s'attribuaient le génie politique ; Rousseau, d'abord, et la nuée de législateurs qui se sont précipités sur cette idée.

Mais le Dieu inspirateur, le *Deus ex machina*, l'oracle divin a manqué aux constituants modernes: Rousseau avait fort bien remarqué que les peuples anciens, en obéissant à un grand législateur, croyaient obéir à Dieu. « Les Pères des nations recouraient à l'intervention du ciel et honoraient les dieux de leur propre sagesse, afin que les peuples, reconnaissant le même pouvoir dans la formation de l'homme et dans celle de la cité, obéissent avec liberté ! »

Grande pensée! car, en effet, l'homme n'a pas à obéir à d'autres hommes, et à recevoir d'eux des lois sociales, morales et immuables. Ou bien son obéissance est celle de l'esclave; ou bien dans les lois, ce qu'il respecte, c'est l'expression des lois supérieures, des lois divines auxquelles il obéit avec dignité et liberté.

Mais alors, comment Rousseau qui remarquait si bien, et les constituants antiques et la source de leur autorité; Jéhovah s'est fait entendre, Delphes a parlé, Dieu est Dieu et Mahomet est son prophète; comment Rousseau n'a-t-il pas remarqué cet autre législateur, bien autrement grand que les législateurs anciens, Jésus-Christ, qui a donné ses lois et la date de son avènement au monde moderne; Jésus-Christ qui, lui aussi, a donné ses lois, comme étant l'inspiré de Dieu : plus encore, les donnant comme associé de Dieu, Dieu lui-même ! en cela dépassant hautement les constituants qui l'ont précédé ou suivi ; Jésus-Christ, qui a personnellement imprimé à ses lois ce caractère du divin, auquel seul l'homme est tenu d'obéir.

Ce peuple immense qui obéit, en effet, aux lois de Jésus-Christ, avec assentiment d'âme et de conscience, parce qu'il l'a reconnu comme législateur, et qu'il voit à ses lois la sanction divine, est bien autre vraiment que le peuple juif, ou les petits peuples de ces localités, comme disait M. de Villèle, Athènes et Sparte, et même bien autre que le grand peuple romain. C'est le peuple chrétien qui a rempli le monde, c'est l'ensemble sous plusieurs noms nationaux, et sous un seul nom religieux et social, des nations modernes qui ont la prépondérance de la science, de l'intelligence, et qui sont les reines de l'univers terrestre; c'est l'immense peuple répandu partout, éclairé, civilisé, civilisateur et libre, qui reconnaît la loi de l'Evangile.

Aveugle qui ne voit pas la grande Constitution ! Aveugle qui ne voit pas le Constituant suprême !

Organisation magnifique de l'Eglise universelle, pontifes, rites et cérémonies; culte, dogmes et croyances qui ne sont plus, comme dans l'antiquité, soumis aux lois civiles et politiques, ni aux formes diverses de gouvernement dans les nations, mais qui consacrent la liberté des âmes, élevant au-dessus de tout la liberté morale de l'homme, la vertu, le nom sacré de Dieu, et celui du législateur Dieu, Jésus-Christ.

L'Eglise est constituée, l'âme chrétienne est affranchie ; les cultes étroits et nationaux des peuples anciens sont abolis et remplacés par le culte unique d'un Dieu unique pour toutes les nations ; et toutes ces nations, unies par un même nom dans l'Église, ont un Pasteur suprême, le Vicaire de Jésus-Christ, le Père commun des fidèles, le Pontife romain, le Pape.

Les sociétés modernes sont constituées dans l'ordre religieux et dans l'ordre social. L'état social, les lois sociales des peuples modernes sont fondées, et pour toujours, conformément aux lois supérieures qui régissent les peuples chrétiens ; progressent et se perfectionnent sous la lumière qui peut rayonner de plus en plus de l'Évangile.

Le XVIIIe siècle et ses génies étaient tellement absorbés par l'Antiquité, qu'ils n'imaginèrent même pas que le Christianisme fût une Constitution sociale, et que Jésus-Christ fût un Constituant ! comme les hommes de la caverne de Platon, tournant le dos au soleil moderne, ils n'eurent les yeux fixés que sur les reflets de pâle lumière qui éclairaient les ténèbres de l'antiquité.

Ou s'ils voient une constitution chrétienne et son législateur, comme ils ne veulent pas de ses lois, ils les nient ou s'appliquent à les détruire.

Le socialisme et les politiques révolutionnaires de nos jours en sont au même point que leurs devanciers. Ils gardent l'idée de constituants et de constitutions, parce que cette idée méconnaît le christianisme ; parce que le pouvoir constituant suppose la possibilité de changer, renouveler le christianisme et la société.

Mais si le système constituant se heurte au christianisme dont il ne reconnaît pas la Constitution, il ne se heurte pas moins à la dignité et à la liberté humaine qu'il outrage.

Tandis que les législateurs d'autrefois n'ont pas même osé proposer à l'ancien monde, à un monde coutumier de l'esclavage, la simple sagesse humaine comme base de la loi ; et n'ont demandé l'obéissance qu'au nom des dieux ; les Constituants nouveaux, et tous les législateurs qui écartent la sanction divine, réclament autorité au nom de la force et du nombre, qui n'est pas une raison ; ou bien au nom de leur raison, qui n'est pas un oracle.

Si donc, comme ils l'ont tenté hardiment en 1789 et 1793, et comme ils l'essaient cauteleusement de nos jours, les disciples de Rousseau s'attaquent au Christianisme et cherchent des rénovations sociales ; l'entreprise est au-dessus de l'humain, le système constituant est antichrétien, et toutes ces Constitutions qui s'effondrent sur leur base orgueilleuse, ont dans leur principe même la raison de leur chute.

En même temps, elles sont au-dessous des temps où nous sommes : car, emprunté aux temps antiques, le système constituant qui enfermait toute la nation, tout l'homme dans les prescriptions étroites, fixes et absolues d'une loi religieuse, sociale et politique tout ensemble, était une tyrannie sur les citoyens, entée sur la tyrannie des citoyens à l'égard des esclaves. Elle était l'œuvre imparfaite et immobile d'un législateur, le cadre où s'enfermait un peuple ; tandis qu'après le législateur Jésus-Christ, et sa législation universelle, la Constitution religieuse des nations est fixe aussi et plus durable que n'étaient les constitutions anciennes ; mais cette Constitution religieuse et sociale est la protection et la garantie des nations et des individus, contre les prétentions socialistes ou politiques des hommes qui veulent dominer la liberté humaine.

La liberté et la dignité humaine, indépendantes en vertu de la loi religieuse et sociale universelle, n'a plus à recevoir des législateurs humains de Constitution nouvelle ; elle n'a à recevoir d'eux que les lois politiques, et encore ces lois doivent-elles répondre à l'esprit de la loi universelle, qui est la loi chrétienne.

Et quand je dis que les hommes affranchis par le Christ des servitudes antiques n'ont plus à recevoir des législateurs que des lois politiques, la pensée serait inexacte, s'il s'agissait de législateurs comme les imaginait Rousseau, légiférant du droit de leur génie, s'il s'agissait de constituants prétentieux, même bornés aux lois politiques.

La liberté chrétienne et moderne n'a pas à dépendre, même dans le simple horizon des lois politiques et nationales, de législateurs constituants ; elle n'a à recevoir des lois que d'elle-même ; pour les nations modernes, il n'y a, il ne peut y avoir que des représentants !

Ah ! voilà le mot que Rousseau rejetait et ne pouvait admettre. Car, en effet, il est tout l'opposé du mot constituant.

Les mots constituants et représentants hurlent de se trouver ensemble, comme on les accole depuis trop longtemps, comme on s'obstine à les forcer de s'entendre entre eux.

Les Constituants de 1789 le comprirent bien en ce sens qu'ils commencèrent par déchirer leur mandat, leurs cahiers, qu'ils prirent un mandat sans limite, et se donnèrent le droit de constituer à nouveau la nation, de la pétrir à leur guise.

Ils ne représentaient plus leurs électeurs qui avaient limité leur mission, ils ne voulurent plus représenter les ordres qui les avaient élus, clergé, noblesse, tiers-état ; ils se proclamèrent Représentants de la nation, et ses Constituants tout ensemble ; gardant le mot et l'idée moderne de représentants qui comprenait la force et la liberté de la nation, mais y ajoutant le mot et l'idée ancienne de constituants qui leur donnait le pouvoir de maîtriser la nation, de dominer la liberté, d'établir leur omnipotence et la tyrannie.

Qu'ils aient été entraînés par des théories philosophiques, des illusions généreuses et des enthousiasmes libéraux et patriotiques ; qu'une partie de la nation ait été emportée avec eux dans ces idées de rénovation sociale de fond en comble, et de Constitutions merveilleuses et transformatrices ; ce fut là, en effet, le courant fougueux des passions, des intérêts et des idées ; mais Constitution et Représentation n'en sont pas moins deux idées absolument contraires, deux pôles opposés dans l'histoire.

Le système constituant est du monde païen et ancien.

Il est la tyrannie, il est la nation dominée, enchaînée, au nom d'une loi qui absorbe tout, âme et corps.

Le système représentatif est du monde chrétien et moderne.

Il est la liberté et la dignité de l'individu et de la nation.

Vous n'avez pas à me constituer ; c'est moi qui vous constitue mon mandataire, mon représentant.

La représentation d'une nation est variée et multiple.

Le pouvoir, quel que soit son nom, est un représentant de la nation, qui a d'autres formes de représentation pour maintenir sa liberté, et non pour la détruire.

Les erreurs qui ont de grandes et longues influences sont,

comme on l'a remarqué, celles qui se mélangent, en les faussant, avec de grandes vérités.

C'est d'un coup d'œil vaste et profond que Rousseau avait envisagé le rôle des grands constituants dans le monde. Mais il ramenait le monde moderne, le monde affranchi à cette forme dominatrice des temps anciens ; il ramenait sous la tyrannie des anciens jours la religion, la conscience, la réglementation sociale et politique de la nation ; il parquait à nouveau chaque nation dans sa Constitution exclusive et nationale, et détruisait ainsi tout le progrès des temps modernes, sa grandeur et sa liberté : il ne comprenait ni le système représentatif, ni le système chrétien ; et tout cela, parce que, dans les Constituants et les Constitutions, il n'avait voulu voir ni Jésus-Christ, ni la Constitution chrétienne.

Or Jésus-Christ a été Constituant, le plus grand des Constituants, le Constituant suprême.

Après lui, il ne peut plus y avoir de Constituants, mais seulement et dans le cadre des lois chrétiennes, des législateurs ordinaires n'ayant que les droits et le titre de Représentants.

Après lui, il peut y avoir des perfectionnements sociaux, mais non plus de socialisme ayant la prétention de refaire la société ; car les sociétés modernes sont faites, et c'est Jésus-Christ qui a refait et renouvelé les sociétés anciennes ; c'est lui qui a renouvelé et transformé l'homme, les cœurs et les œuvres. *Nova sint omnia, corda et opera.*

En un mot, Jésus-Christ est le seul, immuable et éternel constituant du monde moderne.

CHAPITRE V.

L'HOMME DE LA NATURE ET LES DROITS NATURELS DE L'HOMME

§ 1.

Avant le *Contrat social* et les législateurs constituants, Rousseau, oubliant un moment le monde ancien, avait, en un jour de paradoxe, porté ses admirations sur le sauvage du nouveau monde, l'homme de la nature !

C'était un thème nouveau pour critiquer et injurier les sociétés modernes et le Christianisme. Le thème des comparaisons entre les Anciens remplis de vertus civiques, héroïques, éminentes, et les Modernes rapetissés et accablés rien que par l'image de ces grands hommes; ce thème n'était cependant pas épuisé, puisqu'il avait pour les gens du xviiie siècle une saveur particulière; mais enfin le thème du Sauvage, de l'homme de la nature bien supérieur par ses vertus natives au moderne civilisé; l'homme primitif, par le parallèle de ces qualités naturelles : tempérance, fière indépendance, mépris de la propriété, écrasant les vices, la cupidité, la servilité des nations chrétiennes; ce thème hardi et excessif, du moins n'était pas usé, et les esprits blasés du xviiie siècle se jetèrent avec passion sur cette idée nouvelle.

Montesquieu commença son *Esprit des lois* avec l'homme de la nature, pour revenir ensuite aux vertus civiques des nations anciennes: il n'aborda le vrai, le moderne, et le chrétien que dans la suite de son ouvrage. Dans toute l'école philosophique ces deux études, des grandes vertus antiques, et des vertus naturelles de l'homme, marchèrent parallèlement et se confondirent en une même conclusion d'anathème et de mépris pour le Christianisme.

Le Christianisme au lieu de l'homme *bon par nature*, avait imaginé l'homme enclin au mal par nature, ayant besoin de direction et de répression : il avait imaginé de remplacer la grande civilisation ancienne, par les ténèbres et la barbarie du moyen âge !

Le roman de l'homme de la nature, animé du grand amour de la liberté, et vivant de l'heureuse ignorance du tien et du mien, cette source, était-il dit, de toutes nos injustices ; ce roman aurait pu être, comme les mœurs des Germains par Tacite, une simple satire des mœurs contemporaines ; mais il n'en fut pas ainsi, cela fut pris au sérieux. La Religion naturelle, les lois naturelles, l'association naturelle entre hommes bons et libres ; le contrat primitif consacrant les droits naturels ; telle fut la théorie éclose tout d'une pièce de ce point de départ, l'homme de la nature !

L'histoire ancienne n'était plus devenue qu'un panégyrique surfait et faussé de l'antiquité. L'histoire du Sauvage ne fut plus qu'un panégyrique entièrement faux de l'homme de la nature.

L'histoire réelle était bien différente.

Depuis la découverte de l'Amérique jusqu'à nos jours, l'histoire nous montre une certaine civilisation en deux grandes nations agglomérées, au Mexique et au Pérou.

Elle nous montre un reste de sociabilité avec des habitudes de culture et de propriété, là même où aborda Christophe Colomb, et où semblait, dans les fêtes et les plaisirs revivre quelque chose des fêtes de Chypre et de la Grèce : et là même aussi, elle nous montre comment les civilisations s'affaiblissent et disparaissent.

Car semant l'effroi dans cette population d'Haïti, ravageant les habitations et les cultures, tuant les habitants ou les emmenant sur une côte voisine et barbare, pour en faire des esclaves, des victimes, et un aliment pour leurs festins, les Caraïbes anthropophages détruisaient et dispersaient ces restes de société, par la crainte continue et les incursions répétées.

Partout ailleurs les découvertes successives ont rencontré les peuplades sauvages, et l'histoire en est peu variée.

De misérables tribus sans cesse décimées par la famine et la maladie, et qui s'entretuent pour s'alimenter de la chair et du sang des ennemis; des hommes sans propriétés cultivées, vivant de chasse et de pêche en des forêts et des savanes immenses, au bord des fleuves, des lacs et de la mer, et qui ne s'en livrent pas moins pour le *tien* et le *mien*, à des combats perpétuels, ce tien et mien réduit à quelque nourriture, quelque proie disputée.

Une férocité infernale se complaisant dans les supplices infligés aux captifs avant de les brûler ou de les dévorer ; pour éducation l'accoutumance à souffrir, afin de se préparer à la mort cruelle toujours imminente : des superstitions nombreuses, des vengeances effroyables, des cruautés inouies: les territoires de chasse et de pêche disputés par les combats, comme des royaumes; des tribus disparaissant par le massacre ; en un mot un tableau repoussant et lamentable ; voilà l'histoire des hommes de la nature, ou pour mieux dire des Sauvages.

L'Etat sauvage est une dégradation extrême de la civilisation, la civilisation de plus en plus éteinte par les vices naturels de l'homme qui se livre de plus en plus à la guerre, à la destruction, au pillage, à l'incendie ! c'est l'homme abruti et rendu de plus en plus féroce par la faim, et les maux qu'entraine la ruine de la culture, de la propriété, et l'ignorance de Dieu. C'est la paresse amenée par l'inutilité d'un travail soumis au ravage du plus fort ; c'est la décadence absolue et le plus triste degré des destinées humaines.

Sans souci de la vérité, et ne songeant pas surtout à s'occuper des Sauvages, comme le font les missionnaires chrétiens, afin de ramener ces malheureux, au bien-être, à la civilisation et à Dieu, en payant de leur vie et de leurs supplices cette sublime mission ; les hommes du xviiie siècle ne songèrent au Sauvage que pour inventer l'homme de la nature, et l'opposer à la civilisation chrétienne.

On s'était tellement écarté des vertus naturelles, que c'était là, disaient-ils, qu'il fallait revenir. Le progrès rêvé fut de réagir contre les formules sociales et religieuses du Christianisme ; et pour cela il n'y avait qu'à rétablir l'homme dans ses droits, et ses libertés naturelles.

L'article 1er de la grande déclaration Révolutionnaire, fut l'expression complète de ces idées.

« Le peuple français convaincu que l'oubli et le mépris des
« droits naturels de l'homme, sont *les seules causes* des mal-
« heurs du monde, a résolu d'exposer ses droits sacrés et ina-
« liénables ! »

Cette déclaration a eu le malheur commun à la plupart des phraséologies révolutionnaires : c'est qu'en fait, et à peine les droits de l'homme ainsi déclarés solennellement, il n'y a pas eu d'époque où les droits de l'homme et du citoyen dans sa conscience, sa liberté, sa propriété et sa vie, aient été aussi *oubliés*, *méprisés* et cruellement opprimés !

Par cette raison bien simple : c'est que là où il n'y a pas sanction supérieure à l'homme, les déclarations humaines n'ont point de garantie. La déclaration des droits de l'homme chercha bien une sanction puissante dans le droit et le devoir de s'insurger, de recourir à l'insurrection contre les tyrannies violatrices des droits naturels de l'homme ; aussi les insurrections n'ont pas manqué ; mais pour faire naître, soutenir et renforcer ces tyrannies, et non les empêcher.

La déclaration des droits naturels de l'homme rencontra dans l'assemblée constituante un assez grand nombre de clairvoyants, qui en signalèrent l'inanité et la doctrine fausse et funeste ; elle n'en excita pas moins l'enthousiasme de la majorité et de la foule contemporaine. Ceux qui l'édictèrent crurent avoir promulgué pour l'humanité entière, un nouveau Décalogue.

L'ancien Décalogue avait édicté *les devoirs*, devoirs envers Dieu, envers la famille, envers le prochain ; le nouveau Décalogue, bien supérieur, édictait *les droits !*

Les droits, non d'un peuple, non du peuple français, mais

les droits de l'homme, partout où il y a homme ; les droits du citoyen ! partout où il y a cité !

Les droits, non pas de la famille, chose ancienne et complexe, ou se rencontrent les droits de la femme et de l'enfant, et toutes ces conséquences qui, avec la famille, composent la société, mais une chose plus simple à envisager : l'homme seul, les droits de l'homme !

La Révolution au lieu de voir comme base sociale, la famille, ce qu'ont vu toutes les nations, n'a vu et voulu voir que l'homme, l'homme de la nature.

M. de Lamartine, dans ses *Girondins*, a une phrase admirative pour ce Décalogue des droits naturels proclamés par des français pour tout le genre humain. Jugez à quel point les constituants de 89, éblouis de leur œuvre, crurent avoir bien mérité de leur siècle et des siècles à venir ; et comme ils imaginèrent que ce serait à tout jamais l'honneur de leur nom et de leur époque.

Lafayette, entre autres, qui malgré ses insuccès et ses revers, resta toujours l'illusionné de la Révolution, Lafayette ne cessa jamais de penser qu'il avait assez fait pour la gloire de cette Révolution et pour la sienne, dès lors qu'il avait été un des ardents promoteurs de cette déclaration fameuse. Le représenter, tenant à la main cette déclaration, répondait à sa pensée la plus satisfaite d'elle-même (Mme de Montaigu).

La Révolution non plus n'a pas cessé de prendre l'homme naturel, pour point de départ de ses théories.

Ainsi Rousseau lui a fourni ses deux bases principales, *les droits naturels de l'homme*, et *les pouvoirs constituants*.

Deux idées, l'une cherchée dans les forêts de l'Amérique, l'autre chez les nations anciennes ; l'une qui prend la liberté sauvage pour type, l'autre qui prend pour règle une loi comprimant toute liberté dans le cercle fixe d'une constitution ; ces deux idées contradictoires entre elles, n'en furent pas moins associées pour refaire à l'encontre du Christianisme, une société tout autre. Aussi l'histoire de la Révolution porte-t-elle cette double empreinte.

Le patriotisme farouche des nations anciennes, le sang de l'étranger appelé impur, ainsi que le sang des concitoyens versé dans la guerre civile ; la lutte incessante des classes entre elles, l'envie irritée des classes populaires, l'envie amère de la pauvreté contre la richesse ; ces caractères des nations anciennes se sont reproduits dans toute leur violence.

Puis l'apothéose impie du Sauvage, de l'homme sorti des mains seules de la nature, n'a-t-elle pas produit sur notre sol les éclosions mêmes de la sauvagerie ? N'avons-nous pas eu à voir et à étudier chez nous aussi bien qu'en Amérique, les phases par lesquelles on descend vers la barbarie !

Sous l'homme civilisé, dès que l'idée chrétienne s'efface, le Païen et le Sauvage, l'homme corrompu et dégradé, l'oppresseur et le cruel, et non pas l'homme bon par nature, ne sont-ils pas prompts à apparaître ?

Sur ce rivage français du xviiie siècle, où ne se voyaient que mœurs faciles, goût des plaisirs, idées légères, et la vie toute occupée du charme d'elle-même, n'a-t-on pas vu tout à coup pour terrifier, ravager et massacrer, surgir ensemble, — et les proconsuls du monde ancien, — et les caraïbes du nouveau monde !

La nature et l'antiquité, deux mots, deux invocations sans cesse répétées par toutes les voix du xviiie siècle et de la Révolution !

Dans l'engouement de l'antiquité, le xviiie siècle était à la suite du xvie et même du xviie siècle ; dans l'engouement de l'homme de la nature, il était neuf : aussi la théorie des droits naturels de l'homme fut-elle le premier jet de sa pensée.

Elle adjoignit l'antiquité, en disant les droits de l'homme et *du citoyen* !

La théorie des droits naturels de l'homme, et de l'homme de la nature, ouvrant à l'imagination un cours tout à fait libre, a gardé plus de vitalité que les théories d'après l'antique ; mais elle n'en est pas moins une idée rétrograde, jusqu'au delà même de toute civilisation ; jusqu'à la sauvagerie !

L'HOMME DE LA NATURE ET LES DROITS NATURELS DE L'HOMME
(Suite).

§ 2.

Sans trop s'occuper de l'origine première de l'homme de la nature, le xviii⁰ siècle s'était contenté d'en tracer un portrait fantaisiste.

Un beau jour, l'homme et la femme se rencontrent dans une forêt, et ils se plaisent. Montesquieu ne recherche pas d'où ils viennent dans cette agréable forêt; et le xviii⁰ siècle se contente généralement de cette forêt, où apparaît l'homme de la nature.

Notre époque plus scientifique a voulu donner une base positive à la théorie de l'homme primitif, en expliquant sa formation par les seules forces de la nature.

C'est toujours le mot, nature; mais entouré d'hypothèses savantes ! De longues et merveilleuses évolutions, depuis une gélatine ou matière première, cellule ou embryon jusqu'à l'animal et à l'homme; d'incroyables transformations, ayant eu elles-mêmes tant de prévoyance et de savoir-faire, et des combinaisons si habiles et si persistantes qu'après des siècles elles arrivent à former un homme !

Chose bien plus étonnante encore, des combinaisons si ingénieuses et si galantes, qu'à la formation de l'homme elles adjoignent la formation de la femme; puis dans toute la nature la prodigieuse loi de la reproduction semblable, constante, indéfinie.

Remarquez bien ceci : dans toutes les hypothèses de formation lente et successive de l'homme, il est passé très légèrement sur la formation de la femme, ou pour mieux dire, elle est comprise dans la série des évolutions qui ont formé l'homme.

Mais on ne s'arrête pas, on ne fixe pas l'attention sur cette prodigieuse dualité de l'homme, et de la femme, tellement bien combinée qu'elle a différencié les êtres, leurs aptitudes, leurs fonctions, de manière à former en ces deux personnes, si semblables et si diverses, la merveilleuse origine de toute l'humanité.

On parle de l'homme, de sa formation par un travail de la nature, travail de bien des siècles, et l'on a beau accumuler transformations et siècles, je n'en comprends pas mieux la formation de l'homme ; mais on se garde bien d'insister sur cette formation parallèle de la femme. qui complique d'une manière si étonnante le problème de la production première des père et mère de l'humanité; après quoi vient le problème de la reproduction dans un ordre constant et admirable, de l'homme et de la femme, toujours en nombre égal, toujours deux, toujours semblables, toujours divers, toujours auteurs des générations humaines ; et dans toute animalité, dans toute végétation, cette merveille est la même !

Nous, nous disons tout simplement Dieu ! Dieu créateur de l'homme et de la femme, Dieu créateur et conservateur ! Admirable inventeur de toutes choses, sagesse infinie qui a combiné partout la vie et sa diffusion, les similitudes et les variétés des êtres, la transmission des existences, la fécondité et les merveilles du monde.

Saisis d'admiration, nous comprenons immédiatement le devoir de la reconnaissance, et les droits de Dieu. Notre hymne devient une prière.

Les incrédules à Dieu, sont crédules à tous ces miracles d'évolutions et de transformations de la nature : mais en remplaçant Dieu par la nature, il y a un grand but poursuivi et atteint : supprimer les devoirs envers Dieu le premier auteur, supprimer reconnaissance, hymne et prière, et n'avoir plus qu'à regarder l'homme, et à proclamer ses droits naturels !

Seulement le xviiie siècle avait déclaré l'homme bon par nature, tandis que nous, chrétiens, nous disons que la bonté vient de l'esprit divin, *fructus est spiritus, bonitas*. Et le xviiie siècle ajoutait à la bonté, la sensibilité. L'homme bon et sensible, ce qui était rassurant pour tout le monde, et donnait la pensée d'excellents rapports réciproques ; la fin du siècle se chargea d'un terrible démenti !

Le darwinisme et les théories scientifiques donnent pour caractère premier de l'être vivant, animal ou homme, le besoin de vivre, *per fas et ne fas*, de soutenir, défendre et assurer sa vie par le triomphe sur les autres êtres; de tuer et de dévorer : l'axiome, — c'est *le combat pour la vie*.

Un Anglais philosophe, Hobbes, au XVIII° siècle avait déjà établi que la première loi de l'homme de la nature devait être de guerroyer et vaincre. L'Anglais Darwin n'a fait que confirmer l'idée. Ces Anglais vont au fait brutal, manger pour vivre; vaincre pour n'être pas vaincu.

Les Français commencent par des idées plus souriantes, sauf, hélas! qu'elles se transforment. Montesquieu suppose l'homme primitif placide par peur, ce qui n'est pas chevaleresque. Montesquieu a remarqué chez les sauvages qu'ils ont défiance et peur. Un rien, dit-il, les fait fuir, ce qui n'est pas plus vrai que le sauvage bon et sensible; teintes roses que la réalité ramène au rouge de sang! du moins les Anglais plus vrais et plus rudes, trouvent la teinte crue.

Leur homme primitif, en effet, c'est bien l'homme sauvage!

Il mange pour vivre, non seulement les animaux, mais ses semblables ; et au besoin, sa femme, l'être plus faible.

Dans ce combat, ou ce sont les plus forts qui établissent la vie humaine, on ne voit pas très bien, comment la femme a pu maintenir ses existences et ses développements successifs, si ce n'est par la sensibilité protectrice de l'homme qui ne la mange que de temps à autre ; mais enfin voilà la sensibilité retrouvée, et les femmes préservées : toutefois la loi du darwinisme vis-à-vis d'elles, comme vis-à-vis de tout le reste, c'est la force! la force, nécessité suprême; la force, suprême loi !

La force, il semble qu'on en fût bien loin, avec les droits naturels de l'homme, la liberté naturelle, ce premier des droits ; la fière indépendance, ce premier des sentiments.

« L'homme est libre, dit Rousseau, et en s'unissant aux
« autres, il n'obéit qu'à lui-même. — Mais au fond du contrat,
« il y a l'engagement que quiconque refusera d'obéir à la vo-
« lonté générale, y sera contraint par tout le corps. — Ce qui

« ne signifie pas autre chose, sinon *qu'on le forcera d'être*
« *libre.* »

Ce fonds du contrat contient un tel *engagement* qu'il mériterait de longues réflexions : Mais « cela ne signifie pas
« autre chose, sinon qu'on vous forcera d'être libre. » Jamais,
sophisme avec des mots et des idées contradictoires n'a été
plus insidieux et plus fatal. De nos jours comme alors, il est
à l'usage de toute oppression.

Par tout le corps est un peu amphibologique. — Par tout
le corps social ; c'est-à-dire, chacun sera contraint par tous. La
Révolution a contraint ses opposants, et les suspects, les
simples suspects d'opposition et d'incivisme, *par tout le corps*,
c'est-à-dire par la mort totale, massacres et guillotine. Liberté
par nature, c'est vrai, mais contrainte par la volonté générale ;
contrainte par la Constitution, par la loi, quelque puisse être
la volonté légiférante : confisquât-elle vos libertés ! elle ne fera
que vous forcer à être libre.

Nous voilà revenus, de même que par le Darwinisme, à la
loi dernière, la force. En effet, là où il n'y a plus la force divine,
il faut bien qu'il y ait la force humaine.

C'est ainsi que le principe constituant domine la liberté
naturelle, et qu'au-dessus des mots de liberté et des droits
naturels de l'homme, est toujours intervenue la force révolutionnaire.

Longue et violente confusion de la liberté et du despotisme
légal ; volonté générale qui s'élève bien haut sur la volonté
individuelle, et l'écrase sous le poids de tous ; l'homme déclaré
libre, mais l'État proclamé maître ; la tyrannie comme gouvernement, et s'il le faut, l'échafaud en permanence. Cela ne
signifie pas autre chose, sinon qu'on forcera l'homme à être
libre !

Il n'y a donc pas à s'étonner de la discorde interminable
entre la liberté et les pouvoirs révolutionnaires ; et qu'il y ait
toujours eu ou révolte, ou compression ; liberté furieuse qui
ne veut pas de frein ; ou pouvoirs violents usant et abusant de
la force. La Révolution oscille entre la terreur et la licence.

Le Christianisme, seul peut allier la liberté et l'autorité ; et la civilisation chrétienne a les moyens de cette alliance, parce qu'elle ne prend pas aux deux points opposés, l'homme sauvage pour base, et l'homme constituant pour sommet.

Quant à l'homme qui a proclamé ses droits naturels si fièrement ; par un juste revers, il est immédiatement absorbé dans le nombre, la volonté générale, l'État.

Il s'est dit libre par nature, il criera même, ni Dieu, ni maître, et il se précipite dans la servitude, non seulement de l'État public, et de la loi omnipotente ; mais dans la servitude des sociétés secrètes auxquelles il se livre corps et âme. Il court au-devant des fers qu'on lui présente.

Il s'est dit bon par nature ; et il apparaît féroce et sanguinaire !

Il s'est dit sensible ; et la Révolution nous le montre cruel, effrayant, impitoyable !

Il a parlé de fraternité ; et la mort, la guillotine, les noyades, le pétrole et la dynamite, sont ses façons d'agir envers les autres hommes !

Il a parlé d'humanité, de tolérance ; et ses intolérances farouches et ses barbaries inhumaines épouvantent l'histoire !

Voilà l'homme !

Ah ! non plus, l'homme présenté au prétoire, l'homme victime qui, sous ses blessures et sa couronne d'épines, cache et révèle tout à la fois un rédempteur et un roi.

Mais l'homme, dans sa sauvagerie, ses esclavages et ses tyrannies, l'homme que le Christianisme avait appelé le *vieil homme*, l'homme de l'antiquité, que des systèmes païens ont fait reparaître dans ses hideurs antiques ; et l'homme de la nature qui a reproduit le Sauvage avec ses barbaries.

Tel a été, tel est l'homme de la Révolution.

CHAPITRE VI.

LA FEMME ET LA FAMILLE.

Je dis, la femme ! parce que la Révolution, nous l'avons vu, a produit comme l'un de ses actes les plus solennels et les plus expressifs, la déclaration des droits de l'homme ; mais n'a pas mentionné la femme.

On a souvent remarqué que cette déclaration des droits de l'homme impliquait l'oubli et la négation des droits de Dieu ; car, elle ne parle que de droits, et passe absolument sous silence les devoirs.

De même qu'elle fait abstraction de Dieu, la fameuse déclaration fait également abstraction de la femme et de la famille.

Le nom et l'idée de Dieu imposent l'idée des devoirs.

Le nom et l'idée de la femme entraînent l'idée de la famille ; l'idée des devoirs envers la femme et envers l'enfant. S'il n'est question que de droits, la force supérieure donnant tous les droits, le partage à faire entre l'homme et la femme consiste en ceci : que les droits sont l'apanage de l'homme et de sa force, et qu'à la faiblesse de la femme s'imposent les devoirs. Telle est, en effet, la distribution chez l'homme de la nature.

La Révolution a parlé de l'homme et l'a compris de cette façon ; l'homme maître, l'homme seul, dans sa puissance et son orgueil ; l'homme ! dont la femme n'est qu'une dépendance.

L'être fort et dominant, c'est cet homme-là qui est toujours en vue dans les principes de la Révolution ; c'est lui qui a les droits de l'homme et du citoyen. La femme est omise par simple prétérition.

Ce n'est pas une chose illogique que, de nos jours, il se soit élevé de vives réclamations de la part des femmes et des citoyennes. Elles ont remarqué, avec grande raison, que la Révolution avait laissé complètement dans l'ombre les droits de la femme.

Lorsque, en dehors des idées religieuses, et de la grande place faite à la femme et à la famille par la constitution chrétienne, les femmes cherchent leur place sociale, et se demandent quelles sont leurs garanties; lorsqu'elles cherchent leur place politique dans la cité, et se demandent quels sont leurs droits; elles ont entièrement raison de voir, à leur égard, dans la déclaration révolutionnaire, une complète lacune ; et de réclamer, à leur tour, une seconde déclaration : celle des droits de la femme et de la citoyenne.

Et, si elles légiféraient, il est assez probable que cette seconde déclaration ne parlerait que de droits, tout comme la première, et ferait omission des devoirs. Que la femme, cependant, ne formule pas ses revendications sous le titre de *Droits naturels*.

Dans l'état de nature, le droit de l'homme sur la femme va jusqu'à la manger.

Dans l'état antique, le droit de l'homme sur la femme va jusqu'à la tuer.

Dans le Mahométisme et autres états non chrétiens, il va jusqu'à la séquestrer, et à n'en faire qu'une esclave dans une troupe d'esclaves.

Dans la Révolution française, ah! j'en suis bien désolé pour les femmes qui cherchent là droits et libertés en leur faveur; car, l'homme n'a formulé que des droits à lui, et n'en connaît pas d'autres.

La Révolution a bien admis les femmes à prendre part aux émeutes et aux saturnales; elle a nommé bien haut citoyennes les femmes qui s'adjoignaient à ses œuvres les plus impies et les plus sanglantes ; mais, bien loin d'arriver à une déclaration des droits de la femme, si la femme n'avait pas été protégée et maintenue par un fond d'idées sociales et chrétiennes invétérées dans les mœurs et les habitudes ; si la femme, par suite de la Révolution et des droits naturels de l'homme, n'a pas passé à l'état d'esclavage où elle arrive dans les populations dégradées, c'est que la théorie des droits de l'homme n'a pas produit toutes ses conséquences. Dans la Révolution, la femme au lieu de gagner des droits, avait perdu même ses droits au respect et à la pitié !

Le XVIIIe siècle avait parlé sans cesse de l'homme sensible. Tous les discours révolutionnaires, et particulièrement ceux de Robespierre, sont gonflés de phrases sur la sensibilité. Une sentimentalité toute en paroles servait de masque à toutes les cruautés.

La sensibilité était toujours dans les prémisses, mais pour conclusions, la mort. Dès qu'il était parlé de l'homme sensible, il y avait à trembler : les égorgements allaient suivre.

Le massacre des femmes, sans égard à l'âge et à l'innocence, sans égard à rien de ce qui émotionne dans le supplice affreux de jeunes filles, ou de femmes octogénaires; la tuerie effroyable des femmes, depuis l'auguste reine de France jusqu'aux plus simples femmes du peuple ; la tuerie jusqu'au cannibalisme ! Témoin le cœur déchiré et mangé de la princesse de Lamballe (et cet exemple n'a pas été le seul) ; la tuerie impitoyable des femmes, en nombre immense, a été la suprême horreur de la Révolution. Aucune nation, parmi celles qui datent de l'ère chrétienne, n'a fourni à l'histoire de pareilles cruautés ; parce qu'aucune n'est sortie du Christianisme et n'est retournée vers le paganisme, et vers la théorie du sauvage, comme avaient fait les hommes de 92 et de 93.

La Révolution, qui déclarait les droits de l'homme, n'a pas même reconnu le droit de la femme à la commisération ; pour la femme, elle n'a eu que des violences, des échafauds, des noyades et des massacres.

Sous le nom de droit pour la femme, elle n'a trouvé qu'une seule chose, une dégradation ! qu'elle nomme le droit au divorce. La Révolution prétend lui donner un droit; moi, je vois les droits qu'elle lui ôte.

Elle ôte à la femme le droit de conserver la famille dont elle doit pouvoir rester avec honneur la protectrice. Elle lui ôte le droit de préserver pour elle et ses enfants le foyer unique et sacré, le droit de sauver, au prix de ses vertus, l'immutabilité du mariage respecté et béni de Dieu.

Elle lui a ôté le droit de consacrer sa vie à une foi et à un amour durable.

Dès lors que la femme n'a plus le droit de se refuser au divorce, et de garder indissoluble le mariage qu'elle a contracté, en y apportant sa jeunesse, et la sécurité pour son avenir et celui de ses enfants ; elle est sacrifiée aux passions de l'homme en des conditions qui n'ont aucune égalité, si ce n'est l'égalité des passions qui détruisent la famille.

La décomposition des liens qui font de la famille la base de la société ; la destruction des autorités paternelle et maternelle dans la famille indissoluble : voilà ce que la Révolution appelle des droits, et les seuls droits qu'elle ait trouvés pour la femme, à savoir : l'abaissement de son honneur, et de ses titres d'épouse et de mère.

Réclamez, réclamez, citoyennes, voilà, comme déclaration de droits, tout ce que vous ont offert les principes de la Révolution !

L'orgueil philosophique du XVIIIe siècle tout occupé de l'homme, *l'homme*, ô homme ! mots qu'il répète sans cesse avec emphase, le XVIIIe siècle a pu ne voir que l'homme, et prendre pour une de ces nouveautés dont les siècles antérieurs n'avaient pas eu la haute conception, d'abstraire l'homme de la famille, de le détacher en relief, et seul, sans s'occuper de la famille.

Pour cela, en effet, il ne fallait pas parler de la femme ; car on n'en peut parler sans qu'elle rattache à elle la famille qui est sa vie et le fond de ses destinées.

Or, la famille apparaît à tous les yeux dans sa trinité, père, mère, enfant. Elle révèle Dieu, son auteur. Et, dans les admirables combinaisons d'autorité et de déférences, de droits et de devoirs, de secours et de concours mutuels, de travaux divers et dans leur diversité également nécessaires, la famille, qui forme la tribu, puis la nation, a été toujours et partout l'en-tête de l'organisation sociale.

Le Tiers-Etat, en 1789, a adopté avec passion les lois qui pouvaient anéantir la famille nobiliaire; puis, dans son appréhension de toute force héréditaire dans la famille, il l'a sapée sans voir qu'il allait jusqu'à la famille du bourgeois et du peuple.

Ainsi, toute famille a été minée par les lois testamentaires, qui ne laissent presque aucun pouvoir à la prévoyance et à la volonté paternelles. Ainsi, toute famille a été désagrégée par les lois de succession, qui rendent pour tout le monde la propriété instable, incertaine, et la morcellent et l'émiettent.

Mais, au delà des lois dictées par l'envie imprévoyante, la Révolution s'en est prise à la famille chrétienne.

La famille chrétienne attaquée et violentée dans ses droits les premiers, et ceux auxquels elle tient le plus : par les lois sur l'éducation, par l'ingérence abusive de l'Etat qui s'empare des enfants, et prétend les former à sa guise, comme le faisaient les sociétés antiques ; — puis la famille chrétienne démolie à sa base même par le divorce, — tels sont, quant à la famille, les principes de la Révolution.

Quant à la femme, tandis qu'on ôte à sa virginité la valeur qui lui donnait mariage, honneur et famille pour toute la vie ; tandis qu'on lui enlève tout droit vis-à-vis des passions changeantes de son mari, et qu'on supprime pour elle la force et le devoir de dominer les siennes; tandis qu'on la dépouille de ses prérogatives immuables comme mère dans le respect d'une seule famille ; on ouvre aux instincts mauvais de ses irritations et de ces inconstances la facilité de s'abaisser et de se perdre.

O nobles femmes du Christianisme, ô mères de famille patientes et dévouées, devant qui s'inclinent vos enfants d'abord, et l'estime de tous ceux qui savent vos mérites devant Dieu et devant les hommes ; voilà où aboutit contre vous la science sociale de la Révolution !

Les droits de la femme ont été bien autrement garantis dans

la famille et dans l'ordre social, par le Créateur de l'homme et de la femme : la femme est protégée, non par la sensibilité de l'homme, mais par son amour et son respect envers Dieu, et de là envers son épouse. Elle est protégée à l'égard de l'homme, par la foi et les devoirs de son mari envers elle, comme il est protégé à l'égard d'elle, par ses devoirs et sa foi envers Lui. Elle a des droits contre ses droits, sous la sanction de Dieu, souverain maître de l'homme comme de la femme.

La théorie chrétienne de la famille rayonne autour de la femme, et l'illumine de ses clartés sereines ; que d'autres poursuivent une déclaration chimérique de droits naturels ? les droits de la femme ont leur déclaration inscrite dans la Bible, et dans l'Evangile.

La constitution chrétienne a fait à la femme sa place digne et grande. Jésus-Christ lui a confirmé cette place qui ne doit pas lui être ôtée. Le Christianisme maintient et maintiendra la femme à cette place où ses devoirs d'épouse, de mère, ou d'épouse du Christ, dans la vie religieuse, correspondent aux droits les plus sacrés.

Quant aux droits de l'homme, si emphatiquement proclamés par la Constituante. Ils sont absorbés dans le droit des majorités et de l'Etat.

L'Etat, comme compensation, le dispense de ses devoirs envers la femme et la famille, ce qui est la réalité du divorce ; et par là l'Etat se substituera d'autant mieux à la famille disjointe et dispersée.

Les enfants et la famille étaient gardés avec clairvoyance et fermeté, disons même avec une invincible passion par la mère.

La femme, trompée par un droit prétendu où elle a tous les désavantages, la mère ainsi désarmée et écartée, l'Etat pourra sans conteste saisir l'enfant.

C'est ainsi que la Révolution s'approprie sans relâche tous les principes destructeurs de la famille.

Sectaire de l'égalité, elle n'a vu chez la femme que l'inégalité dans la force.

Mais, tandis qu'elle n'a cherché dans la femme que les rôles de prêtresses de Vénus pour ses fêtes renouvelées de la Grèce, et pour ses déesses de *la Raison ;* ou bien les rôles sanglants des tricoteuses, et des Théroigne de Méricourt, pour renouveler les Euménides et les furies ; elle a suscité, dans les femmes qu'elle envoyait à la mort par pleines charretées, le rôle de martyres, soutenu par des courages admirables, sublimes !

Les femmes de l'échafaud ont lavé par leur sang les déchéances morales des femmes du xviiie siècle, et retrouvé la force et la vertu chrétienne.

Et les femmes de la Vendée, ont montré l'égalité de l'homme et de la femme dans l'énergie pour soutenir leurs croyances, combattre et mourir pour la foi. Associées d'héroïsme avec leurs pères, leurs maris et leurs frères, elles ont élevé la protestation du Christianisme, au milieu de l'invasion barbare et païenne !

La Révolution monstrueuse sacrifiait les femmes sur l'échafaud : la Révolution menteuse sacrifie par le divorce leur honneur et leurs droits.

CHAPITRE VII.

POLITIQUES ÉTRANGÈRES.

Dans la Révolution il n'y a pas eu seulement la méconnaissance, le mépris des institutions chrétiennes, et l'admiration des institutions sociales et politiques de l'antiquité; il y avait aussi, et tout particulièrement, la méconnaissance, le mépris des institutions françaises, et la recherche admirative des politiques étrangères.

Il n'était plus question de la France et de son histoire, que pour en rabaisser les hommes, les lois et les souvenirs.

On pouvait admirer la Prusse et le Grand Frédéric, Catherine la Grande et la Russie : on pouvait même rehausser la flatterie envers eux par des comparaisons injurieuses pour la France et les Français, et nommer les Français par dérision des Welches; enfin on pouvait admirer l'Angleterre et l'Amérique, et les sauvages, bien qu'en admirant surtout la Grèce et Rome; mais il n'y avait qu'à dénigrer la France et ses institutions surannées.

Aussi ne s'agissait-il que du choix entre des politiques étrangères, en les perfectionnant par les lois de la nature. Il y eut l'école anglaise, l'école américaine, l'école grecque, et deux écoles romaines : la république et la césarienne.

Mirabeau était le chef de l'école anglaise : avec lui et après lui d'autres illustres, comme Mounier et Malouët. Mirabeau, moins infatué de l'antiquité que les autres, politicien pratique et clairvoyant, aspirant à des réformes qui introduisissent en France le parlementarisme anglais, et la suprématie de l'éloquence, voulait une royauté entourée d'institutions anglaises, une église nationale comme en Angleterre, et fut un des grands promoteurs de la constitution civile du clergé. Il croyait, comme tant d'autres, arrêter la révolution politique et religieuse au système et à la mesure qu'il s'était fixée. La religion n'était pour lui qu'une chose politique à soumettre à l'État ; et sa clairvoyance, aveuglée par ses idées non chrétiennes, ne voyait pas les larges brèches qu'il ouvrait contre la royauté et les institutions françaises ; il avait avec lui la pléiade la plus brillante de l'Assemblée constituante ; mais pendant qu'il s'en tenait encore au roi et à la dynastie actuelle, d'autres avaient déjà trouvé dans l'histoire d'Angleterre, qu'un changement de dynastie et de roi faciliterait mieux le changement des choses et l'avènement des hommes du tiers-état : et déjà, ils avaient avec eux, pour être roi, un prince, le bien coupable duc d'Orléans, tout prêt, et soldant l'entreprise.

Pour le moment, cette école anglaise était trop dans le moderne ; son importation de politique anglaise, qui devait plus tard avoir ses succès, n'était pas alors assez pleinement dans ce courant d'antiquité et de nature qui entraînait l'époque : ils furent emportés !

L'école américaine avait à sa tête Lafayette, proclamé le héros des deux mondes. Pour appui, elle avait tous ceux qui ayant été en contact avec les Américains, s'étaient frottés à l'épiderme de leurs idées, sans pénétrer ce fonds de bon sens pratique, et surtout ce fond religieux et chrétien qui en a fait un peuple sain et solide. Ils revenaient enthousiasmés d'une forme républicaine, et des mots de liberté et d'indépendance. Tandis que l'Amérique avait fait une guerre toute nationale pour défendre des intérêts menacés, avait conquis une indépendance qu'elle n'avait pas, était trop grande pour rester une simple colonie, et s'était créé un gouvernement nouveau pour une nation nouvelle, gouvernement approprié à sa situation et à ses diversités ; les revenants d'Amérique voulaient guerroyer aussi pour une indépendance quelconque, contre une mère-patrie; et ils s'en prenaient à l'ancienne France et à ses institutions, comme à une domination étrangère !

Mirabeau, dont la force était la parole, détestait Lafayette qui semblait une épée. Mirabeau, âme sans scrupules, mais génie fait pour diriger et dominer, avait toisé l'honnêteté faible et sans portée de Lafayette. Ces deux groupes qui auraient pu marcher ensemble étaient divisés. L'école américaine, pas plus que l'école anglaise, n'était à son heure; et par leurs divisions, elles hâtèrent l'heure de leur chute.

C'étaient le Romain, le Grec et le Sauvage, qui devaient être maîtres; car cela régnait dans la majorité des esprits; et les leçons du collège, les leçons de l'antiquité dominaient tout le reste.

Ce qui a donné son rôle à Robespierre, c'est qu'il était l'incarnation même du livre le *Contrat Social*! c'est que dans sa phraséologie, comme dans ses haines de sectaire et dans ses sophismes, il était l'élève complet de Jean-Jacques, le grand maître.

Mêlant les lois de la nature aux lois de l'antiquité; passant de l'homme naturellement bon et indépendant, aux Anciens qui sacrifiaient tout à la Constitution et à la Patrie; fécond en citations grecques et romaines, et en apostrophes, selon le mode antique; parlant sans cesse de sensibilité pour arriver à des motions homicides; tout emmiellé de phrases doucereuses, velouté d'hypocrisie féline, et prêt aux horreurs sans pitié; rhéteur fanatique et Romain pédantesque, Robespierre devait présider à cette invasion toute romaine sur le sol français, qui unissait les rigueurs de Brutus aux fureurs anti-chrétiennes de Néron, et aux férocités des hommes de la nature ; et qui se nomma *la Terreur!*

Après la Constituante, où il y avait concurrence d'écoles étrangères, et de réminiscences françaises; ce qui domina tout, dans la Législative et la Convention, ce fut l'école antique Romaine et anti-chrétienne. Girondins et Jacobins étaient à peu près également grecs et romains. Licteurs, bourreaux et victimes, variété des supplices selon les proconsuls, tout fut à la Romaine.

Tallien avec sa femme, le Directoire avec Barras, le Conseil des Anciens, les fêtes, les vêtements, les beautés à la Grecque et demi-nues, firent dominer l'école grecque, plus dissolue et moins rigide que l'école romaine ; mais toujours, forme, noms, et politique étrangère !

Le Consulat est Romain par son nom même. Mais, malgré ce nom, il y eut une renaissance du génie français, et de l'esprit chrétien. L'abbé Sieyès avait emprunté consuls et tribuns à Rome ; mais Bonaparte trouvait dans le catholicisme et dans les idées nationales des rénovations qui ont fait du Consulat une grande et glorieuse époque.

Avec l'Empire et le sacre par la papauté, Napoléon voulut encore raviver Charlemagne, et les traditions modernes et françaises : mais ensuite, Empereur et Empire se replongèrent, non plus dans la république Romaine, mais dans l'empire Romain. Le Sénat impérial reparut dans ses honneurs apparents mais asservis ; les aigles romaines présidèrent aux légions et aux combats. Un empire à étendre comme celui de Rome, le Christianisme à asservir aux vues de l'Empire, le pape non plus couronnant, mais lui-même découronné et prisonnier ; l'autorité des empereurs romains, le rêve de leur domination gigantesque, le nom enfin et la gloire omnipotente des Césars ! tel devint le premier Empire.

Et ce fut si bien une politique romaine, que le second Empire, par la plume juridique de M. Troplong, s'en fit une théorie. La démocratie césarienne est restée la théorie du bonapartisme, qui se porte à la fois héritier de la Révolution et des Césars.

Si ce caractère d'empire Romain, cherché par le second Empire comme par le premier Empire, est revendiqué par le bonapartisme ; cette démocratie césarienne n'est donc pas une politique puisée au sein même de la France, mais bien puisée à une source antique et étrangère !

Je rendrai justice à ce qu'il y eut de grand et de Français dans les deux Empires ; mais ici je constate les origines indéniables de leur politique, et peut-être, une des causes profondes de leur chute !

Louis XVIII et la Restauration furent un retour à l'histoire de France et aux traditions françaises. Mais tout en ravivant le passé national, Louis XVIII, revenu d'Hartwell, donna faveur et puissance à l'école anglaise.

La Révolution et la Charte de 1830, les exemples tirés de la Révolution anglaise de 1688, les comparaisons entre les Stuarts et les Bourbons, furent le triomphe de l'école anglaise, mise au service du tiers-état, tel que le voulait l'abbé Sieyès. Le tiers-état, devenu tout, sous le nom de bourgeoisie, eut des historiens pour adapter l'histoire de France à ses vues, et la plier aux théories anglaises. L'école anglaise fut dominante parmi les hommes dirigeants, et dans l'esprit public; enfin il y eut cette royauté nouvelle, conspirée dès le commencement de la Révolution.

Toutefois, à partir de 1815, l'étude de la France et de son histoire, l'investigation et les recherches portées sur notre moyen âge, et sur notre passé, sur nos communes, sur les croisades et jusque sur les époques mérovingiennes; l'honneur et l'admiration rendus aux arts chrétiens, aux monuments de notre existence catholique et française, ont signalé ces temps écoulés entre les empires, de 1815 à 1848, et préparé ce qui finira par avoir le premier rang, l'école française !

Le nom de Bourbon a présidé à ces rénovations profondes; et il lui sera donné, on peut le penser, de réaliser leur triomphe !

La Révolution n'avait pas encore épuisé le cours de ses politiques étrangères.

En 1848 et depuis 1870, on a reparlé de l'Amérique, plus qu'on ne l'a imitée; la démocratie, mise en honneur par le livre de M. de Tocqueville sur la démocratie américaine, a suscité la démocratie républicaine, — *démocratie républicaine, démocratie césarienne*, deux importations étrangères.

Par sa forme, son nom de République, ses mots et ses idées

de démocratie, l'Amérique semble affiliée aux idées républicaines et démocratiques de nos Révolutions ; mais en réalité par sa base d'États-Unis, de Confédération, la politique de l'Amérique est fédéraliste ; et le fédéralisme, haï et combattu à outrance par la Convention, est absolument antipathique à la Révolution.

En Amérique comme en Suisse, le fédéralisme comporte les libertés particulières de chaque État ou Canton. Il y a là un principe et une force de liberté tels, que la guerre civile elle-même (on l'a vu en Suisse, Sunderbund, et en Amérique, guerre de sécession), n'a pas détruit les bases de cette liberté.

Ces libertés fédérales se gardent, comme se gardaient aussi les franchises et les libertés des provinces sous notre ancienne monarchie; ces libertés fédérales dans leur indépendance sont contraires aux principes absorbants de la Révolution ; centralisation, république indivisible, État un et maître.

La Constitution américaine, organisation pratique, née de la situation et des faits, n'a été empruntée ni à Lycurgue, ni aux temps antiques ; et les Américains en contact avec les sauvages, connaissaient trop les tribus féroces leurs voisines, pour imaginer l'idylle de l'homme de la nature !

L'école américaine a donc retenti plus encore par son nom que par ses influences; et les Américains tiennent d'ailleurs beaucoup plus à importer en France leurs blés que leurs idées.

L'école grecque aurait eû du regain avec Gambetta qui aimait à appeler Athénienne, la République dont il eût voulu être le Périclès. Dans l'étude de ce rôle, il réédita un jour à Cahors le discours de Périclès sur les guerriers morts dans la guerre du Péloponèse. Mais par sa fougue, il aimait aussi à viser Mirabeau, et mourut, comme lui, au moment où son nom était encore debout, mais où tombait son influence.

Ainsi, la Révolution a toujours été en quête de politiques étrangères, et le radicalisme est toujours prêt à accepter des chefs étrangers, comme on l'a vu aux jours de la Commune.

Les nations, cependant, vivent par l'esprit, les mœurs, les habitudes qui constituent leur nationalité; et c'est par le cours même de leur existence qu'elles forment les traditions auxquelles elles doivent tenir.

Loin de là, ce mot de traditions nationales est repoussé vivement par la Révolution, car ce sont les traditions nationales qu'elle a voulu changer et abolir.

Traditions antiques, traditions étrangères, elle a tout recherché pour les substituer aux traditions nationales.

Elle a erré, varié à la suite des politiques étrangères; mais elle n'a pas varié dans ses haines contre la politique nationale et chrétienne.

CHAPITRE VIII

ANCÊTRES ET PATRIE.

Un des sentiments les plus mauvais, et l'un des plus tenaces qui aient inspiré et inspire encore la Révolution en France, c'est le mépris des ancêtres français, de l'histoire de France, de la patrie française avant la Révolution.

Né de l'ignorance même de notre histoire, puis entretenu par la haine de la Religion catholique, qui était la religion de nos pères, ce mépris des ancêtres a fait rejeter dans un même dédain les hommes et les siècles qui composent l'histoire de la France monarchique et chrétienne.

Dans sa logique complète, la Révolution a renversé les autels, les monuments, les églises, les institutions sociales et politiques, changé l'ère chrétienne, et prétendu donner une ère nouvelle à un monde nouveau, l'ère de la république française !

Aujourd'hui, beaucoup moins logique et moins osée, elle n'en garde pas moins ses mépris et ses haines du passé.

Le passé d'une royauté française, d'une noblesse française, d'un peuple français chrétien attaché à ses rois et à ses croyances; ce passé, quelles que soient sa durée, sa grandeur et ses gloires, lui est antipathique et odieux; elle le déteste, elle voudrait l'accabler de ses outrages; n'ayant pas réussi dans ses premières violences à le détruire tout à fait, elle s'irrite devant ce qui reste debout par la solidité des monuments, des souvenirs et des croyances.

Elle voudrait, n'ayant pu continuer à supprimer les hommes, comme le faisaient à la hâte Danton et Robespierre, et ne pouvant non plus supprimer l'histoire, elle voudrait la défigurer, la faire oublier, ne plus la laisser apprendre librement par les générations futures, mais la leur enseigner refaite selon ses vues, et borner le regard de ces générations, par une myopie historique, à l'époque de la Révolution, aux idées de 89, aux principes de 89, rien au delà ; non pas, bien entendu tels que je les expose.

Après s'être basée sur l'admiration de l'antiquité, la Révolution voudrait maintenant ne se baser que sur l'admiration d'elle-même. Elle a un peu oublié les anciens, et ne se reporte plus autant qu'elle le faisait, à deux mille ans en arrière ; elle garde bien les mêmes idées, mais elle entend les rajeunir en ne parlant plus de leur origine ; elle entend ne se reporter plus qu'au siècle dont elle s'apprête à fêter le centenaire ; sa pensée est toujours de ne dater la France que de la Révolution.

Eh bien, ce mépris du passé de l'histore de France et de nos pères ; ce mépris signalé aux premiers jours de la Révolution par l'autodafé des titres, des parchemins, des archives, des chartes, des documents les plus anciens et les plus précieux sur l'histoire de France, ses familles et ses libertés authentiques ; ce reniement enthousiaste et insensé des ancêtres et de l'ancienne patrie, sur l'autel d'une patrie nouvelle ; ne s'est vu nulle part, comme en France : c'est un trait distinctif de la Révolution française !

D'autres peuples ont fait, dans leur histoire, des Révolutions qui ont modifié et changé leur état passé, mais sans produire un pareil reniement du passé et des ancêtres.

La Suisse République honore ses ducs anciens, et n'a pas imaginé de dater de Guillaume Tell l'ère de son existence ! Berne, avec son ours, a gardé ses anciens souvenirs et ses anciennes armoiries.

L'Angleterre a eu de grandes Révolutions, sans songer à scinder son histoire et sa chronologie, et sans répudier la suite des ancêtres.

Le précepte divin,

> Pères et mères honoreras,
> Afin de vivre longuement,

ne s'applique pas seulement à la famille restreinte autour du foyer domestique ; il s'applique à ces grandes familles dont le foyer s'appelle patrie ! le respect de leur passé est pour les nations une loi de leur longue existence.

Les Romains ont vécu longuement par le respect du passé et des ancêtres ; de même l'Angleterre ; de même toutes les nations chrétiennes, avec l'honneur rendu à la famille. La longévité de l'empire chinois, fondé sur la famille et le respect des ancêtres, étonne les brièvetés de nos gouvernements, et montre qu'en dehors même du Christianisme, la loi primordiale de la famille est la base des sociétés. Le respect des pères est la condition de la vie.

La France chrétienne a vécu longuement dans le respect de ses lois, de ses rois, de ses pères et d'elle-même ; au contraire, le gouvernement et les institutions révolutionnaires ne vivent pas !

On s'étonne de notre impuissance à rien établir de durable, et de toutes ces constitutions effondrées les unes sur les autres, et de ces régimes divers qui se succèdent sans pouvoir subsister ; on s'étonne que rien n'ait plus de durée et de stabilité, et pour ne pas s'effrayer de cette instabilité, on arrive à faire de la mobilité même un principe de nos institutions. Mais ce principe là à lui seul les condamne (1).

Vous méprisez vos pères, vos fils vous mépriseront ! le mépris engendre le mépris. C'est à qui, dans la Révolution, méprisera ses devanciers et se rira de leurs œuvres. Aux jours du premier paroxisme, c'était à qui se tuerait : la mort était au bout de chaque discussion et de chaque colère. Ils n'ont pas vécu lon-

---

(1) Il n'est pas étonnant que M. Naquet ait été le promoteur du divorce. Admirant l'instabilité dans le gouvernement de la nation, il commence par mettre l'instabilité dans le mariage, dans la famille. Instabilité à la base de la société, instabilité au sommet, c'est logique.

guement ces hommes qui avaient détruit la France ancienne. Il ne leur avait fallu que trois mois, dit avec admiration un écrivain (Thierry), pour bouleverser de fond en comble l'ancienne société. Je n'admire pas ces trois mois de destruction rapide, durant lesquels s'abime dans la poussière cette société illustre, qui avait eu pour nom, avant le xviii° siècle, société chrétienne et société française.

Mais ces fils même de la noblesse, qui, déchirant leurs parchemins, déchiraient l'histoire de France et insultaient aux générations de leurs ancêtres, mais ces hommes de la Révolution qui jetaient au vent les cendres des rois et des héros, combien ont-ils vécu ? Les hommes s'entretuaient, les œuvres se sont entretuées.

La Révolution a porté ses efforts sur la destruction de la famille ; elle a brisé les longs héritages, les longues transmissions, et, allant plus loin, elle a détruit l'autorité paternelle. Tout ce qui constitue la famille lui paraît contraire à ses desseins et à son existence.

Et la famille ainsi brisée, l'autorité ainsi méconnue à sa base, le respect pour les ancêtres changé ainsi en mépris, la Révolution prétend vivre ! Non, elle ne vivra pas longuement ; le Décalogue longtemps d'avance a dicté son arrêt.

En méprisant et reniant l'ancienne patrie, la Révolution attaquait la source même du patriotisme qui est l'attachement au foyer, aux traditions, aux souvenirs, à l'histoire de la famille et de la nation.

Le patriotisme moderne et chrétien unit tout ensemble, sans contradiction, et par une entente admirable, l'attachement, le respect, le dévouement, l'amour et le devoir envers la patrie nationale qui a son territoire, sa langue, ses intérêts distincts ; et envers la patrie humanitaire qui s'appelle pour tous la patrie chrétienne, et qui n'a de limites que celles du monde, et qui a des intérêts généraux pour toutes les âmes.

Le patriotisme français, qui faisait courir aux combats à l'appel du roi, concordait avec le patriotisme chrétien qui faisait courir aux croisades à l'appel des papes.

Ce double patriotisme, qu'un sectaire enfermé à la fois dans les idées du Protestantisme et dans les idées de l'antiquité ne pouvait pas même comprendre, les sectaires de la Révolution, à la suite de Rousseau, en sont encore au même point : ils ne le comprennent pas !

Ils n'ont vu dans l'antiquité que le patriotisme civique. Ce patriotisme farouche se composait de la haine des autres nations et de la nécessité de se défendre, pour n'être pas réduit à l'esclavage sous une nation ennemie ; ce patriotisme était l'emprisonnement des esprits dans l'idée étroite et exclusive de la cité et de la nationalité, patriotisme sauvage qui ne connaissait pas la confraternité des peuples ! et c'est dans ce patriotisme-là que la Révolution chercha ses exaltations premières. Elle fit du patriotisme une fureur contre l'étranger, et une fureur encore plus grande contre tout concitoyen accusé de n'être pas républicain et révolutionnaire. Elle appela patriotes tous ceux qui, avant de marcher à l'ennemi, étaient prêts à égorger leurs compatriotes ; et, patriotes les plus purs, ceux qui restaient à l'intérieur pour exécuter cette besogne. Du mot de patriote, accolé à celui de sans-culotte et terroriste, elle fit un nom abominable, et du sentiment patriotique un fanatisme sanguinaire.

Puis, de ce patriotisme à bonnet phrygien, à livrée de bourreau, et dont les clameurs passionnées remplissaient la tribune et les rues, la Révolution a passé au cosmopolitisme, aux théories internationales, à la recherche de chefs étrangers pour diriger les émeutes et présider aux guerres civiles, enfin à l'oubli même de la patrie dans un grand tout républicain et révolutionnaire.

Ainsi, la Révolution ne veut pas de la double patrie nationale et chrétienne, mais elle se débat dans ses contradictions entre le patriotisme féroce de l'antiquité et l'internationalisme de l'anarchie.

Ainsi, elle déteste les longues générations des ancêtres séculaires ; elle a commencé par ne vouloir dater que d'elle-même, de l'an premier ; elle disait par la bouche de Barrère : « Nous ne voulons dater que d'aujourd'hui. » Elle a rougi de la France qui était à la tête de l'Europe, la France de tant de grands guerriers, de tant de grands génies ; mais elle se reprend à vouloir aussi pour elle des aïeux, pourvu qu'ils ne remontent pas au delà de 1789. Elle n'aime pas à entendre parler d'une France ayant plus de cent années.

Le mépris des ancêtres et du passé de la France, la négation du patriotisme national et chrétien, ont été et sont encore des principes capitaux pour la Révolution.

CHAPITRE IX.

LES CLASSES DANS LA NATION.

Il y a toujours eu, et il y aura toujours quoi qu'on fasse, et quel que soit le progrès de la civilisation, trois classes dans une nation : une supérieure, une inférieure, une moyenne.

Ces classes peuvent n'avoir pas de limites précises, et de droits particuliers et définis ; on peut aussi varier les noms, snbdiviser, et par exemple emprunter à la géologie et aux superpositions de terrains, le nom de couches, couches sociales, comme aimait à dire Gambetta ; cela est plus vague et on peut dire plus vulgaire ; l'on peut ainsi multiplier le nombre des couches pour moins les différencier ; mais, en réalité, couches inférieures, couches intermédiaires et couches supérieures sont toujours l'inévitable et trinitaire classification.

Les anciens, en outre de ces trois classes de citoyens, parmi lesquels était comprise même ce qu'ils appelaient la vile multitude, avaient une autre classe qui ne comptait pas parmi les *personnes*, et qu'on mettait parmi les *choses*, les esclaves ! la quantité immense ! le Christianisme a fait disparaitre cette *chose*.

Il y a aujourd'hui le *peuple*, dont le charlatanisme révolutionnaire fait miroiter le nombre et la puissance, mais dont il modifie peu les destinées, quand il ne les aggrave pas.

Le peuple ! classe inférieure dans les faveurs de la fortune, mais non pas inférieure devant Dieu en grâces et en mérites ; qui a de par l'Évangile droit à toute vérité ; qui a par le titre de chrétien droit à l'aide et à l'affection de tous chrétiens ses frères ; et dont le plus humble individu, la plus humble servante a, par la vertu, droit au respect de tous, et peut voir s'incliner devant lui les têtes les plus hautes.

Le peuple, grand nom, puisque souvent il absorbe en lui la nation entière : peuple français, par exemple, et que même il absorbe de nombreuses nations : peuple chrétien ! le peuple n'est donc pas un nom qui rabaisse, quand il signifie la base de la nation vis-à-vis des sommités appelées noblesse, ou notabilités, ou classes supérieures ; et naturellement entre eux se trouvait l'état intermédiaire ou tiers-état.

Aussi dans tous les noms autrefois sortis de la nature des choses, et qui désignaient simplement la diversité des aptitudes et des fonctions, n'y avait-il rien qui fût haineux ou méprisant.

Villani, villains, hommes des campagnes ; roturiers *ruptura*, laboureurs et pionniers qui rompent les champs ; *manentes*, manants, hommes à demeures fixes ; rustres, *rustici*, hommes agricoles ; *gentis homines* gentilshommes, hommes de la nation ; *paysans*, hommes du pays ; *bourgeois*, hommes des bourgs ; de tous ces noms, la vanité avec le cours du temps avait pu élever les uns et abaisser les autres ; la malignité avait pu leur donner des interprétations irritantes, mais il n'y avait en réalité dans ces appellations rien que de naturel, d'honorable et de juste.

Paysans et gentilshommes pouvaient se donner la main, hommes du pays et de la nation, et ils se la donnaient comme ils font encore, lorsqu'on ne vient pas faussement aigrir et changer leurs rapports ordinaires. Villains et bourgeois, la différence des demeures formait le fond de la distinction ; roturiers, rustres, manants, vous étiez les hommes du sol, des travailleurs, ce mot usité aujourd'hui est très bon, car le travail dans toutes ses variétés est la loi imposée à tous, un devoir ; et le mot travailleur est très bon, pourvu qu'on n'entreprenne pas d'en faire un nom ennemi de tous autres.

Mais à tous ces noms, la Révolution en a substitué de nouveaux, et ce fut naturellement et suivant son penchant, ce fut à l'antiquité et au jardin des racines grecques, qu'elle alla demander deux végétations distillant un des poisons les plus âcres, comme principe de haine entre les classes, et principe de discorde dans les gouvernements : aristocrates et démocrates, aristocratie, démocratie !

Ces noms ne se trouvent pas dans notre histoire, ni dans l'histoire européenne avant le milieu du XVIIIe siècle.

Deux mots de guerre étaient trouvés ! et à ces noms d'aristocrates et de démocrates s'élève un frémissement d'envie et de haine.

L'histoire de la Grèce et de Rome est remplie, en effet, de cette rivalité entre les aristocrates et les démocrates : tantôt Coriolan, tantôt les Gracques; tantôt Scylla, tantôt Marius; tantôt des oppressions, tantôt des concessions. Ménénius Agrippa, peut bien un jour rappeler les Romains à la concorde par l'apologue des membres et de l'estomac; mais ce succès n'a pas plus de durée qu'à la Convention le baiser Lamourette.

Je parle ici de Rome et des faits les plus connus; mais l'histoire de toutes les républiques de l'antiquité, et de la Grèce en particulier, n'est qu'une succession de guerres civiles, et de proscriptions. Toute ville avait ses deux partis : aristocratique et démocratique; tantôt et tour à tour l'un est vaincu et exilé, tantôt à l'aide d'alliés il reprend la puissance, et tour à tour ces partis se livrent à des représailles vengeresses, quand ce ne sont pas des exterminations.

Les XVIe, XVIIe et XVIIIe siècle n'ont vu dans Thucydide que de beaux discours et de belles maximes; les Grecs, en effet, rhéteurs de naissance, faisaient précéder par des discours sentencieux, les actes les plus indignes d'une civilisation si vantée ! de même que les rhéteurs de la Convention française, nourris à leur école. Mais après les discours pompeux de Cléon et Périclès,... lisez les massacres de Mitylène ou de Corcyre; les atrocités sont le tissu et le fond de l'histoire dont les discours ne sont qu'une broderie.

Ce fond de l'histoire ancienne est devenu le fond de notre histoire révolutionnaire; triste fruit des infusions de l'antiquité dans nos veines.

Ces haines de la démocratie à l'aristocratie sont des haines élastiques, car après l'aristocratie de naissance, il y a celle de la richesse, puis celle des talents, puis celle des vertus, qui n'est pas la moins odieuse à qui est démocrate de vices.

J'ai parlé de trois classes nécessaires en toute nation, comme était en France, et sont partout en Europe la haute classe ou noblesse, le tiers-état ou bourgeoisie, et le peuple. Dans l'établissement des *ordres* d'autrefois, il y avait le clergé médiateur naturel entre les diverses classes, sorti des trois rangs ou classes, tenant par sa naissance à toutes, et tenant de son ministère, la mission de pacificateur entre elles. C'était donc l'union des classes entre elles, avec un intermédiaire respecté pour la maintenir.

Mais dans la division de la nation entre deux appellations seulement, aristocrates et démocrates, il n'y a plus d'intermédiaire, il ne reste que deux intérêts, deux rivalités en présence. Le tiers-état s'efface pour se mêler à la démocratie, et lui emprunter ses forces et sa violence contre l'aristocratie, sauf à prendre la place de classe supérieure, pour maîtriser le peuple, quand il sera nécessaire.

Le peuple vis-à-vis du tiers-état et de la noblesse peut comprendre facilement qu'il a à défendre ses intérêts plus contre le tiers-état avec qui il est en rapport de dépendance journalière pour son travail et son salaire, que contre la classe supérieure qui paye à la fois le travail et l'intermédiaire.

Mais s'il n'y a que démocrates et aristocrates, le tiers-état, abrité sous cette machine de guerre, entraîne le peuple à sa suite contre l'aristocrate demeuré seul en vue.

Ainsi cette importation de l'antiquité devint une arme terrible contre la noblesse, et tourna au profit de la bourgeoisie qui put continuer et qui continua à exploiter le peuple, en détournant son attention et ses colères sur un seul objectif, l'aristocratie !

La Révolution ne tenant aucun compte du Christianisme et de son action dans les sociétés chrétiennes, n'a vu et imaginé que des classes ennemies, et les inférieures écrasées par les supérieures. L'histoire vraie nous montre au contraire, et sous des traits souvent admirables, l'accord des classes entre elles, le respect et l'estime mutuelle des unes envers les autres, l'honneur et la liberté implantés au sein des familles chrétiennes, et la considération s'attachant à toutes les positions honorablement occupées. Les artisans, ouvriers et négociants sont fiers de leurs corporations, de leurs métiers, de leurs négoces et de leurs franchises à l'abri de la coutume et de leurs bannières déployées. Les représentants des libertés locales traitent avec dignité et contre tous des intérêts qu'ils ont à défendre. Les bourgeois s'honorent de leurs occupations, de leurs titres au conseil de la commune, et tous, nobles, bourgeois et peuple estiment que le titre d'honnête homme, de gens de bien et de chrétien, est le titre au-dessus de tous autres. Ils le disent, l'écrivent, et l'expriment ainsi dans leurs actes, leurs discours, leurs testaments. L'esprit chrétien anime et domine toutes les classes.

Au XVIIIe siècle les distinctions purement honorifiques de la vanité nobiliaire, blessèrent les vanités bourgeoises ; et c'est au moment même où la noblesse perdait ses pouvoirs réels sous l'apparence de vaines faveurs, et que la bourgeoisie occupait de plus en plus les fonctions ayant des pouvoirs réels, que le tiers-état monta son orgueil jusqu'à ne plus vouloir que lui seul dans la nation entière.

Mais jusqu'au XVIIIe siècle, la paix entre les classes, entre les situations diverses plus ou moins favorisées par le sort ; le concours de tous au bien public, voilà ce qui avait constitué l'état habituel des nations florissantes ; et l'on ne peut d'ailleurs autrement comprendre la grandeur, la sécurité et le développement d'un peuple.

Notre histoire est une histoire de guerres glorieuses pour le Christianisme et pour l'affermissement de la France. Il y a eu des guerres religieuses avec des haines entre les dissidents, et des excès, qui ont été dépassés par ceux de 92 et 93 ; mais à l'exception de la Jacquerie, née des misères de l'époque, ce n'est pas une histoire de discordes entre les classes, ce ne sont pas des guerres civiles suscitées par l'antagonisme social. L'ébullition ensoufrée et constante entre les couches qui forment le terrain national, voilà l'œuvre de la Révolution.

Depuis 1789 la haine entre les classes, quand elle n'a pas éclaté en fureurs abominables et en guerres civiles ; quand elle n'a pas dressé des échafauds, rasé des villes, incendié des provinces, massacré des milliers d'hommes ou entraîné des déportations en masse ; quand elle n'a pas eu d'affreux combats dans les rues de Paris, des noyades dans la Loire, et des feux de pétrole pour anéantir la capitale ; cette haine toujours prête à déborder des cœurs, n'est-elle pas le fond de nos discordes ? n'est-ce pas une lave qui ne fait pas toujours irruption au dehors, mais qui reste au dedans toujours brûlante !

La haine et l'envie du bourgeois contre le noble se sont, je crois, à peu près satisfaites ; mais l'envie et la haine du peuple contre le bourgeois, et de l'ouvrier contre le patron ; la haine contre le prêtre, contre l'Église, contre le Christianisme, contre Dieu ; les haines politiques, sociales, républicaines, révolutionnaires ; tout cela ne couve-t-il pas incessamment dans les esprits égarés, ulcérés, fanatisés par les Révolutions ?

Quand un riche passe près de ces ouvriers ou pauvres au cœur gâté par les idées anarchistes, il s'échange entre eux un regard de crainte et de répulsion mutuelles, et puis encore du côté de l'ouvrier un regard chargé de fiel et de colère.

Dans les ateliers le patron songe à dominer et réprimer l'ouvrier ennemi ; l'ouvrier injurie le capitaliste à la solde duquel il travaille, et songe aux moyens de s'emparer du capital qu'il convoite. Guerre continue, sourde ou manifeste par les grèves, les révoltes et les explosions de la haine jusqu'au meurtre !

Du haut en bas de l'échelle sociale, la haine est partout dans les compétitions, les intérêts et les orgueils en lutte.

Voilà donc le fond permanent, où s'alimentent les révolutions ; la haine en réalité, la fraternité en mensonge !

Tout cela a été ravivé dans le monde moderne par les mots anciens d'aristocrates et démocrates, et par l'esprit des sociétés antiques et païennes, où l'on ne refoulait les haines entre citoyens, qu'en les assouvissant sur les vaincus et les esclaves !

Pour flatter la Révolution, les césars parlent de démocratie césarienne. Les successeurs de 1789, présentent la république comme le triomphe de la démocratie.

Le Christianisme pourrait parler aussi de démocratie chrétienne ; il a convié, depuis des siècles, le peuple à l'égalité devant Dieu, et à une table commune et sacrée où il se place côte à côte du puissant et du riche.

Mais il n'y a pas à faire triompher une classe sur une autre. Il n'y a pas à entretenir la lutte des classes et à se servir de mots envenimés tout pleins de discordes civiles. Il y a à rétablir l'accord et l'union des classes entre elles, par le respect des situations et des intérêts de chacune d'elles. Car il y aura toujours des petits et des grands, mais lorsqu'ils sont marqués à la marque du Christ, ils apprennent non pas à se combattre, à se haïr, à se déchirer sous des noms ennemis, comme aristocrates et démocrates, mais, sous le nom commun de chrétiens, à s'entre aider, s'estimer et s'aimer.

Une nation ne peut être forte et florissante que par l'accord des classes diverses. Tous pour la patrie, et la patrie pour tous.

CHAPITRE X.

JACOBINISME ET SOCIALISME. L'INDIVIDU ET L'ASSOCIATION.

Dans l'ancienne société française, ou pour mieux dire, dans la société chrétienne, l'idée d'association, s'associer dans une communauté d'intérêts, de situations, de goûts et de croyances était un fait qui semblait résulter de la nature des choses, une liberté qui semblait toute simple, et qui s'exerçait sous toutes les formes, un droit dont on usait sans cesse, et un devoir en maintes circonstances.

La famille, base des sociétés, est une association d'affections, d'intérêts, de droits et de devoirs, qui constitue le foyer, la propriété, l'autorité et le respect. La commune est une association qui naît de la situation des intéressés et du rapprochement des familles dans une localité. Les associations de métiers ou de professions résultent de travaux et d'existences similaires. Enfin le Christianisme encourageant les associations d'idées et de croyances dans un but commun et spécial de prière ou de dévouement, les ordres religieux s'ingénient à trouver toujours quelque nouveau but pour l'instruction, le zèle ou la charité; de même que l'industrie s'ingénie à trouver de nouvelles combinaisons pour s'exercer, et de nouveaux filons encore inexploités à mettre en œuvre : — ainsi les ordres religieux se ramifiaient de tous côtés et peuplaient les solitudes comme les cités.

Tout était corps, corporations, ordres, associations, communautés. A partir de la famille, tous les intérêts, toutes les fonctions sociales, toutes les diversités de l'activité ou des facultés humaines, s'aggloméraient en associations d'aide, défense et secours mutuels, en solidarités organisées, ayant fierté d'elles-mêmes, pour maintenir leurs droits et libertés vis-à-vis de tous autres.

Jusque dans l'agriculture au milieu des campagnes, là ou de nos jours il y a partout intérêts divisés, et procès souvent de fils à pères, plus souvent encore de frères à frères, et individualisme croissant; il y avait au contraire des communautés d'intérêts, de culture, d'habitation, d'existence, entre les membres d'une famille pendant une longue suite de générations.

Cela existait fréquemment au moyen âge et a laissé trace jusqu'à nous ; il y avait encore dans ce siècle deux communautés de ce genre, la communauté des *Gariots*, et une qui subsista la dernière, la communauté des *Jaûts*, décrite par M. Dupin et à laquelle dans un comice agricole de la Nièvre, après 1840, il donna un prix de la part du roi et de la reine des Français pour cette fidélité aux anciennes traditions.

Hélas ! ce prix appela l'attention des procéduriers sur cette communauté qui subsistait malgré le code, malgré la loi des partages et qui comptait 7 à 8 ménages vivant dans un grand bâtiment ressemblant un peu à un monastère, avec ses chambres pour chaque ménage et le grand réfectoire avec deux vastes cheminées. J'ai vu plus de trente membres de cette famille des Jaûts, assis à la table journalière et commune. Dans tout le pays on respectait fort le chef de cette communauté.

Le principe de la communauté s'étendait de la famille et de la commune rurale aux bourgs, cités et grandes villes, avec des élus, des échevins, des milices et des franchises séculaires qu'on savait maintenir.

Corporations, universités, magistratures, tout cela avec ses bannières et la sanction des lois, des coutumes et de la religion, tout cela formait corps distincts et associations particulières dans le grand assemblage de l'association nationale.

Tel était l'esprit et le fait universel dans la société chrétienne.

La Révolution prenant le contrepied de ces idées chrétiennes, s'est ruée sur les corporations et les associations de tous genres, voulant surtout détruire les associations religieuses, elle a englobé l'esprit d'association dans une haine générale, et lui a substitué l'individu, l'individualisme.

Elle a commencé politiquement par l'abolition des trois ordres qui formaient les Etats Généraux, la représentation de la nation. Le coup premier et capital à porter à l'ancienne société était en effet l'abolition des ordres ou associations qui constituaient le corps du clergé, le corps de la noblesse et le corps du Tiers-Etat. La Révolution ne se trompait pas ; elle y mit toute son insistance, elle joua son va-tout contre la faiblesse royale. La myopie des ordres mêmes qu'elle voulait abolir vint à son aide, ils acceptèrent leur destinée et leur fin.

De ce jour, toutes les associations qui composaient la nation furent logiquement dissoutes et anéanties. Provinces, Etats provinciaux, communautés, corporations des arts et métiers, communautés religieuses tout fut aboli : et comme dans la représentation de la nation au lieu d'ordres ou corps, il n'y avait plus que des individualités, des représentants un à un, à titre égal, il ne dut plus y avoir partout et jusque parmi les ouvriers que des hommes un à un, exerçant une profession, ou se livrant à un travail individuel.

La Révolution arriva de là à la famille, s'appliquant à y détruire la force d'association entre auteurs et héritiers, entre époux et épouse ; elle y implanta l'individualisme du mari et de la femme par le divorce, l'individualisme des enfants entre eux et vis-à-vis du père et de la mère, par les lois de succession et la démolition de l'autorité paternelle.

Même la famille primordiale, l'homme et la femme sous cette forme double qui est une association, ne fut pas reconnue par la Révolution : nous l'avons dit, elle ne vit que l'homme, l'homme individu.

Cependant l'individualisme est tellement contraire à la constitution de la famille et à la stabilité de la société ; cela est tellement opposé aux tendances naturelles qui nous portent à nous réunir aux autres quand nos intérêts sont les mêmes, ou nos idées convergeant à un même but; que l'esprit d'association n'a pu être étouffé par la Révolution.

Dans plusieurs de nos institutions cet esprit s'est maintenu : surtout un ordre, l'ordre des avocats, bien qu'annulé un moment et réduit au silence dans le prétoire, lorsqu'il n'y avait plus de justice à y rendre, mais seulement la mort à prononcer; l'ordre des avocats a survécu à l'ostracisme des ordres et des associations, survécu avec ses traditions, ses franchises, ses privilèges et son bâtonnier.

Je m'étonne presque (révolutionnairement parlant) de voir ce bâtonnier, vieux mot et comment cet emblème de force a pu subsister ? Il a subsisté par le talent et la dignité, de même qu'il a subsisté dans l'armée par la gloire des maréchaux de France. Cet ordre et ce bâtonnier des avocats sont un exemple montrant que la tradition de choses anciennes peut exister dans le progrès des temps. Car les traditions et les droits du barreau français sont à l'avantage des clients et à l'honneur de l'ordre !

La magistrature s'est aussi reformée en corps par l'inamovibilité. Mais ce corps a été sans cesse attaqué par la Révolution et ce qu'elle cherche à y faire prévaloir par les nominations arbitraires, les choix sans contrôle et les intérêts personnels excités et favorisés, c'est le mépris des traditions, l'affaiblissement de l'esprit de corps, l'individualisme.

Napoléon a refait un corps de l'université; non plus par l'association libre, mais par la volonté de l'Etat. Le fonctionarisme dans l'instruction est un corps organisé, jaloux d'éviter la concurrence de toute autre force organisée et éducatrice.

Enfin le socialisme, le socialisme actuel, a repris l'idée d'association.

Il y a eu dans la Révolution un premier et général socialisme; l'idée et l'orgueil de refaire de fond en comble, une société nouvelle.

C'est avec un étonnant ensemble que les hommes de tous

rangs concouraient alors à détruire la société établie. Le cours de l'idée qui les mène est si fort qu'il les entraîne. Plusieurs voudraient bien s'arrêter à tel ou tel point de la rive ; mais l'idée de destruction et de rénovation n'a plus de rives ni chrétiennes, ni françaises. L'inondation engloutit et balaie tout.

Le socialisme alors n'a même pas besoin de nom, puisqu'il est la société existante, voulant se défaire, et se refaire. En ce sens, le socialisme a eu sa grande époque en ces jours là où le Christianisme en France parut s'abîmer sous l'attaque, où une société qui répudiait la société ancienne parut s'établir avec une date nouvelle pour des siècles nouveaux.

Et depuis, malgré ses combats dans la rue, ses prétentions et ses menaces, malgré ses écrivains spéciaux et ses orateurs et les formules de ses systèmes, le socialisme actuel n'est plus qu'un reste de ce grand socialisme de 1789 et 1793, qui était maître du terrain et maître des esprits.

Mais son importance aujourd'hui, c'est qu'il décompose et scinde en deux parts les idées et les intérêts Révolutionnaires.

Le jacobinisme qui voulait bien refaire la société, mais dans l'intérêt et au profit du tiers-état, le jacobinisme qui ameutait le peuple pour opprimer ses adversaires, mais non pas pour donner la prépondérance aux intérêts populaires, sacrifiait tout dans sa politique à la forme et à la puissance de l'État.

Il détruisait les associations et voulait l'individu comme base sociale, parce que l'individu, si haut qu'on l'exhausse, n'est qu'une faiblesse et ne peut opposer aucune force de résistance à l'état.

En abolissant les corporations sous prétexte de rendre à l'ouvrier la liberté de son travail individuel, le jacobinisme livrait l'ouvrier sans défense aux maitres que lui donne la richesse. C'était le peuple livré au tiers-état qui l'emploie directement. L'ouvrier l'a bien vu depuis lors, et de là devait venir et est venue la scission profonde dans les rangs révolutionnaires, unis jadis pour détruire la société ancienne, mais entre qui se sont répartis d'une manière bien inégale les profits de la Révolution.

Le jacobinisme est resté autoritaire ne songeant qu'à l'État, à l'omnipotence de l'État ; le jacobinisme est spécialement bourgeois.

Le socialisme est devenu anarchique et spécialement populacier : mais enfin il est préoccupé de l'intérêt populaire.

Le socialisme a vu les erreurs de l'individualisme et l'impuissance des droits naturels de l'homme vis-à-vis de la misère, de la faim ; et contre les forces supérieures du capital qui commande au travail et le paie.

Le socialisme a compris la faiblesse de l'ouvrier privé de la force de l'association, et il est revenu à la solidarité, à la communauté, à la commune.

Mais, comme au lieu du Christianisme pour l'éclairer, il a gardé les passions anti-chrétiennes et révolutionnaires, il va chercher dans les grèves et les associations haineuses ; dans la communauté des biens et dans la commune factieuse et sanguinaire ; dans les envies, dans les vengeances et l'anarchisme ; il va chercher les ressources entrevues de l'association, mais que ne peuvent donner des idées faussées et violentes.

Complots secrets, grèves funestes, commune terroriste ne sont pas l'association utile et légitime. Pétrole et guerre civile ne sont pas les moyens d'arriver à des associations protectrices et fécondes en bienfaits pour le peuple !

Le jacobinisme pressé et poussé par le socialisme, présente avec répugnance et malgré lui quelques projets d'association et voit ses théories individualistes battues en brèche par le retour aux idées corporatives ; mais jacobins et socialistes repoussent avec la même passion les associations chrétiennes ; et avec la même impudence de contradiction, ils refusent la liberté aux associations du cloître et de la charité, tandis qu'ils la réclament ou accèdent à l'accorder pour des associations souvent dangereuses et fatales.

Ils ne veulent pas des associations sous le signe béni de la croix.

Ils en ont une sous des signes maudits : la franc-maçonnerie.

CHAPITRE XI.

LA FRANC-MAÇONNERIE.

La franc-maçonnerie a eu dans la Révolution et elle a jusqu'à nos jours un rôle trop important pour ne pas la signaler et l'approfondir.

Elle a été se chercher un nom et une légende dans l'architecte et les maçons constructeurs du temple de Salomon. Cela d'abord aurait dû induire à penser qu'elle a une racine juive et que entée pour se dissimuler sur les nombreuses corporations d'architectes et de maçons du moyen âge, mais qui ne se cachaient pas, elle ne provient pas de ces corporations qui avaient bannières catholiques, mais se rattache à l'époque et aux idées du protestantisme, retour comme nous l'avons dit chapitre II, aux antiquités juives et bibliques.

Si par une autre légende, elle va chercher dans la proscription des templiers et le supplice de Jacques Molay, une seconde origine qui soit une accusation contre la papauté, le catholicisme et la royauté, il y a là encore la haine des protestants contre les papes et la religion catholique, la haine des sectes sociniennes, puritaines, indépendantes et anarchiques contre la royauté.

Aussi la maçonnerie ne date-t-elle en effet et ne peut dater que du protestantisme. Son organisation à la fois juive et protestante, la marque triple de ses idées les unes toutes juives, les autres protestantes, d'autres enfin issues de l'antiquité païenne désignent le siècle de la renaissance, où a pu naître et se coordonner cette triple alliance de juifs, de protestants et d'hommes retournés aux idées d'avant le Christianisme.

Avant le protestantisme, la séparation des juifs et des chrétiens était trop profonde, le mépris des juifs trop général, pour qu'une association sous des noms, des symboles, des rites juifs eut pu se faire parmi les races catholiques. Le retour du protestantisme à la juiverie, ayant facilité les rapports entre protestants et juifs par des tendances communes, on comprend les rapprochements qui ont pu s'opérer entre ces ennemis du catholicisme ; les nouveaux depuis Luther, les anciens depuis la croix.

Il y avait parmi les juifs, depuis des siècles et à cause même de la persécution générale dont ils étaient l'objet des associations mystérieuses pour s'entr'aider, entretenir leurs espérances contre le christianisme et comploter le rétablissement d'Israël. Rattacher à ces associations et à leur but, sans le faire connaître entièrement, les protestants favorablement disposés ; donner à leur guerre ouverte contre le catholicisme les moyens d'une guerre cachée, incessante, redoutable et perfide ; donner à cette guerre latente une direction juive habituée au silence et à la persévérance ; lui donner même des chefs juifs inconnus de la plupart des associés de race non sémitique, telle a dû être, telle a été sans doute sur la franc-maçonnerie l'action des anciennes sociétés purement juives : action évidente par l'emploi de noms, de grades, de language, de légendes qui se rattachent au Talmud, aux usages et à la langue hébraïques (1).

Mais ce ne sont pas les juifs qui ont donné à la franc-maçonnerie son esprit philosophique du xviiie siècle, athée et contempteur du peuple. Cet esprit-là vient de l'orgueil moderne et des idées puisées aux civilisations païennes.

Car ainsi que le protestantisme et la Révolution dont elle a été une des puissances créatrices, la franc-maçonnerie est un

(1) Kadosch, le plus haut grade, mot hébreu, *saint*. Le chandelier à sept branches, l'arche d'alliance, la table en bois d'acacia (Sethin), les mois maçonniques, mois juifs, adar, veadar, vissau, etc. (Drumont, p. 312, t. I).

retour à l'antiquité juive et paienne tout ensemble, et la pire de ces conceptions rétrogrades qui remontent le cours des siècles, au rebours des progrès et des vérités apportées par le Christianisme.

Un des plus grands progrès accomplis par le Christianisme, c'est d'avoir vulgarisé et popularisé la connaissance de la vérité; en déclarant que la vérité, les plus hautes vérités, pouvaient être aussi bien du domaine des petits et des ignorants, que des grands et des savants du monde.

Le droit du peuple à la vérité, les grandes vérités religieuses et morales à la portée du peuple, et son intelligence et son cœur capable de les savoir et de les comprendre; voilà ce que l'orgueil de la science humaine ne peut admettre. Elle se révolte contre cette idée de la vérité à tous, et pour tous. Elle pense que la vérité apanage des philosophes, est un privilège en dehors et au dessus du peuple. Elle ne pardonne pas au Christianisme d'humilier la science de la vérité, en élevant le peuple jusqu'à elle.

On sait le mépris profond de Voltaire pour les basses classes. On voit et on sent ce mépris dans la plupart des livres, morale, histoire, sociologie, philosophie, science, où les écrivains se complaisent à penser combien ils sont supérieurs à ce peuple dont les idées simples ne comportent même pas la possibilité de les suivre et de les comprendre. Tel était aussi le mépris de l'antiquité pour la vile multitude, au dessous de laquelle était encore la population immense des esclaves. C'est pour les basses classes que l'antiquité fabriquait ces religions de vains augures et de cérémonies extérieures suffisantes à l'ignorance populaire. Les vérités étaient voilées au peuple sous des symboles mythologiques. Les vérités étaient réservées pour le secret des temples et des initiations.

Or, lorsque Jésus-Christ, voulut marquer sa mission par des merveilles, il dit aux disciples de Jean, allez dire à votre maître que les aveugles voient, que les sourds entendent et que *les pauvres sont évangélisés.*

Cette dernière merveille était en effet supérieure aux autres.

L'évangile, la vérité pour le peuple! c'était le vieux monde bouleversé dans ses idées, les sages et les savants confondus, les temples ouverts et leurs profondeurs dévoilées, les mystères mis à jour, le voile des oracles et des sciences cachées déchiré comme le voile du temple de Salomon.

Jésus-Christ insistait devant les princes des prêtres, sur ce qu'il avait toujours enseigné publiquement, qu'il n'avait jamais parlé en secret, mais toujours ouvertement, *ego palam locutus sum*.

Eh bien! c'est ce grand jour de la vérité, ce domaine commun, cette égalité dans la connaissance du vrai, que la franc-maçonnerie détruit et nie en revenant aux pratiques du vieux monde, aux initiations, aux affiliations mystérieuses.

La franc-maçonnerie est par là essentiellement ennemie du christianisme, et réprouvée à juste titre par les Papes : car dès lors qu'il lui faut le secret, des serments, des formes occultes, elle est la contradiction du christianisme et de son premier principe, la publicité, la lumière.

Celui qui ne me suit pas, dit le Christ, marche dans les ténèbres! — la franc-maçonnerie les cherche; anti-catholique dès le principe avec juifs et protestants, elle ne pouvait avec le xviiie siècle, que devenir anti-chrétienne.

En même temps elle est ennemie du peuple : elle ne va au peuple que pour y trouver les ouvriers de ses desseins secrets, ouvriers chargés des missions périlleuses et des responsabilités immédiates, tandis que les chefs comme les despotes de l'Orient, restent princes des ténèbres, à l'abri, dans le mystère de leur puissance.

D'un autre côté, elle se sert des classes supérieures et des princes, comme instruments trompés et fascinés : elle les utilise pour leur apparence qui attire et cache les desseins qui leur sont cachés à eux-mêmes; pour la protection et le grand appui qu'ils peuvent donner et qu'on leur rendra au besoin, selon qu'il sera utile; lorsque toutefois ils ne seront pas absolument dupes et victimes, comme aux premières années de la Révolution.

Ainsi aidée par le peuple qu'elle méprise et soudoie aux moments voulus, et par les classes supérieures qu'elle trompe et ne veut qu'abaisser, la franc-maçonnerie a son centre dans les classes moyennes, et avec elles et pour elles a été l'organisatrice de la Révolution.

Son action a été combinée comme un roman avec des personnages habiles et étranges, auxquels elle donne le moyen de passer pour grands seigneurs, avec des noms d'apparat : Comte de Saint-Germain, Comte de Cagliostro cachant les noms de Wolf et de Balsamo : ses trames sont perfides et profondément ourdies comme le procès du collier ; et là encore une aventurière, Mme de Lamothe, qui se dit descendante des Valois, de même que Cagliostro se disait descendant de Charles Martel.

La franc-maçonnerie suscite alors des engouements inouïs comme celui qui faisait s'affilier aux loges, mystère séduisant et nouveau, partie de plaisir aventureuse, les plus grands seigneurs et jusqu'à d'illustres et plus tard infortunées princesses : mais pour les péripéties préparées en d'autres mystères sombres et redoutables, elle a décidé l'assassinat du roi de Suède qu'elle redoute, les massacres de ces nobles et de ces princesses de France, dont elle s'est jouée, l'affreux échafaud de Louis XVI où s'immolera la plus illustre royauté de l'Europe *et nunc erudimini Reges !* elle a raffiné les tortures de Marie-Antoinette qu'elle hait : et cette action de la franc-maçonnerie indéniable aujourd'hui, a pour complice l'action et les trésors d'un chef franc-maçon, d'un prince destiné à l'échafaud lui aussi, par juste rétribution de tels crimes.

Bien des historiens, membres eux-mêmes de loges maçonniques, évitent d'approfondir ce côté des conspirations révolutionnaires : mais avant que les clubs des jacobins fussent organisés, d'où pouvaient provenir, sinon de l'association puissante qui avait préparé et voulait la Révolution française, ces bruits répandus tout à coup et partout, qui soulevaient les populations affolées, tels que l'invention de ces brigands annoncés en même temps par toute la France ? et ces mots d'ordre qui couraient comme l'éclair, tels que guerre aux châteaux, paix aux chaumières ? d'où provenait ce rendez-vous en France d'aventuriers étrangers, tels que Fournier l'américain, Lazowski et autres, arrivés pour guider les émeutes et présider aux massacres ! de même qu'en 1871 ont apparu, la Cecilia, Dombrowski et autres, tous étrangers acclamés aussitôt pour chefs de la commune ? et qui donc avait enrégimenté et payé les hommes et les femmes qui assistaient aux séances des Assemblées de 1789 à 1792 pour les dominer par les clameurs et les menaces ? qui donc avait enrégimenté et soudoyé tant d'émeutes avant que Danton employât les fonds de l'Etat à solder les massacres de septembre ? l'histoire est encore incomplète.

De sa racine protestante, la franc-maçonnerie a gardé la faveur qu'elle accorde aux idées protestantes, aux princes protestants, et en particulier à la Prusse. Elle a vu de nos jours, se réaliser un grand succès dans ses voies ; la Prusse substituée à l'Autriche dans l'empire d'Allemagne, jadis le Saint-Empire Romain ! ce grand pas n'a pu concorder qu'avec la défaite de la France.

L'Empire ôté à l'Autriche catholique ! ce que n'avaient pu faire les grandes révoltes du xvie siècle, la guerre de trente ans, et les victoires de Gustave Adolphe ! la suprématie impériale donnée à la Prusse protestante !

Ce serait une œuvre capitale contre le catholicisme, et elle pourrait durer, si la franc-maçonnerie gardait sa force ; et que la France, dans sa vie catholique et nationale, fût mortellement atteinte.

La franc-maçonnerie a longtemps préparé cette œuvre ; car elle a besoin d'appuis armés : et l'on a vu le prince héritier de l'empire Prussien et Allemand, flatter l'organisation maçonnique dont il est membre, et dont il entend garder l'assistance.

Aussi M. de Bismarck, dès l'Empire établi, se hâta-t-il de satisfaire protestantisme et franc-maçonnerie par la persécution des catholiques. Mais chez les évêques bannis, et chez ces catholiques éloquents, qui surent les uns par leur fermeté dans l'exil, les autres par leur énergie au Parlement, lui montrer une force à craindre ou à rechercher, le chancelier de fer est venu se heurter à une résistance d'airain. Puis les complots du socialisme, les tentatives d'assassinat dont l'empereur Guillaume n'a pas été garanti par le respect de son âge et de sa gloire, ont montré au prince de Bismarck que, ce qu'il y avait à redouter à notre époque, c'étaient les sociétés secrètes et non pas le catholicisme : il n'est pas allé à Canossa, mais chose non moins remarquable, c'est lui qui a réouvert pour le Pape, le grand appel du moyen âge à cet arbitrage impartial et suprême.

La franc-maçonnerie fait de la France sa missionnaire en Révolution sociale, mais elle n'en est pas moins Allemande, Prussienne, juive, Italienne et Russe. Sans parler des chefs juifs inconnus : elle a eu pour chefs célèbres et connus, Adam Wesshaupt, Carl Marcks, juifs, Cagliostro de race juive et italienne, Mazzini l'italien, Krapotskine le russe, et d'autres qui n'ont pas été français : en France elle n'a eu que des sous-chefs, comme était Gambetta, et comme sont tels et tels *Kadoschs* et *Vénérables* qu'elle pousse au pouvoir : mais les dieux de la machine maçonnique ont été étrangers, une direction française n'aurait peut-être pas autant favorisé l'abaissement de la France.

J'ai vu à Gênes deux statues : l'une, grand honneur pour Gênes, sur un socle large, puissant, solide, Christophe Colomb qui en agrandissant le monde, rêvait d'agrandir le monde chrétien, et de donner à Jésus-Christ, des peuples de nouveaux adorateurs.

L'autre, peu d'honneur pour Gênes, a pour base une colonne mince que renversera le moindre souffle de l'opinion, Giusseppe Mazzini qui ne rêvait que l'unitarisme de l'Italie et le progrès du monde par l'assassinat des princes, l'asservissement des affiliés aux sociétés secrètes, et le retour aux idées du monde ancien.

Cette statue est un encouragement pour les successeurs de Mazzini qui continuent les attentats par l'explosion des bombes meurtrières, et la mort semée au hasard et à profusion, pour atteindre lâchement une victime désignée.

Semblable au cercle des enfers du Dante, la franc-maçonnerie a dans son premier et grand cercle cette masse de crédules et de petits intéressés qui cherchent un certain appui pour des relations commerciales, facilitées par quelqu'échange de poignées de main maçonnique, ou bien la satisfaction de se dire membres d'une société philantropique et festoyante. Ce grand cercle a aussi les affiliés d'apparat qui croient par là être quelque chose, et ne sont que dupes et comparses.

Mais les cercles se rétrécissent, éliminent la masse, opèrent le triage par une inquisition habile, choisissent les adeptes, accroissent les promesses selon les ambitions, jusqu'à ce que le cercle de plus en plus rétréci, ne contienne plus que les capables de tout jusqu'au crime : organisation dont la circonférence est partout dans le monde, et le centre non pas nulle part, mais là où sont les replis plus profonds et les plus épaisses ténèbres.

Partout hypocrisie et mensonge comme moyen, pour tous une initiation menaçante et à mesure qu'on descend à l'abîme, des serments qui lient et qui effraient.

La terreur est le système et le terme de ces complots qui s'élaborent sans fin sous des noms divers, sociétés des droits de l'homme, carbonaris, fénianisme, nihilisme, toutes affiliations dont on multiplie les enseignes selon les temps, mais satellites de la forme première et mère, la franc-maçonnerie.

Celui qui hait la lumière est réprouvé par le christianisme : l'ange du mal est l'ange de la nuit : et de qui tiennent-elles si ce n'est de Satan même, ces œuvres où il n'est parlé que de destructions par le pétrole, la dynamite et le feu ?

Mais la franc-maçonnerie a eu la vanité de vanter ses triomphes et de faire un peu de jour sur elle-même. Elle a été entraînée par le courant de notre époque à écrire, à parler. Des *Vénérables* ont fait des discours, des annales, et ce jour ouvert sur la franc-maçonnerie, c'est le principe même de son existence atteint au vif.

Puis quelques adeptes désillusionnés, et voyant la noirceur, se sont rejetés en arrière ; des repentants ont commencé de telles révélations qu'il y a plus de vingt ans, Mgr de Ségur a pu écrire sur la franc-maçonnerie un opuscule dont tout, depuis lors, a vérifié l'exactitude. Les projets dès lors annoncés, entre autres la laïcisation des écoles et hôpitaux sont venus à exécution avec les pouvoirs francs-maçons qui ont gouverné la France.

Des francs-maçons hardis et dégoûtés, ont osé comme M. Andrieux, ancien préfet de police, non seulement divulguer le commun de ce qui se passe dans les loges, mais ridiculiser les fantasmagories des initiations, se moquer de leurs terreurs apparentes, jeter sur ces scènes et leur verbiage bizarre, énigmatif et juif, le sarcasme que les francs-maçons croyaient à leur seul usage contre le christianisme. Le public a été amusé par ces révélations piquantes.

Cette brèche ouverte, il est sorti de l'antre un de ceux qui y fabriquaient les plus odieux pamphlets contre l'église. Par une de ces volte-face étonnantes, mais qui, sous le nom de conversion, n'étonnent pas dans l'histoire chrétienne où le repentir peut tout réparer, les secrets de la franc-maçonnerie, de ses frères ∴ trois points, et les secrets plus faits encore pour être cachés, des sœurs franc-maçonnes ; tout est publié, beaucoup lu, et l'on connaît jusqu'aux listes des francs-maçons, cet arcanum dont on voulait bien tirer profit, mais qu'on n'aimait pas à faire connaître.

Car on y voit que si la franc-maçonnerie s'occupe théoriquement du peuple, elle s'occupe très pratiquement d'accaparer place et traitements pour les bourgeois qui ont des grades dans ses loges.

Le voilà donc bien arraché à son obscurité le Cerbère francmaçonnique à trois têtes : juive, protestante et révolutionnaire, et comme le Cerbère antique, arraché du fond de l'Érèbe et amené à la clarté, il y perdra ses forces.

Ainsi franc-maçonnerie, protestantisme, juiverie et révolution sont tous quatre d'accord contre la papauté et le catholicisme, et si la France et la papauté ne se relevaient pas l'une et l'autre, cette quadruple alliance s'affermirait sur leur abaissement.

Mais la colonne de l'église n'est pas la frêle colonne génoise qui porte Mazzini, et la papauté à l'heure voulue, n'a pas craint d'élever contre la franc-maçonnerie une voix qui retentit bien loin au dehors de la petite enceinte où elle parle, à Rome.

Et c'est depuis que cette voix a parlé, qu'il y a eu des voix, comme si elles avaient été évoquées, sortant du sein même de la franc-maçonnerie, et bien inattendues, pour la bafouer, la révéler, crier tout haut ses secrets et faire comme un écho de confession publique répondant à l'interpellation du grand prêtre vicaire de Jésus-Christ.

La franc-maçonnerie peut dissimuler sa blessure, méditer et même exécuter, si Dieu le permettait, des desseins et des crimes qu'on ne veut pas même présupposer : elle n'en est pas moins meurtrie et atteinte d'un coup qui la fera périr.

Oui, sa puissance était grande. L'empire prussien était pour elle un triomphe. Elle a le gouvernement de la France à l'heure où j'écris ; elle enserre l'Italie et le christianisme jusque dans Rome, ce centre de la catholicité. Les trompettes de la renommée révolutionnaire exaltent les races germaines, et proclament la déchéance des races latines.

Cependant protestantisme, franc-maçonnerie et révolution passeront ; le juif ne passera pas, lui ! car sa destinée est de rester.

Mais la France, nous l'espérons, aura repris son grand rôle catholique, et tandis que les adversaires du catholicisme s'effaceront dans ces ténèbres qu'a aimés la franc-maçonnerie, la vérité chrétienne, qui est faite pour éclairer le peuple et rayonner jusque sur les abîmes, restera le phare de la Civilisation, et la lumière du Monde.

CHAPITRE XII.

LIBERTÉ, ÉGALITÉ, FRATERNITÉ.

Avec la franc-maçonnerie, nous sommes allés au fond de l'abîme Révolutionnaire, là où dans l'ombre se préparent les événements qui éclatent, et les explosions qui détruisent et tuent : en remontant à la surface nous trouvons au grand jour inscrits partout sur les murailles, au fronton de tous les édifices, trois mots remarquables : Liberté, Égalité, Fraternité.

Ils sont inscrits même sur les hôpitaux, assez tristement ce me semble ; même sur les prisons, assez ridiculement.

Je ne sais pas au juste quelle est la fraternité des geôliers pour les prisonniers, et surtout de geôliers sans religion, doués simplement de sensibilité humaine. — L'égalité est un contre sens jusque parmi les criminels inégaux en crimes et en répressions méritées; et le mot est une injure pour tous ceux qui repoussent l'égalité avec les artisans du crime. Enfin le mot de Liberté est dérisoire sur les murs faits pour ôter la liberté avec raison à ceux que la société ne doit pas laisser libres.

Quant aux hôpitaux, la plupart des infortunés qui sont là, ont été contraints par pauvreté et maladie d'y demander une place, et la mort plus souvent que la guérison règle leur sortie.

L'inégalité des souffrances et des destinées apparaît à chaque lit, et la fraternité laïque n'y remplacera pas le dévouement de la charité chrétienne.

Il y a les trois mots Foi, Espérance et Charité, admirables

partout, et particulièrement pour les *Hôtels-Dieu*. La charité avait des sœurs qui portaient son nom, et le justifiaient par leurs œuvres.

Les trois vertus théologiques, ne sont donc pas remplacées par les trois mots, liberté, égalité, fraternité; mais enfin ces mots là résonnent généreusement à l'oreille! où donc la Révolution a-t-elle été les trouver et les prendre ?

Elle, qui a demandé à l'antiquité la grande part de ses inspirations, ce n'est cependant pas dans ces sociétés anciennes, essentiellement inégales, où l'inégalité était réglée par les constitutions sociales; ce n'est pas dans l'esclavage ancien et immense, ni dans l'hostilité des peuples entre eux, ni dans l'inimitié des classes entre elles, qu'elle a trouvé cette devise : Liberté, Égalité, Fraternité !

Non ! c'est dans les temps modernes, dans les idées et les sentiments de ce monde moderne, qu'elle a trouvé ces trois mots fatidiques. Tout en voulant détruire le christianisme, elle a dû lui emprunter trois mots nécessaires : car pour capter des hommes à qui il était parlé depuis 1800 ans de liberté, d'égalité et de fraternité, il lui fallait garder ces trois mots entrés dans l'âme des peuples, sauf à en altérer le sens et à le méconnaitre.

La liberté! mais c'est la liberté que le Christ est venu apporter à la terre, la liberté des enfants du Christ, une liberté que le monde ancien n'avait jamais connue, mais une liberté que donne la vérité, et non pas le mensonge. *Veritas liberabit vos.* Pour l'individu, la liberté portée jusqu'à l'affranchissement de ses passions mêmes, la liberté jusque dans les fers, et vis-à-vis de toutes les tyrannies : pour les nations la liberté générale brisant l'antique esclavage du grand nombre.

Si les anciens ont parlé souvent de liberté, et si des nations se targuaient d'être libres, ces libertés n'étaient jamais qu'un privilège; privilège inégal et gradué parmi les diverses classes de citoyens, jamais privilège de tous comme aux temps modernes, jamais la liberté à titre général et commun, jamais la liberté des multitudes.

La loi parfaite de liberté, *lex perfecta libertatis*, c'était l'apôtre saint Jacques qui la proclamait loi chrétienne.

Définissant les menteurs de liberté, ceux qui exploitent le mot et corrompent l'idée, c'est le chef de la chrétienté naissante, le prince des apôtres, saint Pierre, qui, à sa première épître dit aux chrétiens d'être libres; non pas en prenant la liberté pour voile de leur malice, *non quasi velamen habentes malitiæ libertatem*, mais comme tous serviteurs de Dieu, ayant à se glorifier d'une même liberté, et au même titre, *sicut servi Dei*.

La Révolution a rejetté ce titre, et pris la liberté pour voile de son habituelle tyrannie. Depuis ses échafauds et ses proscriptions, jusqu'aux portes des monastères brisées de nos jours, aux refus de liberté pour les associations, et à la négation des libertés de la famille, la Révolution essentiellement despotique par ses doctrines et ses actes, et toujours prête à recourir aux mots *forcé* et *obligatoire*, a eu la liberté comme apparence, *quasi velamen*; jamais elle n'a eu le respect sincère, et le sentiment profond de la liberté.

Elle accorde carrière à toutes licences, elle a des gloires pour les insurrections, des colonnes triomphales pour les révoltes, des bas-reliefs pour la mémoire d'attentats armés et heureux; mais elle refuse le champ libre aux grandes libertés de l'âme, de la religion, du travail, et de l'éducation. Elle inscrit le mot sur les murs, mais elle a peur et refuse, du moment qu'on lui demande de l'inscrire en des lois généreuses.

Liberté, ce mot chrétien et moderne s'est donc imposé à la Révolution, au moins comme un masque. Elle en avait fait un masque tellement horrible au temps de la terreur, qu'on ne pouvait plus, qu'on n'osait plus sur ce masque, chercher le nimbe pur et vrai, et le nom même de Liberté.

L'Egalité! qui donc encore avait mis en circulation dans le monde ce mot Egalité!

L'antiquité ne connaissait pas l'égalité entre les dieux, ni devant Dieu; elle ne la connaissait pas devant les lois. Des inégalités sociales monstrueuses n'arrivaient même pas à choquer l'esprit des anciens les plus sages.

Le Christianisme à son premier jour, établit la notion de l'égalité. Le Christ suscita les colères des Juifs en égalisant sans cesse avec eux les Samaritains. Quand il égalisait des Publicains aux Pharisiens, ceux-ci étaient en rage. Saint Pierre, étonné de voir les dons du Saint-Esprit répandus sur des étrangers comme sur les fils d'Abraham, leur conféra aussitôt le baptême égalitaire.

Saint Paul fut prédestiné pour égaliser aux Hébreux, les Gentils, les hommes de toutes races. L'égalité devant Dieu fut donc une loi première du Christianisme, de même que la vérité mise à la portée de tout le monde.

Le plus auguste des mystères chrétiens consacre l'Egalité. S'il y a inégalité de fonctions entre le prêtre et le fidèle, il y a égalité dans la participation au corps et au sang de Jésus-Christ. Les fidèles de tous pays et de tout rang sont conviés à s'associer dans cette divine égalité.

Symbole merveilleux, égalité comme nulle autre n'en approche ! Hautement manifestée dans toutes nos églises, sans cesse et qui renouvelle tous les jours son enseignement efficace. Tous sont égaux, tous viennent coude à coude, prendre part au même honneur au même banquet céleste !

Que l'incroyant nie le mystère et le Dieu à tous, il le peut; mais ce qu'il ne peut nier, c'est que jamais aucune religion, aucune philosophie, aucune théorie, n'a proclamé si haut l'égalité, et n'a organisé une pareille manifestation, quotidienne, publique, toujours aussi imposante dans la succession des siècles.

Le Protestantisme a détruit cette manifestation égalitaire en détruisant la croyance que Luther avait en vain voulu sauvegarder ; le Catholicisme la garde, et depuis les premières communions, avec tant de pompe dans les églises, jusqu'au dernier viatique avec la solennité intérieure dans chaque maison, elle ne cesse de proclamer l'égalité devant Dieu !

Dieu seul connait les inégalités intimes qui font de ce pauvre un prédestiné, et de ce puissant un dernier, sinon un condamné.

Car le Christianisme, dans sa sagesse, ayant fait tout le possible pour égaliser les hommes en vertus et en droits aux biens supérieurs ; après avoir porté cette loi qui va au delà de l'égalité républicaine, *omnes honorate* (1re épître de saint Pierre), portez honneur à tous, comme tous chrétiens et fils de Dieu ; le Christianisme n'a pas imaginé de vouloir détruire les inégalités naturelles, sociales, individuelles, qui sont la condition de l'espèce humaine, la condition du travail et de l'existence.

La Révolution ne l'a pas imaginé non plus en réalité. Intelligence, force, santé, destinée, tout est inégal ; mais sans le nier, la Révolution a pris encore ce mot d'égalité comme un leurre.

L'égalité devant la loi n'est pas chose nouvelle. Que l'on puisse s'élever par le travail, cette voie est ancienne et les anciens parlaient beaucoup de la fortune changeante. Mais l'égalité présentée aux deshérités de cette terre, comme un droit d'insulte aux plus favorisés, comme une menace de rétablir l'équilibre, comme une vanité qui n'offre aucun dédommagement réel, et n'aboutit qu'à l'envie, l'égalité révolutionnaire n'est qu'un mot trompeur. Inscrivez, inscrivez sur les murs, cela ne soulagera pas les inégaux de la misère.

Les anti chrétiens ne veulent pas savoir que l'égalité devant Dieu console de l'inégalité de rang et de fortune. Mais les clameurs populaires les forcent à savoir que l'égalité même politique ne suffit pas à consoler des inégalités sociales et pécuniaires. Le peuple demande l'égalité dans le capital et dans les faveurs de l'existence, ce qui ne lui sera pas donné ; mais alors pourquoi cette affiche sur les murs, qui nargue, irrite et déçoit ?

La fraternité ! *fraternitatem diligite*, chérissez la fraternité, dit saint Pierre (1re épitre) et il définit les chrétiens, *fraternitatis amatores*, ceux qui aiment la fraternité.

Ainsi c'est de la première épître de saint Pierre, réunissant ces trois choses : liberté, honneur à tous, fraternité, que la Révolution tient les trois mots dont elle a fait une devise, en substituant à la pensée égalitaire, mais profonde et chrétienne honneur à tous, le mot imparfait et complexe d'égalité.

La Révolution, que j'ai dit et montré païenne, serait ici catholique romaine, et n'aurait pas pu choisir un inspirateur meilleur et plus autorisé que saint Pierre. Elle serait donc bien d'accord avec l'enseignement infaillible, elle serait en cela catholique et romaine, le Christianisme a tellement formé le monde moderne que même en le répudiant, on demeure frappé à son empreinte.

Mais saint Pierre, en disant *fraternitatem diligite*, ajoute aussitôt, *Deum timete*. Aimez vos frères et craignez Dieu! car l'amour du prochain ou la fraternité n'existe que sous la sanction divine qui l'ordonne et la récompense.

S'il n'y a pas Dieu en tête de notre amour pour les hommes, la haine éclate bien vite au lieu de la fraternité, et la Révolution a caractérisé sa pensée par ces mots fameux, la fraternité ou la mort!

Frères et amis, à la condition de nous suivre jusqu'au bout de nos haines, ou la mort à vous-mêmes, telle fut la fraternité révolutionnaire. « Les Jacobins sont compatissants, humains, généreux, mais toutes ces vertus, ils les réservent pour les patriotes qui sont leurs frères, les aristocrates ne le seront jamais. » Ainsi parlait Collot d'Herbois à Lyon, et ce cabotin énergumène n'hésitait pas devant la destruction même de la ville entachée d'aristocratie, afin de la nommer *ville affranchie*.

Le nom de *ville franche* est assez multiplié en France, nom bien français par lui-même et qui n'a pas été trouvé à la suite de destructions barbares. *Ville affranchie* reprit bien vite le nom de *Lyon*, quand eurent disparu, massacrés les uns par les autres, les proconsuls sanguinaires et anti fraternels de la Révolution.

La fraternité maçonnique, avec ses noms de *frères* et *sœurs*, à l'imitation des institutions monastiques, et ses titres de *vénérables* et *saints*, que l'Eglise ne donne pas ainsi aux premiers venus, mais qu'elle donne seulement à ceux dont les œuvres et les vertus, après le jugement des générations suivantes, méritent jusqu'à l'honneur des autels; la fraternité maçonnique ne serait qu'une parodie ridicule de l'Eglise, si elle ne tenait pas de la fraternité révolutionnaire, et de ses plus mauvais caractères.

La fraternité religieuse est amour des autres et immolation de soi-même ; la fraternité de la Révolution est l'amour de soi et l'immolation des autres.

Le frère et Kadosch Gambetta, du jour que les hommes du peuple, ses frères et électeurs, se retournant contre l'enrichi et l'autoritaire, cessèrent de l'acclamer, ne les regarda plus que comme des bêtes fauves à *poursuivre jusque dans leurs repaires.*

CHAPITRE XIII.

L'IDÉE HUMANITAIRE.

Chaque Nation a, pour ainsi dire, la prescience de sa nature et de sa vocation.

La Grèce, quelque petites et divisées que fussent ses forces, en comparaison de celles des Perses et de leur *grand Roi*, a pour son premier poème aux champs de Troie, l'humiliation de l'Asie ; elle est persuadée que son destin est de la vaincre. Ses plus illustres chefs, s'essayent à combattre les satrapes ; elle a pu repousser Xercès et disperser ses flottes ; vient enfin Alexandre qui défait les armées, la garde des immortels, fait prisonnier le *Roi* et renverse l'Empire. Le rôle de la Grèce est terminé ; celui de Rome commence.

Rome, dès les premiers jours, se sent invinciblement appelée à conquérir ; ce fut avec une certitude divinatoire qu'elle donna à la citadelle, centre de sa force armée, le nom de capitole, et qu'elle en fit la tête du monde.

La prescience de l'Angleterre est moins remarquable, en ce que sa vocation lui est plus naturellement marquée. Mais avant de régner sur les océans, et quand elle y a des rivaux, Espagne, Hollande, France, elle a néanmoins toujours foi en elle-même pour être la reine des mers.

La Russie, portion du slavisme, était bien inférieure à la part polonaise, alors qu'elle était entourée de Tartares, et qu'elle avait à craindre la puissance colossale des Turcs. Cependant elle se pressent destinée à être la tête des Slaves et la protectrice des Grecs. Elle veut avoir pour bassins de ses vaisseaux la Baltique et la mer Noire, elle rêve deux capitales : Constantinople et Saint-Pétersbourg, aux deux côtés de Moscou la ville sainte.

L'Allemagne a pour vocation de former le contre-poids central, la masse lourde à interposer entre l'est et l'occident de l'Europe ; dans cette Allemagne où l'Autriche possédait comme à elle le Saint-Empire, la Prusse nourrissait l'ambition de la supplanter et de dominer un jour ceux qui la dominaient. Elle est arrivée à son but.

La mission de la France a été jusqu'à ces derniers temps de répandre son influence et ses idées. Elle prenait les initiatives, ou si elle recevait des idées de l'Allemagne et de l'Angleterre, c'était elle qui les généralisait ; elle était et doit être la propagandiste animée du travail intellectuel. Prompte à l'action, elle a pu confondre à la fois la domination morale et la domination matérielle, et vouloir réaliser des rêves de Monarchie, de République, d'Empire universel : toutefois sa mission n'est pas d'asservir les autres nations, mais de marcher à leur tête, et parfois de les défendre et de les préserver.

La France a eu, et gardera il faut l'espérer, une mission humanitaire, je dirai mieux en disant une mission catholique. Mission qu'elle a remplie contre les Ariens avec Clovis, les Sarrazins avec Charles Martel, contre Sarrazins, Saxons et Lombards avec Charlemagne : mission qu'elle a eue dans les croisades, qu'elle a gardée contre le Protestantisme, et qu'elle a maintenue souvent et généreusement pour la Papauté.

Or, jusque dans l'erreur et la Révolution, elle a voulu exercer une influence qui s'étendit hors de ses frontières, une influence générale qu'elle a dite humanitaire !

D'où lui est venue cette idée humanitaire ?

L'antiquité a-t-elle connu des législateurs humanitaires, des institutions humanitaires ? — Non ! Sauf le Décalogue, fait pour l'humanité, mais édicté d'abord pour la seule nation juive, et à garder par elle. Tout dans l'antiquité est borné à la nation, ce que Rousseau trouvait admirable ! — Tout ce qui est hors de la nation est ennemi (*hostis*), Solon ne s'occupe pas de Sparte ; Lycurgue ne s'occupe pas d'Athènes. Toutes les lois de l'antiquité ont pour but, comme celles de la Chine, de parquer la nation dans son esprit et ses mœurs, de la séparer des autres nations, d'interdire, entre elles, autant qu'il se pouvait, les communications. Le Juif, le Romain, le Grec, l'Égyptien et les fils de Nemrod et d'Assur ne connaissent de propagande que les armes de la conquête, comme feront plus tard les mahométans. Rome laisse d'autant plus facilement leurs lois aux peuples conquis qu'elle n'entend pas se mélanger avec eux. Nous avons vu comment, au contraire, la Révolution avait proclamé l'idée de l'homme, les droits de l'homme.

Je ne connais pas l'*homme*, a dit Joseph de Maistre, je connais des Français, des Allemands, des Anglais, *etc.* S'il avait dit, l'antiquité n'a pas connu l'*homme*, elle n'a connu que des Romains, des Carthaginois, des Assyriens, *etc.*, il aurait eu entièrement raison.

Mais dans le monde moderne, l'*homme* existe à titre général et en dehors du titre national : non pas l'homme de la Révolution, l'homme de la nature, mais l'homme à titre d'homme, à titre de chrétien.

Diogène n'avait pu trouver l'homme véritable. Cet homme apparut seulement le jour où le Christ se nomma fils de l'homme, et où le préfet de César inspiré sans le savoir, ne dit pas, voici le Galiléen, voici le Juif, mais dit : Voilà l'Homme !

Alors apparut une loi humanitaire ; une religion humanitaire ; une société humanitaire ; non plus celle des Juifs, ou des Gentils, mais la société des chrétiens, la société universelle.

« Les Juifs voulaient borner l'enseignement à leur nation, « dit un auteur juif moderne (Salvador), une autre école voulut « l'étendre aux nations ! »

Cette seconde école était humanitaire : et, ce fut le Christianisme ; première entreprise sociale, qui cessant de se limiter à une nation, prit l'homme pour but, et socialisa un monde nouveau.

Rousseau s'indigne : « Il n'y a plus aujourd'hui, s'écrie-t-il,
« de François, d'Allemands, d'Espagnols, d'Anglois même,
« quoiqu'on en dise ; il n'y a que des Européens. Tous ont les
« mêmes goûts, les mêmes passions, les mêmes mœurs, parce
« qu'aucun n'a reçu de forme nationale, par une institution
« particulière ». (*Considérations sur la Pologne*, chap. III.)
Voilà bien l'esprit pétri d'antiquité qui admire les nations enfermées dans leur cadre, au lieu d'admirer l'universalité moderne, l'unité de mœurs et d'idées, le merveilleux progrès de la civilisation. Cette civilisation chrétienne, qui tend à fondre les peuples, à faire des Européens, mieux encore à faire une seule humanité, Rousseau ne la comprend pas : il ne montre là que son aveuglement.

Aveuglement naturel du Protestantisme, qui s'est soulevé contre l'idée d'un seul pasteur, d'un seul bercail, et qui, ne comprenant pas la catholicité, a voulu la briser.

Mais la Révolution ici n'a pas suivi son maître. Malgré lui, elle a gardé l'esprit d'expansion et de généralité inhérent à l'esprit français.

Si profondément que l'antiquité eut envahi la France, ces païens nouveaux étaient encore empreints d'idées modernes. M. de Lamartine a exagéré le dithyrambe, quand il a dit :
« Les hommes de l'Assemblée constituante n'étaient pas des
« Français, c'étaient des hommes universels. Ils étaient les
« ouvriers de Dieu appelés par lui à restaurer la raison sociale
« de l'humanité. Aucun d'eux ne renfermait sa pensée dans les
« limites de la France. La déclaration des droits de l'homme
« le prouve, c'était le Décalogue du genre humain dans toutes
« les langues. » (*Histoire des Girondins*, liv. Ier.)

Oui, les Révolutionnaires ont voulu refaire la Société, nous l'avons assez dit, ils ont voulu régler à nouveau les destinées humanitaires, il est vrai, mais non pas en ouvriers de Dieu, bien au contraire, en ouvriers contre Dieu, contre le Christ et contre le Christianisme.

Ils n'avaient pas vu que semblable à la figure du Dieu créateur de Raphaël, écartant dans l'espace l'astre des nuits et l'astre du jour, le Christ placé entre les deux mondes historiques qu'il sépare, l'ancien et le moderne, avait à sa gauche repoussé le monde des demi-clartés, la pâle antiquité ; et qu'à sa droite, il avait élevé le monde lumineux, le soleil des temps modernes. Eux ils voulaient éteindre ses rayons et ramener la nuit des temps anciens. Ils voulaient un Décalogue nouveau en effet, puisqu'il n'établissait aucun devoir ! ils voulaient être les prophètes d'un nouveau cycle humanitaire, et leurs successeurs rêvent toujours à 1789 ou 1793 comme à un monde régénéré ! Pour les hommes de la Révolution une foule d'idées opposées étaient mêlées aux aspirations humanitaires.

La Révolution était une cuve où se trouvaient jetées pêle-mêle, et entraient en fermentation, les idées les plus disparates ; et de cette fermentation, sont sortis rêves gigantesques, et constitutions éphémères !

L'idée humanitaire qui était et reste une idée chrétienne, a produit dans la cuve révolutionnaire ces sociétés cosmopolites, dont l'apostolat a pour moyens l'assassinat et la flamme ; ces sociétés internationales qui poursuivent l'unité par la destruction des résistances et l'holocauste des personnes.

L'idée humanitaire selon la Révolution est à peu près comme le *nihil humani a me alienum puto*, de Térence, — rien de ce qui regarde l'homme, ne m'est étranger.

Fort bien, ô poète, mais alors comment arrangez-vous ce beau sentiment avec l'existence lamentable des esclaves que vous voyez partout autour de vous.

Les esclaves ! répond le poète, je ne parle pas des esclaves. Le *nihil humani* ne comprend pas les esclaves.

Cependant ce sont des hommes.

Soit, mais nous les avons classés parmi les choses : je n'ai donc pas songé à eux : je les exclus de ma pensée.

C'est ainsi que la Révolution est humanitaire seulement pour les citoyens selon sa formule, pour les autres elle n'a que de la haine ; au besoin elle est la Terreur.

CHAPITRE XIV.

LA TERREUR.

Il ne suffit pas d'observer dans l'antiquité la forme de ses gouvernements, et le grand rôle de ses législateurs, ni même les lois faites pour les citoyens.

Aristote et Cicéron sont de fort bonne foi, quand ils parlent d'une manière générale d'aristocratie et de démocratie, du peuple, de la liberté, de l'égalité des droits. Les droits doivent être égaux entre ceux qui sont citoyens. *Jura certe paria debent esse eorum inter se qui sunt cives*, être citoyen c'était beaucoup, c'était avoir une notable importance ; être citoyen romain, *civis Romanus sum*, c'était se dire un des maîtres du monde. — Qu'est-ce que la cité, sinon l'Association des droits ? *Quid est civitas, nisi juris societas?* — Mais la société dont on parle est celle des citoyens.

Les citoyens sont la société légale, la société politique. A cette société peuvent être agrégés des peuples alliés, pour qui il y aura un droit spécial, inférieur au droit intégral des citoyens, un droit latin, par exemple, *Jus latinum*, inférieur au droit des citoyens Romains, *Jus quiritum* ; mais au-dessous de ces citoyens et de ces alliés, au-dessous du peuple, il y a la masse, la multitude considérable qui ne participe à aucun de ces droits, qui ne compte même pas parmi les personnes ; — la multitude esclave !

L'État politique, l'État constitué chez les anciens, a donc été l'objet des études et des admirations du xviii⁰ siècle ; mais l'État social qui comprend l'esclavage, l'État de la nombreuse humanité, a été passé sous silence. Il n'y avait pas lieu à admirer ; on a fait comme faisaient les citoyens de l'antiquité, on n'en a pas parlé : cela eût fait tache dans la beauté des théories.

Or, dans l'état social antique, l'esclavage ne s'est jamais amoindri, jamais transformé, n'a jamais changé ni de nom, ni de nature. L'utilité, le sentiment humain, et même l'intérêt des maîtres, avaient bien établi des affranchissements ; et le nombre des affranchis alla en augmentant, à mesure que s'augmentait le nombre des esclaves ; mais les tristes conditions de l'esclavage impitoyable, croissaient bien plus encore : car, dans chaque nation, c'est le nombre des hommes libres qui diminue ; en sorte que les maîtres cherchent un certain appui dans leurs affranchis, et qu'en même temps les lois contre la masse esclave deviennent d'autant plus rigoureuses qu'elles ont à protéger le petit nombre contre le grand : alors l'oppression de l'esclave est sans bornes.

Le principe de l'état politique est le respect de la constitution, l'attachement à la foi nationale, le patriotisme civique ; mais le principe de l'état social qui contient les esclaves, c'est le despotisme illimité, c'est la cruauté passée à l'état d'habitude, c'est une loi si ombrageuse, si inflexible, si nécessaire que cette loi a un nom, — la Terreur?

La Terreur! sans la terreur permanente, sans la répression absolue par chaque maître vis-à-vis de sa troupe d'esclaves, sans les répressions implacables de l'état vis à vis du frémissement de l'esclavage, cette multitude esclave eut submergé, étouffé les citoyens : ces sociétés antiques effrayées de leurs esclaves, leur renvoyaient la crainte jusqu'à la terreur.

Voilà un principe de l'état social antique, que les théoristes admirateurs n'avaient pas voulu voir ni indiquer ; et cependant c'est le principe sur lequel vivait la société antique. La Révolution une fois lancée dans les voies de l'antiquité sut bien le retrouver. Le jour où les Révolutionnaires s'effrayèrent des oppositions qu'ils soulevaient, et s'effrayèrent (de leur propre tyrannie; le jour où ils comptèrent les gens qu'ils opprimaient ; pour les dominer ils trouvèrent le moyen antique, la Terreur, cette ressource extrême des minorités violentes contre les majorités intimidées.

Toutes les tyrannies ont eu recours à ce moyen: mais dans le monde moderne et chrétien, on cite les actes de tyrannie, de loin en loin dans l'histoire. Dans le monde ancien tous les citoyens étaient tyrans, exerçaient une tyrannie, que leur caractère particulier pouvait plus ou moins tempérer, mais que la nécessité de leur situation imposait à tous.

Les anciens parlent donc de tyrans par rapport aux citoyens, mais ne mentionnent pas la tyrannie générale qui s'exerçait sur le grand nombre.

Le christianisme en adoucissant d'abord et finalement en abolissant l'esclavage, avait fait disparaître la terreur, cette loi de l'ancien monde. Il avait remplacé non seulement la loi de crainte, qui était la loi juive, mais la loi de terreur qui était la loi payenne. Ces deux lois étaient remplacées par la loi nouvelle de charité envers les hommes.

Il a été donné à la révolution anti-chrétienne, de faire réapparaître, de faire revoir au monde, non pas seulement des actes de tyrannie, mais le régime ancien de la terreur, proclamé avec son nom, la terreur organisée, permanente effroyable.

Et c'est à la forme du gouvernement prôné comme gouvernement de la liberté, c'est à la république qu'il a été donné, après quinze siècles de christianisme et d'esclavage aboli, de faire revivre pour terroriser des hommes libres, le régime fait pour terroriser des esclaves ; un régime dont le monde moderne avait perdu la notion et le souvenir.

Aussi les républicains se disaient-ils citoyens, et avaient-ils licteurs et proconsuls. Quant aux autres, les opinions et les sentiments étouffés, la délation partout, la liberté des esprits et des croyances proscrite, c'était l'esclavage et la mort.

Il avait fallu pour cela que le christianisme fût, pour un moment, effondré sous le sol de la France, et l'on put voir alors qu'aussitôt disparu, disparaissaient avec lui les sentiments de la liberté et de l'humanité moderne.

Le monde chrétien éclipsé, le monde ancien devait aussitôt et fatalement apparaître ; non pas tel que l'avaient dépeint ses aveugles admirateurs, mais tel qu'il était avec ses dissensions entre les citoyens, ses hostilités entre les peuples, et avec cette loi qui dominait l'ordre social, le régime de la terreur.

Les anarchistes de nos jours veulent par les complots et les homicides terroriser les rois ; par les menaces et le feu terroriser les classes bourgeoises ; tous ceux qui veulent déchristianiser la France sont leurs complices insensés.

Rois et peuples instruisez-vous ! l'école de la Révolution a des leçons assez claires. Le régime de la terreur est comprimé et n'a que des explosions. Mais, dès que l'ère chrétienne en 92 fut changée, la Terreur a été le gouvernement officiel ; chez toute nation déchristianisée, elle reparaîtrait aussitôt et de même, officielle, normale sanguinaire ; effrayante résurrection du monde païen, de ses tyrannies et de ses esclavages.

CHAPITRE XV

RÉPUBLIQUE ET MONARCHIE. FORME ET FOND.

Rousseau a fourni à la Révolution son principe fondamental, le principe *constituant*; l'idée de refaire à neuf l'état politique d'une nation; plus encore, son état social; plus encore, l'individu, l'humanité !

Montesquieu a fourni *la forme*, la République, en idéalisant cette forme par un mot supérieur à tout, la vertu !

Suivant lui, la Monarchie a pour esprit de ses lois, l'honneur, mais la République a un principe plus excellent encore, la vertu !

Le Christianisme avait donné à ce mot, vertu, la plus grande importance pour l'individu, et si la vertu, selon le Christianisme était vraiment l'esprit des lois d'un gouvernement, ce gouvernement serait sans doute le plus parfait; ce serait le but idéal d'une politique chrétienne.

Mais en appliquant ce grand mot de vertu, à la forme de République, Montesquieu chercha l'explication et l'exemple, non pas dans les sociétés modernes et chrétiennes, mais dans les sociétés antiques, dans les républiques païennes; et il borna le principe à cette définition : « La vertu dans une République est une chose très simple; c'est l'amour de la République ! »

Chose bien simple en effet, et plus facile que la vertu chrétienne. Dès qu'on a l'amour de la République, on a une vertu qui peut vous tenir lieu, et vous dispense de toute autre.

Les républicains de la Révolution première, se targuaient tous de vertu ; se disaient vertueux. Le coryphée de la République fut celui qu'on nommait par excellence le vertueux Robespierre.

Dénaturer ainsi l'idée et le mot de vertu, c'était au mépris des vertus prônées par le christianisme, une étrange apothéose de la vertu antique, ne consistant que dans l'amour de la République.

Il ne songea pas sans doute, en présentant la République comme *la forme* par excellence, et l'amour de la patrie comme vertu première, qu'il allait créer une Religion nouvelle, un nouveau culte !

Pourtant il en a été ainsi, et l'on a vu république et patriotisme devenir une religion fanatique, un culte barbare.

Durant les années révolutionnaires, république et patriotisme exigeaient le sacrifice de tout l'être, de toutes les forces, âme et vie, sur l'autel de la patrie. C'étaient de véritables idoles, de nouveaux Molochs, à qui les patriotes républicains immolaient quiconque était accusé de n'être pas républicain et patriote ; et furent immolés ainsi hommes, femmes et enfants, des victimes sans nombre, d'effroyables holocaustes.

On a remarqué l'influence exercée par de grands génies sur leur époque, comme aussi l'influence de leur époque sur les plus grands génies, et cette influence réciproque a fait le sujet de l'ouvrage de M. de Barante sur le xviiie siècle. Cela apparaît de la manière la plus frappante dans la personne et les écrits de Montesquieu. Il était catholique. A mesure qu'il avance dans son grand ouvrage, il pénètre de plus en plus dans l'étude des temps et des lois modernes : il a sur le Christianisme des aperçus qui lui révèlent ses grandeurs ; il est amené à des pensées qui proclament son éminence, par rapport à nos destinées présentes dans ce monde, et par rapport à nos avenirs dans un monde futur.

Il était un des plus fins esprits de ce xviiie siècle qui a tant visé à l'esprit : il était penseur érudit et profond, dans ce siècle généralement léger et superficiel ; il n'en a pas moins été dominé par l'esprit de son époque.

Dans l'indépendance de son génie, il appartient aux temps modernes, il est de l'école Anglaise, il est docteur de la monarchie tempérée et représentative ; mais sous la dépendance de son siècle, il appartient à l'antiquité, à l'école politique des Grecs et des Romains ; et par les premiers livres de son *Esprit des Lois*, il est avec Rousseau l'un des grands instituteurs de la Révolution et de la République. L'étude de l'Antiquité lui avait inspiré ses belles considérations sur la grandeur et la décadence des Romains ; la passion de l'antiquité le mena jusqu'au mépris des temps modernes.

Il se rencontre avec Rousseau, en des termes presque identiques, dans l'enthousiasme des vertus antiques. — Si Rousseau a dit : « les Anciens étaient si grands, et nous sommes si petits, que nous ne pouvons pas même les comprendre. » Montesquieu a dit également : « La plupart des peuples anciens
« vivaient dans des gouvernements qui ont la vertu pour prin-
« cipe. On y voyait des choses que nous ne voyons plus au-
« jourd'hui et qui étonnent nos petites âmes. »

Tout le siècle en était là. En fait de vertus on ne citait que celles des Fabricius, Decius, Aristide, Léonidas, les vertus de Rome et de Lacédémone ; rien n'apparaissait en lumière que l'Antique.

— Ce fut à cette lumière que Montesquieu chercha à éclairer son œuvre et trouva ce principe général : « Que l'esprit des
« lois est conforme à la nature et au principe du gouverne-
« ment. » — Que le principe du gouvernement, c'est-à-dire sa
« forme, République, Monarchie ou despotisme, a sur les lois
« une influence suprême ; — que de là on voit couler les lois,
« comme de leur source. »

D'où suit cette conséquence pratique si recherchée par nos Révolutions, qu'il faut s'attacher avant tout à la forme du gouvernement, puisque c'est de là que découle tout le reste.

Et la forme par excellence est la République !

Montesquieu a souvent des idées trop chrétiennes pour que la Révolution lui fasse un centenaire et lui érige des statues, comme à Rousseau et à Voltaire; mais elle lui doit pourtant sa théorie favorite sur la République, et l'importance de la forme.

Elle doit aussi à Montesquieu comme à Rousseau, d'avoir préconisé l'importance et la nécessité de l'éducation des enfants par l'Etat.

Rousseau, admirant les législateurs anciens, avait fermé les yeux vis-à-vis d'un seul ; — Jésus-Christ, législateur des sociétés modernes. — Montesquieu, cherchant l'esprit des lois a vu tout, excepté l'esprit du Christianisme, inspirateur des lois et des institutions modernes. — Ce penseur n'a pas vu que du Christianisme découlait l'esprit des lois et des Institutions européennes. Aveuglé par les projections de l'Antiquité il n'a fermé les yeux qu'à une chose : c'est qu'un élément supérieur et nouveau avait bouleversé, détruit les sociétés antiques, et créé une société nouvelle ; — il n'a vu que la forme des gouvernements, il n'a pas vu le fond social, le fond chrétien, indépendant des gouvernements et de leur forme politique.

A sa suite, la Révolution s'est donc attachée à la forme, à la forme Républicaine. Elle a porté sa croyance à cette forme jusqu'au fétichisme. De la forme Républicaine elle fait un droit supérieur même au pouvoir constituant, dont elle avait fait d'abord son premier principe. De la République elle fait une divinisation, une apothéose. Mais quoi qu'elle fasse et dise, ce ne sera jamais qu'une forme de gouvernement, une forme discutable, et qui peut même se faire très mauvaise (on l'a malheureusement assez vu!) en tout cas elle est une simple forme.

Jusqu'à la Révolution française, le monde moderne avait vu assez indifféremment s'établir là ou là Républiques ou Monarchies. L'Europe s'était divisée selon des circonstances historiques et locales entre ces deux formes de gouvernement, sans qu'il y eut d'antagonisme entre elles.

L'Italie, centre du Catholicisme, avait aimé plus que tout

autre pays la forme de république. Le moyen-âge se plaisait d'ailleurs à varier ses formes de gouvernement, depuis la ville libre, la franche comté, le margraviat, le duché, la république, les confédérations, jusqu'aux monarchies et à l'empire.

Aux croisades, républiques et monarchies, empire et petits Etats fournissaient leurs contingents de héros chrétiens animés tous d'une même pensée. Les Doges de Venise étaient parmi les plus illustres chefs des peuples. Les bannières des républiques comme celles des monarchies portaient le nom et l'image des saints.

Si donc l'Eglise catholique aujourd'hui est obligée de dire et de redire, à l'encontre des préjugés révolutionnaires, qu'elle accepte également gouvernements républicains ou monarchiques, pourvu qu'ils satisfassent également au bien des peuples et à la liberté des lois et des âmes chrétiennes ; le moyen-âge et les peuples modernes savaient par cœur ces maximes. L'institution sociale et catholique avant le Protestantisme étant partout la même, toute forme de gouvernement était réputée bonne qui accomplissait sa mission pour le bien.

Le progrès dans le bien, voilà le but des gouvernements ; la justification de leur existence, comme aussi lorsque leur mission pour le bien a cessé de se remplir, la raison et la justice de leur chute.

Le fond chrétien restait donc partout et toujours le fond commun des sociétés chrétiennes ; la forme n'était que secondaire.

Le principe et l'esprit des lois découlait du Christianisme, et c'est ce fait capital de l'histoire moderne, que les écrivains du XVIIIe siècle n'ont pas vu ni voulu voir, et que Montesquieu a contredit, parce que, en cela comme les autres, il n'a eu de regards que pour l'antiquité.

Les monarchistes aussi ont souvent le tort d'attribuer trop d'importance à la forme du gouvernement, non pas que j'entende amoindrir la portée historique et nationale de la monarchie en France ; mais en ce moment, je ne discute pas en elle-même la question de monarchie ou de république, j'entends seulement établir que si le principe des temps anciens et de la Révolution est que tout découle de la forme du gouvernement, si l'axiome Révolutionnaire est celui-ci : la forme surtout et avant tout! l'axiome de la politique chrétienne est tout autre : le fond surtout et avant tout.

Fond social, fond chrétien, la forme de gouvernement quelle qu'elle soit n'en doit être que l'expression et la garantie.

Chrétien et libre, homme des temps modernes, j'ai à demander à la Monarchie ou à la République absolument les mêmes choses ; à réclamer les mêmes lois, à faire valoir les mêmes droits, à remplir les mêmes devoirs.

Oui, sans doute dans l'antiquité, la forme emporte le fond, c'est l'adage de la procédure venue des Romains. La forme politique à l'usage des seuls citoyens, l'emportait sur le fond social qui était l'esclavage ; la forme de la religion civile l'emportait sur le fond qui est la vérité et la conscience ; la forme de l'éducation par l'Etat l'emportait sur le fond qui est le droit de la famille.

Mais telle est justement la différence des temps nouveaux: c'est que le fond doit l'emporter sur la forme ; la justice sur la procédure ; la liberté de l'éducation sur les tyrannies de l'Etat ; la liberté religieuse sur des religions civiles et constitutionnelles ; le fond social sur la forme politique.

Bourdaloue et Massillon l'ont prêché : Les rois sont faits pour les peuples, et non les peuples pour les rois; le fond plus que la forme.

Je suis républicain, dites-vous ! Je vous demande si vous me donnez la liberté ? et comment vous êtes libre ; et si je le suis comme vous. Allons aux effets ; voyons le fond.

Les peuples sont à l'âge majeur, dit-on sans cesse ; dès lors il faut les traiter en hommes, et non pas en enfants qu'on abuse avec des mots et des images.

Après s'être indignée de cette maxime chrétienne : hors de l'église point de salut ! c'est-à-dire, hors de l'Evangile et de la vérité, hors de la civilisation chrétienne, hors du fond social chrétien, point de salut pour l'individu, pour la famille, pour la société ; la Révolution a transporté sans façon cette maxime à une forme, la République !

Cette importance de la forme, substituée à l'importance du fond, n'est qu'une idée païenne, rétrécie, rétrograde, comme toutes celles que j'ai déjà montrées, empruntées à la même source, l'antiquité.

CHAPITRE XVI.

FANATISME ET HYPOCRISIE.

Fanatisme et hypocrisie ne sont pas les deux seules injures adressées au Christianisme par la Révolution ; mais bien que les reproches de superstition et de ténèbres émaillent les discours et livres antichrétiens du dernier siècle et du nôtre, les deux graves et perpétuels reproches sous lesquels le xviiie siècle accabla le Christianisme, l'accusation suprême entraînant une condamnation capitale dont il n'y avait pas à faire appel, se formula sous ces deux chefs principaux : Fanatisme ! hypocrisie !

Hypocrisie, stigmate attaché à la religion par le xviie siècle, avec le nom de Tartufe ; fanatisme, spécialement désigné à l'exécration publique par le xviiie siècle, avec les noms de l'inquisition et de la St-Barthélemy. Sur ces deux noms et jusqu'à nos jours, peinture, sculpture, histoire, romans, écrits passionnés, trouvent d'inépuisables sujets pour réveiller la mémoire et exciter les indignations.

Ignorance et superstition forment en un bloc le lot du moyen âge, cela suffit, selon le xviiie siècle, à l'histoire de dix siècles chrétiens. Mais les érudits du xvie siècle et l'éclat du siècle de Louis XIV, ne permettant pas de s'en tenir aux mêmes injures, le concert d'imprécations s'éleva sur le fanatisme et l'hypocrisie.

Eh bien, Dieu ne se devait-il pas à lui-même, ne devait-il pas à son Église et au Christianisme, de les venger de ces imputations, en laissant éclater l'hypocrisie et le fanatisme de la Révolution ?

L'Inquisition et ses jugements ont été terriblement dépassés par le Tribunal du salut public. Deux ans ont fait plus de victimes, et de plus innocentes, que n'en avaient fait trois siècles !

La St-Barthélemy est laissée de bien loin en arrière par les horribles septembrisades, les massacres de prisonniers, les tueries d'Avignon et de Lyon, et les noyades de Nantes.

Mettez dans un plateau, l'Inquisition, la St-Barthélemy, le fanatisme religieux ; et de l'autre côté le fanatisme politique, les tribunaux révolutionnaires, la terreur ; puis vous peserez la balance !

La St-Barthélemy est le nom d'un jour dans une année, le nom d'une émeute populaire, une guerre civile déchaînée dans une ville ; mais les émeutes sanglantes de la Révolution, mais les guerres civiles effroyables, et cette Terreur, dont le nom est celui de deux années et qui régnait par toute la France, et dont les journées de septembre ne furent que le prologue, tout cela a beaucoup de noms et beaucoup de dates, un calendrier de sang et de supplices !

Le fanatisme religieux de la St-Barthélemy est un complot dans la nuit, et Voltaire nous montre les assassins de Coligny qui le frappent en détournant la tête. Le fanatisme politique de la Révolution est de sang-froid. Les assassinats de 92, 93, 94, devenus une besogne quotidienne, cherchent le plein midi, ont la foule pour témoins, et d'affreux acclamateurs pour complices.

On ne détourne pas la tête pour frapper une victime bien plus auguste que l'amiral protestant, pour guillotiner le roi de France. Puis tombent à sa suite les têtes les plus nobles et les plus vénérables. La plume tremble au nom de Marie-Antoinette, la reine ; et toutes ces femmes et toutes ces jeunes filles, fauchées par la main du bourreau, est-ce que la St-Barthélemy nous présente un tel fanatisme, un tel ensemble de cruautés et d'horreurs ?

Le fanatisme religieux du xvi° siècle est pâle à côté du fanatisme politique au xviii°. Nulle période de l'histoire n'a comme la Terreur autant d'actes et de noms scélérats faits pour épouvanter le monde.

Ce fanatisme est-il borné à la fin du xviii° siècle? Non! Le fanatisme politique de la Révolution est aussi de nos jours, et ne se lasse pas d'enfanter des sociétés secrètes pour enfanter des crimes.

Ce ne sont même plus de ces crimes que commet tout à coup une passion violente, ou qui, s'attaquant à un ou à quelques hommes, se circonscrivent à leurs victimes désignées. Ce sont maintenant des crimes combinés, prémédités longuement, poursuivis avec une rage mêlée de lâcheté, qui enveloppe n'importe quel nombre de personnes dans l'attentat dirigé contre une seule ; espère fuir et se cacher au milieu du trouble, ou s'absente savamment à l'heure du péril et du meurtre. La dynamite est au service du fanatisme politique, et c'est peu que de renverser un palais, ou faire sauter un train de chemin de fer, ou bien organiser un massacre de tout un cortège ; le fanatisme politique ne reculera pas devant l'incendie d'une ville entière, et la mort par le feu, de femmes, enfants, vieillards, d'une population par cent mille et millions d'âmes.

Volcans et tremblements de terre, la science du mal et le fanatisme politique s'efforcent de surpasser vos flammes et vos écrasements !

Il y a nombre de gens qui ont lu des récits de la Terreur et qui ont vu les incendies de la Commune, Paris livré au pétrole, et qui ont encore le regard tourné sur la St-Barthélemy, et qui ont encore leurs indignations les plus vives contre les auto-da-fé de l'Inquisition. Les commis voyageurs entre autres colportent à toutes les tables d'hôte leurs sentiments toujours vifs, toujours renouvelés, contre les bûchers de l'Inquisition. Paris brûlé eut été cependant un auto-da-fé autrement gigantesque et barbare.

Quant à l'hypocrisie et aux Tartufes, il y a assez longtemps qu'on les fait apparaître sous l'habit de la religion.

De nouvelles hypocrisies sont entrées en scène sous le tablier franc-maçonnique, sous l'habit de candidats ou députés flatteurs du peuple, sous l'habit même de ministre, et sous l'habit à grands revers de ces révolutionnaires, parlant de fraternité, des doux liens de la nature, de la tolérance et de la sensibilité, mais avec des listes de proscription à la main et la guillotine à leur suite.

Que l'hypocrisie bénigne qui affecte menteusement l'amour de Dieu s'appelle Tartufe, c'est un nom de comédie; — mais l'hypocrisie qui affecte menteusement l'amour du peuple compte des noms par mille, et l'hypocrisie sanglante de la Révolution porte des noms de tragédie; ils ne font pas rire ces noms-là! ils rappellent trop de larmes.

De nos jours, la révolution violente et fanatique a tourné à l'hypocrisie cauteleuse et perfide.

Il fallait donc que la Révolution vînt d'elle-même absoudre le Christianisme. Il s'était fait une telle clameur contre lui, que par une justice nécessaire la Révolution seule pouvait la démentir et la faire taire.

Il fallait qu'en dehors du Christianisme on vît des hypocrites, des intolérants, des superstitieux, des fanatiques pires que ceux des autres époques. Il fallait qu'on vît des guerres civiles plus lamentables qu'au xvie siècle. Il fallait qu'on vît le fanatisme républicain décréter des destructions de villes, comme Lyon, des exterminations de populations comme en Vendée. Il fallait qu'en huit ans, sans parler de notre siècle, le xviiie siècle se chargeât de plus de sang et de plus de supplices que n'avaient fait auparavant les siècles chrétiens tant accusés par lui.

Il fallait la Révolution pour abaisser l'orgueil et l'impiété du xviiie siècle, jusqu'aux sans-culottides et aux saturnales de la folie, pour ne pas dire de la raison.

Il fallait la Révolution pour dégager le Christ, en quelque sorte, de la responsabilité des passions humaines. Fanatisme et hypocrisie sont de l'homme; cruauté et mensonge sont de l'homme et surtout de l'homme de la nature. Il fallait donc que l'homme sans autre mobile que lui-même vint prendre à son compte les erreurs et les crimes que lui dictent ses passions.

Elles suffisent chez l'homme à engendrer les monstruosités. La Révolution sans Dieu en a donné et en donne tous les jours des preuves.

CHAPITRE XVII.

SOUVERAINETÉ DU PEUPLE ET SOUVERAINETÉ NATIONALE. LES DEUX POUVOIRS. — SPIRITUEL ET TEMPOREL.

§ 1er.

Souveraineté du peuple et Souveraineté nationale.

Le Tiers-Etat en 1789 avait concentré en lui et accaparé non seulement la souveraineté nationale, mais une souveraineté supérieure, la souveraineté constituante ; pouvoir de changer les conditions dans lesquelles a jusque-là vécu la nation, pouvoir au-dessus du peuple, puisqu'il le transforme, pouvoir au-dessus de la nation, puisqu'il la constitue.

Pour arriver à ce faîte, en vertu de cette double souveraineté, celle du nombre, et celle de la raison humaine, le Tiers-Etat avait adopté tout d'abord la théorie de la souveraineté du peuple.

Dans le sens général du mot *peuple*, c'est la nation, l'ensemble de la nation qui a la souveraineté ; mais dans un sens restreint à la masse populaire, c'était une souveraineté nouvelle, ennemie des pouvoirs précédents et d'une classe supérieure ; et dans ce sens restreint, il ne déplaisait pas au Tiers-Etat de se confondre avec le peuple et de le réunir à lui à cause de sa force : il pensait bien conserver sur cette force le rôle de partie dirigeante.

Le Tiers-Etat d'alors et la bourgeoisie ensuite, ont toujours gardé cette politique, mais qui les a trompés en partie, et les a dépassés : Pour eux-mêmes la dénomination est fatale.

Car le peuple des basses classes adopta bien vite cette souveraineté du peuple comme étant la sienne ; et depuis lors il n'a jamais cessé de la regarder et de la comprendre comme lui appartenant. Il la restreint au nom du peuple, au peuple d'une ville, au peuple d'une émeute, au peuple d'un club, à une poignée de peuple : cette souveraineté là est à la portée de chacun, aussi bien qu'à l'usage des foules.

« Le dogme qui proclame la souveraineté du peuple, aboutit
« en fait à la dictature de quelques-uns » (Taine, t. III, p. 2)

En principe, la souveraineté du peuple qui fait loi, et ne reconnaît ni lois au-dessus des siennes, ni pouvoirs qui limitent les siens, est par cela seul omnipotente, absolue ! elle est un despotisme contre lequel il n'y a de recours que dans ses mobilités.

En fait, comme le dogme une fois proclamé, retentit sans cesse aux oreilles et à l'esprit de ce peuple qu'il abuse ; en même temps que les pouvoirs réels passent aux mains de quelques-uns, l'infatuation de la souveraineté reste dans la foule, et c'est une des vapeurs les plus capiteuses qui ait jamais troublé le cerveau du peuple, et détraqué ses idées.

Dernièrement (année 1887), à une cour d'assises on entendait un sculpteur de mérite, homme de travail régulier et honnête, mais grand lecteur du terroriste Saint-Just, soutenir avec conviction son droit, comme électeur souverain, de punir par la mort son Élu, mandataire infidèle de la pensée populaire. Sa tentative d'assassinat, heureusement pour le député, n'avait pas eu son plein effet, et le jury a condamné Baffier comme monomane.

Mais cette monomanie de la souveraineté du peuple jusqu'au droit de meurtre, est à l'état constant et suraigu dans les déclamations, discours et écrits révolutionnaires. Elle dicte ces condamnations à mort que les sociétés secrètes s'arrogent le droit d'exécuter contre les tzars, empereurs et rois, par n'importe quels moyens, et au prix de n'importe quelles tueries; elle éclate dans toutes les réunions publiques du socialisme et de l'anarchie. Dans les années terribles de 1789 à 1794, comme aussi dans la Commune de 1871, c'est au nom de cette souveraineté du peuple, monomanie raisonnée et générale, que se sont accomplis et justifiés les massacres multipliés et les plus cruelles entreprises.

Qu'on ne dise pas, ce sont là les aberrations d'une théorie mal comprise; c'est le sens brutal du peuple qui interprète ainsi le dogme de sa souveraineté! Non, ce sont les conséquenses d'une théorie que la Révolution a toujours intérêt à comprendre de même; ce sont des leçons que le peuple a reçues de plus haut que lui, leçons sans cesse répétées et d'après lesquelles il a fait son éducation de souverain.

C'était la doctrine répandue avec passion par les hommes du Tiers-Etat. « Sachez que vous êtes rois, disait Châlier, et plus « que rois! ne sentez-vous pas la souveraineté dans vos « veines? »

Il avait suffi de donner à une classe le nom d'aristocrates, pour que cette classe mise en dehors du peuple, ne fut plus que le justiciable, de ce peuple souverain. La justice, apanage de la souveraineté, devint la justice du peuple.

Cette justice, on la rendait au comité de Salut public, on la rendait plus expéditive encore aux noyades de Nantes et aux Septembrisades de Paris.

On est prêt de nos jours comme dans ces temps-là, à recourir à l'assassinat individuel dans une émeute, comme à Decazeville, par ce mot — la justice du peuple!

Il suffirait, si l'ordre public venait à défaillir, du nom de *Bourgeois*, distinct aussi du mot peuple, pour que la souveraineté et la justice du peuple s'exerçassent sur eux avec le même droit et la même violence qu'elles s'exercèrent jadis sur les aristocrates.

Si les publicistes du XVIIIe siècle n'ont pas entendu ainsi la souveraineté du peuple, il n'en est pas moins vrai que ce mot a servi à justifier les plus graves excès du pouvoir et de la force; et si on veut l'entendre d'une manière plus large et plus élevée par *Souveraineté nationale*, la théorie ramenée à ces mots n'en est pas moins incomplète, mal définie, défectueuse, et fausse.

La Souveraineté nationale, vis-à-vis de l'étranger, s'entend de l'indépendance, et de l'honneur que chaque nation, pour rester nation, doit garder par rapport aux autres ; de la liberté qu'elle a pour son gouvernement et ses lois intérieures, en tant qu'elle ne nuit pas à l'indépendance des autres nations. Cela ressort du *droit des gens.*

Mais il s'agit ici des droits que les nations ont par rapport à elles-mêmes, et ces droits seraient entiers et absolus d'après le dogme de 1789, — Volonté nationale, volonté que par des élections plus ou moins affranchies de pressions diverses, on suppose volonté des majorités, volonté générale.

On la suppose aussi conforme aux lois naturelles, aux droits naturels de l'homme ; mais nous avons déjà dit (ch. IV) comment la volonté générale domine tout, et que le seul refuge est dans le changement de la volonté même.

Cette volonté générale, les sectaires logiciens l'affranchissent de l'influence de Dieu : l'État athée ! le peuple souverain !

En effet, pour qu'il y ait pleine souveraineté humaine, il faut qu'il y ait ni au-dessus, ni même à côté, Souveraineté divine. Or, cette Souveraineté toute nationale, c'est encore dans les temps païens, et dans les sociétés antiques que le XVIIIe siècle en avait puisé la conception et l'exemple.

C'est toujours dans les vieilles ferrailles de l'antiquité, comme l'a dit en un de ses discours, M. d'Audiffret-Pasquier, que le XVIIIe siècle allait chercher *des armes, quelques rouillées qu'elles pussent être.*

§ 2.

Les deux pouvoirs. — Spirituel et temporel.

Dans l'antiquité, « chaque religion était uniquement attachée « aux lois de l'État qui la prescrivait. » (*Contrat social,* liv. IV, ch. VIII.) Tout était national, les dieux et la religion, et l'État. Il y avait donc dans la Grèce et à Rome (ce qui pour Rousseau et son époque, était à peu près toute l'antiquité), il y avait *unité*, concentration de tous les pouvoirs, et là, où il y a l'État pontife et l'État maître, il y a Souveraineté nationale.

L'Histoire Ancienne, l'Histoire de la Grèce et de Rome, nous montre il est vrai cette souveraineté exercée seulement par une minorité, celle des citoyens, inférieurs en nombre et de beaucoup, à la masse des esclaves qui ne comptent pas : Athènes quinze mille citoyens, quatre cent mille esclaves ; et partout, dans chaque république grecque, comme à Rome, même proportion, sinon plus forte encore. Les citoyens sont ceux d'une cité capitale et maîtresse : et cela a reparu dans le grand pays de France, aussitôt qu'il y a eu souveraineté du peuple. La ville de Paris a été souveraine et maîtresse de la France. L'on a vu quels citoyens dominaient Paris, l'Assemblée des représentants et la nation. Paris et sa commune ont gardé et garderont toujours la prétention d'exercer à eux seuls la Souveraineté.

L'Histoire Ancienne nous montre ensuite le pouvoir sans cesse disputé entre les citoyens des classes diverses, entre le peuple et les classes supérieures ; et pour agrandir la part d'une classe ou de l'autre dans la souveraineté générale, l'émeute incessante, des conflits interminables, les guerres civiles renouvelées, les exils et les proscriptions alternatives.

Puis cette souveraineté des citoyens, est fort enchaînée par la *Constitution*, qui a réglé les institutions religieuses, sociales et civiles ; et Rousseau, qui a tant insisté sur l'autorité des législateurs constituants, oublie en parlant de la souveraineté une et entière qu'il admire, le principe dominateur des constitutions, cette puissance distincte de celle du peuple.

Mais ce que l'histoire ancienne nous montre à nous, le xviiie siècle ne le voyait pas, il s'était fait une histoire ancienne où il ne voyait que citoyens libres, la vertu dans le patriotisme, le peuple souverain, et de par cette souveraineté, la loi !

Le peuple romain ayant subjugué les autres, conquis les dieux des nations avec les nations elles-mêmes, et réuni tous ces dieux dans le Panthéon, « le paganisme ne fut enfin dans « le monde connu qu'une seule et même religion, » (liv. IV, ch. VIII), et la Souveraineté romaine fut immense et complète dans son unité et son symbole, l'aigle à une seule tête.

« *Ce fut dans ces circonstances* que Jésus vint établir sur « la terre un royaume spirituel, ce qui, séparant le système « théologique du système politique, fit que l'État cessa d'être « un. » (*Contrat social, ibidem.*)

Rousseau a très bien vu le principe nouveau, apporté par Jésus-Christ, et qui est, en effet, la base des sociétés modernes.

Par le Christianisme, l'État n'est plus un, c'est-à-dire seul maître : il y a deux pouvoirs, le pouvoir spirituel, et le pouvoir temporel, et ce mot, *pouvoirs*, est très juste, car là où il y a deux pouvoirs, il n'y a pas Souveraineté. Ces deux pouvoirs la scindent et la partagent ; ces deux pouvoirs ont chacun leur sphère d'action et leur indépendance.

Rousseau a encore très bien vu que là même où des chrétiens ne reconnaissent pas le pape comme chef du pouvoir spirituel, ce pouvoir cependant garde encore la grande ombre de lui-même dans les synodes et les assemblées d'agrégations diverses. « Parmi nous, dit-il, les rois d'Angleterre se sont éta- « blis chefs de l'Eglise ; autant en ont fait les czars. Mais par « ce titre ils s'en sont rendus moins les maîtres que les minis- « tres. Ils n'y sont pas législateurs, ils ne sont que princes. « Partout où le clergé fait un corps, il est maître et législa- « teur dans sa partie. Il y a deux puissances, deux souverains « en Angleterre et en Russie, tout comme ailleurs. » (*Contrat social, ibidem.*)

Chez les presbytériens, puritains et autres sectes chrétiennes s'il n'y a pas puissance d'un synode, il y a indépendance religieuse individuelle, puissance spirituelle chez chacun ; tant la liberté des âmes instituée par Jésus-Christ a de force, et prévaut jusque dans les Églises du schisme et de l'hérésie. « L'es- « prit du Christianisme a tout gagné, » dit Rousseau et il dit vrai : Oui, l'esprit du christianisme a gagné tout le monde moderne !

Dans l'Église catholique, le pouvoir spirituel est glorieusement constitué avec son chef, ses ministres, ses conciles, l'établissement de l'Église. Mais dans cette distinction des pouvoirs

spirituels et temporels, Rousseau n'a vu qu'une chose, « c'est
« qu'il est résulté de cette double puissance, un perpétuel con-
« flit de juridiction qui a rendu impossible toute bonne police
« dans les États chrétiens.

« On n'a jamais pu venir à bout de savoir auquel du maitre
« ou du prêtre, on était obligé d'obéir.

« De tous les philosophes, Hobbes est le seul qui ait bien vu
« le mal et le remède, qui ait osé proposer de réunir les deux
« têtes de l'aigle, et de tout ramener à l'unité politique. Mais
« il a dû voir que l'esprit du Christianisme était incompatible
« avec son système.

« Il y a une religion bizarre qui donne aux hommes deux
« législations, deux patries, les soumet à des devoirs contra-
« dictoires. Tel le Christianisme romain. Il en résulte une sorte
« de droit mixte et insociable qui n'a point de nom.

« Cette religion est si mauvaise, que c'est perdre le temps de
« s'amuser à le démontrer. Tout ce qui rompt l'unité sociale ne
« vaut rien.

« La bonne Religion est celle qui fait de la Patrie, l'objet de
« l'adoration des citoyens..., et leur apprend qu'il n'y a pas
« d'autres prêtres que les magistrats... que de violer les lois
« c'est être impie!

« Il doit y avoir une profession de foi purement civile, dont
« il appartient au souverain de fixer les articles... Il peut ban-
« nir non comme impie, mais comme insociable, comme inca-
« pable d'aimer sincèrement les lois.

« Que si quelqu'un après avoir reconnu les dogmes de cette
« foi civile se conduit comme ne les croyant pas, qu'il soit puni
« de mort. Il a commis le plus grand des crimes, il a menti aux
« lois! » (*Contrat social, ibidem.*)

Dans ce dernier chapitre du *Contrat social*, Rousseau a bien
précisé l'attaque au principe chrétien du monde moderne, *les
deux pouvoirs*. A la suite de Hobbes, il veut réunir les deux
têtes de l'aigle, et ne voit et n'admire que l'aigle romaine. Il
déclare le Christianisme, incompatible avec l'unité politique,
avec la souveraineté de la nation ou du peuple.

L'Angleterre n'a pas suivi Hobbes et ses philosophes congénères des philosophes français ; la France a suivi les siens et dans ce dernier chapitre, Rousseau a concentré toute leur politique : il ne comprend que le despotisme d'un législateur constituant, et le despotisme du Peuple ; une résurrection de l'antiquité et du monde Romain. En même temps, il exhale toutes ses haines de protestant contre le catholicisme ; enfin, il fait éclater contre le monde moderne et chrétien son fanatisme de sectaire.

Ce chapitre est effrayant à lire, quand on songe que la Révolution française en a souligné chaque phrase; chaque ligne par des faits, sanglants commentaires du texte. c'est une dictée qu'ont suivi mot à mot les hommes et les actes de cette affreuse époque qu'on nomme la Terreur.

Le patriotisme devenu, non pas seulement la haine farouche de l'étranger, mais la fureur aveugle du Patriote révolutionnaire ; — La République une et indivisible, qui ne reconnaît rien au-dessus de ses lois, mais qui tremble devant les piques des Faubourgs ; — la constitution civile du clergé, l'exil, l'échafaud à quiconque se conduit comme ne croyant pas aux dogmes civils ; l'exil, l'échafaud à quiconque est jugé incapable d'aimer sincèrement les lois.

Le chrétien qui a une âme indépendante, et qui comprend dans une double affection la patrie chrétienne et la patrie nationale, déclaré *insociable* et digne de mort ! *avoir menti aux lois*, crime le plus grand et applicable à tous dans son expression vague et facultative, crime digne de mort !

La souveraineté antique, et la Terreur inexorable, voilà ce qui répondra à ce dernier chapitre du contrat social, chapitre bref et premier de 1789 et de 1793, et dont les phrases ont le tranchant et le froid du couperet.

Qu'un homme insociable entre tous comme Jean-Jacques, ait pu à travers son hypocondrie, traiter d'insociables les catholiques (un saint Vincent de Paul avait fondé les hospices d'enfants trouvés ou seraient recueillis un jour les enfants abandonnés du Philosophe); que ce publiciste ait poussé l'orgueil jusqu'à bâcler d'un mot, la condamnation du catholicisme, parce qu'il ne voyait, ni la tyrannie des temps anciens, ni la liberté des temps nouveaux ; cela assurément est prodigieux ! mais ce qui l'est bien plus encore, c'est qu'un siècle, se précipitant à sa suite, ait fait de cet orgueil et de ces fureurs l'œuvre même de la Révolution ; c'est que la logique de l'erreur aille ainsi sans se détourner, sans s'arrêter, jusqu'aux conséquences extrêmes, même les plus abominables. Jamais idées fausses n'ont exercé plus d'empire.

Rousseau avait bien remarqué *ces circonstances* du Paganisme *unifié*, de la souveraineté *unifiée* par les conquêtes de Rome, au moment précis où Jésus vint séparer le système théologique du système politique, et par là établir deux puissances.

Dans cette question de la Souveraineté, jamais en effet la souveraineté d'une nation n'avait ainsi concentré en elle la souveraineté du monde : jamais Souveraineté nationale, n'avait eu une telle unité politique ; et cette souveraineté restée au nom du peuple Romain, mais passée aux mains d'un homme, d'un Empereur, n'était pas seulement Empire, elle était divinité !

César, était Empereur et Dieu. Il était maître au point d'être maître comme un Caligula et un Néron : il était Dieu au point de faire immoler à sa divinité des multitudes qui ne voudraient pas encenser et adorer ses images : il était souverain au point de faire égorger pour son plaisir et celui du peuple invité à ses fêtes, jusqu'à dix mille esclaves gladiateurs, en quinze jours de jeux du cirque.

Ce fut dans ces circonstances, dans la plénitude des temps, comme dit l'Écriture, au moment du plus complet développement de la civilisation antique, à une époque unique dans l'histoire par sa grandeur toute humaine, mais où le monde allait voir jusqu'où peut aller la souveraineté nationale, avec l'unité politique ; ce fut dans ces circonstances que Jésus vint remplacer le monde de l'esclavage païen, et de la souveraineté humaine absolue, par le monde chrétien et libre, et par la distinction des *deux pouvoirs*.

Monde nouveau, où il y aurait universalité et nationalité ; où chaque empire serait national, mais où chaque homme à son titre national, adjoindrait le titre de chrétien.

C'est au nom de César que Jésus fut mis à mort, à cause de sa royauté sans soldats et sans puissance temporelle, mais qui n'en semblait pas moins opposée à la toute puissance césarienne. *Contrædicit Cesari.* Les juifs disaient vrai en criant : il contredit à César. Il y avait là, en effet, une puissance qui allait contredire le pouvoir absolu de l'homme.

Toutes les fois que l'omnipotence et la cruauté persécutrice de l'homme reparaîtront, il y a la puissance spirituelle, la puissance du Christ et du Christianisme, puissance de résistance et de liberté qui contredira.

Rousseau n'a vu là que le conflit de deux juridictions, deux législations, deux patries, cause de luttes fréquentes, et qui entraîne des devoirs, dit-il, contradictoires; et il tranche toute lutte par le despotisme absolu.

Oui, il y a dans les deux pouvoirs une indépendance réciproque qui a suscité des conflits, des luttes mémorables ; mais ces luttes ont été l'élément même du progrès civilisateur ; luttes fécondes pour la liberté des individus et des nations.

Si le pouvoir temporel tend à envahir le domaine de la religion et de la conscience, que ce soit au temps des Hohenstauffen, par les trafics de la simonie et les ambitions des empereurs et des princes, ou bien de nos jours par le kultur-kampf en Prusse, et partout où les pouvoirs de l'Etat oppriment les libertés de l'Eglise et les droits des catholiques, il y a des résistances énergiques pour défendre tantôt la sainteté du culte et l'autorité de ses ministres, tantôt la liberté des fidèles et le droit religieux d'un peuple ; il y a recours au pouvoir spirituel : que le chef de ce pouvoir soit un Grégoire VII ou un Léon XIII, les peuples sont heureux qu'à leurs efforts, s'adjoigne une intervention qui les sauvegarde d'une tyrannie.

Devant les pouvoirs, même de la force, la puissance de l'Eglise ne cesse d'élever une protestation telle, que c'est à la fin la force morale qui triomphe dans le monde moderne et maintient sa supériorité.

Si la corruption des mœurs tend à violer et à fausser la dignité du mariage, et menace la famille d'une déchéance fatale; que ce soient des rois dans leurs passions, ou des législateurs dans leurs aveuglements, le pouvoir spirituel se dresse contre ces passions, fût-ce même devant un tyran comme Henri VIII d'Angleterre; et même au péril d'un schisme, le pouvoir spirituel n'abandonne pas le droit et la vérité, et un grand intérêt social ne reste pas sans défense.

C'est dans cette animation constante des esprits donnée aux peuples chrétiens par la double action des deux pouvoirs, que l'Europe et le monde moderne ont trouvé ce mouvement qui les pousse sans cesse vers le perfectionnement.

Le pouvoir spirituel et indépendant, est-il affaibli comme en Russie? le mouvement des âmes devient plus stationnaire, le pouvoir temporel plus absolu, et les réactions peuvent aller jusqu'au nihilisme.

En France, le Pouvoir spirituel a-t-il été amoindri par le gallicanisme, les parlements, et l'autorité royale, puis a-t-il été miné par le philosophisme d'une politique impie? l'anarchie dans les rues, la tyrannie dans les assemblées, la lutte des intérêts et des ambitions renouvellent les guerres sociales et les proscriptions de l'antiquité.

Les Césars, la Convention, ces types du despotisme qui se déifie, et de la toute puissance qui conduit jusqu'à la folie furieuse ; voilà ou aboutissent la thèse de Rousseau, et l'Etat unité sociale et politique.

Tandis que les peuples Anciens étaient tous insociables les uns à l'égard des autres, et ne songeaient qu'à s'asservir par des guerres avec extermination, les combattants vaincus réduits en esclavage, et le reste de la nation écrasée sous l'oppression; les peuples modernes ont trouvé dans un même esprit, l'esprit du christianisme, une patrie commune, la patrie spirituelle ; et par là ils ont été non seulement sociables entre eux, mais secourables et amis. La guerre elle-même ne peut détruire le lien supérieur et religieux qui les unit, et les ramène à la paix. Ces guerres ne font point d'esclaves, elles ont été régies par un droit des gens appliqué à en adoucir les effets et les suites : la fraternité chrétienne remplace sans effort, l'hostilité nationale. Les deux patries sont l'expression la plus haute de la sociabilité humaine. Le pouvoir spirituel a son rôle dans toutes les guerres pour les apaiser, et offrir toujours une médiation efficace. Il n'y a de désunion, qu'entre les patries nationales ; avant le protestantisme, il y avait toujours union dans la patrie catholique ; depuis le protestantisme il reste encore union dans les idées chrétiennes.

Admirable condition des nations modernes, absolument contraire aux haines patriotiques des nations anciennes ! sociabilité dont l'antiquité n'aurait pu même avoir l'idée.

L'esprit païen et fermé du *Contrat social*, devait naturellement la méconnaître, et ne pouvait la comprendre.

Les désaccords des deux puissances, spirituelle et temporelle, existent à l'heure des crises, nécessaires quelquefois pour le développement moral des peuples ; elles existent toujours pour contredire aux entreprises contre la liberté, la conscience et le christianisme ; — mais l'accord et le concours pour le bien commun des nations, et dans l'intérêt du peuple, est le fait général, et a été l'honneur et la vie des siècles qui, jusqu'au nôtre et comme le nôtre, ont élevé les nations chrétiennes à ce point de supériorité qu'elles ont sur toutes les autres.

Tout s'appaise par l'accord des deux pouvoirs, par ces concordats que la Révolution ne supporte pas, parce que l'accord de deux puissances indépendantes, est le contraire de sa tyrannie souveraine.

Donc quel que soit l'Etat, monarchique ou républicain, dans le monde nouveau fait par le Christianisme, le pouvoir de l'état n'est pas entier, il n'est souverain ni sur l'individu, ni sur la famille, ni sur les lois sociales, ni sur l'éducation, ni sur les rapports que dix-neuf siècles ont établi entre les fidèles, les ministres de l'Eglise et le Pontife suprême.

Quelle que soit la constitution de l'Etat, il y a une autre constitution à côté d'elle et avec elle, la constitution qui est du Christ et de l'Evangile, et il n'appartient ni aux rois ni aux peuples de changer cette constitution supérieure, en constitution inférieure et civile.

Dans l'antiquité, prêtre et magistrat ne sont qu'un : dans le monde moderne, sacerdoce et magistrature sont deux, et les devoirs de chacun et de tous vis-à-vis d'eux n'ont rien de contradictoire, ils s'unissent dans le respect de Dieu, et de la loi.

Le monde ancien connaissait deux hommes, le citoyen et l'esclave, deux personnes différentes dont l'une n'accordait aucun droit à l'autre.

Le monde moderne a deux hommes dans une même personne, le chrétien et le citoyen, droits et devoirs distincts, mais droits et devoirs qui concordent ensemble, et qui font l'homme libre.

Mais chose triste à dire, c'est que les aphorismes du *Contrat social*, malgré le ridicule et l'arriéré, et malgré le sang qui s'est attaché à cette glôse, n'ont pas encore perdu leur influence. Aujourd'hui, nombre de gens, francs-maçons, jacobins autoritaires, républicains de toutes sortes, bourgeois, peuple, hommes d'État et commis voyageurs, tous les Révolutionnaires, tous les antichrétiens en un mot, ne citent plus Sparte et Rome, ni même Rousseau et le *Contrat social*, pour ne pas paraître simples survivants du xviiie siècle ; mais bien qu'ils n'affichent pas l'admiration de l'antiquité, et se réclament du progrès des idées modernes, et ne se disent promoteurs que d'idées modernes ; bien aussi qu'ils cherchent à ne pas glisser dans le jacobinisme de 93, ils n'ont toujours que les idées puisées dans Rousseau, ils n'ont toujours que les idées antiques !

« Le *Contrat social* a été le Coran des discoureurs apprêtés
« de 1789, des jacobins de 1790, des républicains de 1791, et
« des forcenés de 1793, » écrivait Mallet-Dupan. Il est encore sans qu'on le dise, le Coran de la politique actuelle, des hommes d'État, des républicains de nos jours.

« L'Education par l'État, maxime fondamentale du gouver-
« nement populaire, car c'est par elle qu'on forme le citoyen ;
« et le premier intérêt de l'État est de former les volontés par
« lesquelles il dure. » — Rousseau !

Les ordres religieux qui ont leur chef à Rome, sont condamnés comme obéissant à un chef étranger. Tous les catholiques peuvent être condamnés au même titre, et à ce titre dans la grande Révolution ils étaient proscrits. — Le pape, on l'appelle chef étranger, et les antichrétiens veulent déchirer le contrat avec cette puissance étrangère. Il ne faut pas deux patries, deux législations ! — Rousseau !

Éducation laïque et obligatoire, hospices laïcs, pour que rien ne soit en dehors de l'État et de sa direction. — Rousseau !

Souveraineté du peuple, dont les députés ne doivent être que les commissaires. — Rousseau !

La souveraineté du peuple, « ce dogme qui, interprété par « la foule, produit l'anarchie, jusqu'au moment où interprété « par les chefs, il produit le despotisme parfait. — Ce dogme « a deux faces, qui d'un côté conduit à la démolition perpé- « tuelle d'un gouvernement, et de l'autre aboutit à la dicta- « ture. » (Taine.) La souveraineté du peuple est une idée rétrograde jusqu'à l'antiquité, et qu'on a vu rétrograde jusqu'à la sauvagerie.

Le mot de Souveraineté nationale reste vis-à-vis de l'étranger. Dans un sens usuel, sinon logique, il peut exprimer le pouvoir qu'aujourd'hui on appellerait le pouvoir laïc, afin de l'opposer au pouvoir clérical ; mais il avait et il a son expression significative et juste dans le mot, pouvoir temporel.

La souveraineté est à Dieu !

Grecs et Romains mêmes n'ont pas écarté entièrement cette pensée, lorsqu'ils ont fait intervenir divinités et oracles pour rendre les constitutions sacrées.

Mais la Souveraineté, appartenant toute entière à la nation, à l'Etat ; cette souveraineté à laquelle aspirent les tyrans, rois, empereurs ou assemblées, et dont la Révolution a fait sa théorie, n'est point des temps modernes.

C'est entre deux puissances que le Christianisme a partagé la souveraineté ; et ces deux puissances ont fait la civilisation, non par l'unité dans l'Etat, mais par l'union des pouvoirs qui concilie l'autorité et la liberté dans une double constitution sociale et nationale, religieuse et civile, universelle et locale.

La théorie de la souveraineté unique du nombre et de la force est plus simple.

Oui, mais dans l'existence des êtres animés, la vie une, la vie de l'animal est aussi la vie simple et brute.

La vie humaine, dualité de vie intellectuelle et de vie matérielle, d'âme et de corps, est plus compliquée, mais elle est la vie de l'homme roi du monde.

Il en est ainsi de la vie des nations et de l'humanité.

L'antiquité n'avait en quelque sorte qu'une seule vie, celle de la nation, et de là l'exclusif, le borné, le tyrannique sur les autres et sur elle-même.

Le Christianisme a fait une double vie de la vie nationale et de la vie humanitaire; il a doublé l'homme et ses destinées : à sa double nature pour le temps et pour l'éternité, à son double titre de citoyen d'une nation et de citoyen du monde, ont correspondu ces deux puissances qui gouvernent le monde moderne et assurent par leur émulation dirigeante ces trois grandes lois de la civilisation : autorité, liberté, progrès.

La Révolution, parfaitement logique dans sa voie, en supprimant Dieu et le Christ, la souveraineté de Dieu et les pouvoirs du Christianisme, ne veut qu'un pouvoir, par le nombre, la force, l'Etat. Elle procède de l'antiquité, elle a produit par la souveraineté du peuple, la Convention et la Commune, l'anarchie et la tyrannie, deux puissances aussi, dont les conflits ou le concours sont également funestes, et ramènent la civilisation en arrière, si elles ne la ramènent pas jusqu'à la décadence et à la barbarie!

LIVRE DEUXIÈME

LES INTÉRÊTS

~~~~~~~

CHAPITRE PREMIER.

LE TIERS-ÉTAT.

J'ai à peu près parcouru le cercle des idées Révolutionnaires : plus d'erreurs que de vérités ; plus d'aveuglement que de vues justes et claires ; plus d'orgueils que de sagesse ; plus d'entrainements et de passions que d'expérience ; plus d'idées anciennes et païennes que d'idées chrétiennes et modernes ; toutefois il y a de l'enthousiasme, des élans mal raisonnés, mais parfois généreux, et des illusions à la poursuite d'un idéal dont le modèle antique semblait une nouveauté.

Il me faut maintenant, pour achever d'éclaircir l'histoire de la Révolution, parler des intérêts et des passions qui se sont servis des idées, et par la Révolution ont cherché à se satisfaire.

Triste étude des envies, des cupidités, des vanités haineuses ! étude sans fin, s'il s'agissait des personnes ; mais je m'en tiens aux généralités.

L'histoire des idées ne se restreint pas à la France ; nous

avons reconnu qu'avec une certaine grandeur, les idées de la Révolution, tout en appartenant pour beaucoup à un monde déchu, ont aspiré à être le programme du monde à venir.

Mais l'histoire des intérêts s'attache à diverses classes, à diverses personnes ; elle est plus étroitement française. Si elle mêle aux passions et aux ambitions de toutes sortes, des idées et des systèmes qui les animent, ces idées masquent les désirs et les prétentions en jeu.

Le masque, le vernis, le coloris des idées est tel, qu'il accapare l'attention ; si bien que, dans l'histoire de la Révolution, il est toujours question des principes, et qu'aujourd'hui encore ce sont les principes qu'on met toujours en avant, alors qu'en arrière, il y a des intérêts vivaces.

Les faits sont connexes, ou accidents par rapport aux principes, mais il y a des desseins et des calculs tout autres.

On a voilé l'histoire des intérêts, pour leur donner une cause plus grande en les subordonnant aux idées ; on leur a fait une biologie toute en dehors de l'égoïsme et de passions plus mauvaises que patriotiques : mais l'histoire qui a glorifié les entreprises révolutionnaires au profit excessif du Tiers-Etat, ne restera pas toujours ainsi tacite et partiale. Il faut dire le rôle important que les intérêts ont joué dans l'explosion et la durée de la Révolution.

Or, le grand intéressé à la Révolution, a été et est encore le Tiers-Etat, aujourd'hui la bourgeoisie.

La Révolution a été faite avec les idées du xviiie siècle, mais sous l'impulsion, sous le nombre, et à l'avantage surtout du Tiers-Etat.

Le Tiers-Etat s'est servi du peuple, mais n'a pas eu pour but de chercher l'intérêt des classes populaires.

Le Tiers-Etat a présidé à la plupart de nos Révolutions, pour établir et agrandir sa prépondérance.

Le Tiers-Etat a été et demeure le promoteur principal de la grande guerre au catholicisme et à Dieu ; le Tiers-Etat a été et demeure le soutien et le favorisé de la Révolution.

La noblesse de ville et de cour était aussi Voltairienne que le

Tiers-Etat du barreau, des Parlements et des villes. La noblesse dans son ensemble était plus imbue que le Tiers-Etat de philosophisme railleur et incrédule ; et son paganisme, en immoralité, dépassait de beaucoup celui du Tiers-Etat ; seulement il n'avait pas le sérieux pédantesque et l'âpreté du paganisme bourgeois.

Le Tiers-Etat avait, en grande partie, gardé des croyances religieuses et monarchiques ; les cahiers en font foi : il voulait des réformes devenues en effet nécessaires ; dès 1614, aux derniers Etats-Généraux, il avait formulé des réclamations dont plusieurs se reproduisaient à deux siècles de distance.

Dans ces deux siècles, le Tiers-Etat avait grandi en puissance réelle, et occupait bonne part des pouvoirs publics ; tandis que la noblesse avait perdu beaucoup de pouvoirs réels, échangés contre de vaines et fastueuses faveurs, qui blessaient les vanités bourgeoises.

Ces mécontentements n'éclataient pas dans les cahiers ; mais il en est de la masse électorale, comme de la farine ; brassée par des mains habiles, elle subit les fermentations du levain ; et les envoyés du Tiers-Etat avaient en eux le levain aigri des ambitions jusque-là subordonnées, et les levains mauvais des idées de leur siècle.

C'est ainsi que grave en ses habits noirs, mais immodéré dans ses pensées, dédaignant ses cahiers et les mandats reçus, et ne trouvant plus sa place suffisante en des Etats-Généraux, où il n'était qu'un tiers-ordre, le Tiers-Etat, dès les premiers jours, passa du désir des réformes au vouloir d'une Révolution.

Avant la réunion des Etats, il s'était trouvé un publiciste assez osé, l'abbé Siéyès, pour écrire, en dépit de toute logique et de toute vérité, cette phrase fameuse : Qu'est-ce que le Tiers-Etat ? Rien ! — Que doit-il être ? — Quelque chose ! Ce *quelque chose* est comme le *quoi qu'on die*, de Molière, il dit beaucoup ; on voit bien que Siéyès s'est arrêté, pour ne pas écrire le mot de sa pensée et de sa phrase, le Tiers-Etat n'est rien ! Que doit-il être ? — Tout !

Le Tiers-Etat par son nom même était la tierce part de l'Etat, c'était y être beaucoup ; mais en adoptant la pensée de Siéyès, le Tiers-Etat n'y mit pas de réticence, il ne s'arrêta pas à demi-mot; il dit qu'il était la Nation : par là il disait être et il fut *tout*.

Il demanda au clergé son abdication, à la noblesse, sa déchéance, à la royauté, sa soumission. Se soumettre ou se démettre, ne fut pas un dilemne comme celui posé par Gambetta au maréchal de Mac-Mahon, ce furent les deux choses à la fois. Noblesse et Clergé se démirent, et la Royauté fut soumise.

Il dut y avoir bien de l'ironie et de l'orgueil dans les applaudissements donnés par le Tiers-Etat au clergé et à la noblesse, le jour de leur entrée à l'Assemblée, devenue tout à coup unique et souveraine ; et ces applaudissements voilaient bien peu l'humiliation des deux premiers ordres submergés dans la majorité numérique du troisième : ces deux premiers ordres n'étaient plus *Rien*, le troisième avait tout absorbé.

La noblesse n'était plus un Ordre, un pouvoir: mais après cette débâcle, il lui restait encore des souvenirs, des titres, des hérédités ; il y avait encore à lui demander la débâcle de son honneur. Dans le désordre incroyable de ses idées, la noblesse n'hésita pas, et vint déposer, sacrifier sur l'autel de la Patrie, l'héritage des siècles, et la gloire d'un passé auquel la France devait large part de ses grandeurs. La noblesse n'apportait plus là en réalité que le spectacle d'une irréparable ruine.

Ce fut avec transport que le Tiers-Etat applaudit à ce reniement de l'histoire et des ancêtres, mais se gardant bien, lui, d'offrir et d'immoler ses privilèges corporatifs, il offre les privilèges des provinces et des villes, il déclare abolis « tous les « vestiges encore subsistants dans chaque ville, bourg, « paroisse ou communauté, sous le titre d'hôtels de ville, mairies, « échevinats, et généralement quelque titre et qualification que « ce pût être ». C'était aussi renoncer à tout ce passé de l'histoire des communes en France, qui était l'origine et l'honneur du Tiers-Etat.

Mais l'immolation des situations nobiliaires était bien réelle, tandis que celle faite par le Tiers-Etat, sauf l'honneur historique, n'était que dérisoire ; puisque le Tiers-Etat était maître, allait disposer toutes choses à son gré et à son avantage. La noblesse renonçait à elle-même ; le Tiers-Etat se moquait en ses renonciations, bribes d'un passé désormais inutiles pour lui. Quand au clergé, sa disparition comme Ordre, et plus tard la constitution civile, qui en fut la conséquence, assuraient sa dépendance, en attendant sa proscription. Le Tiers-Etat devait rester seul souverain.

Libre de tout respect envers les supérieurs, le Tiers-Etat compléta son œuvre en s'affranchissant de tout engagement envers les inférieurs.

Nobles et Clergé avaient été abusés par le mot de Patrie ! le peuple fut abusé par le mot de Liberté !

« L'anéantissement de toutes espèces de corporations, de
« citoyens du même état ou profession, étant une des bases
« fondamentales de la Constitution française ; il est défendu
« de les rétablir sous quelque prétexte que ce soit.

« Les citoyens d'un même état ou profession, les entrepre-
« neurs, ceux qui ont une boutique ouverte ; les ouvriers ou
« compagnons d'un art quelconque, ne pourront lorsqu'ils se
« trouveront ensemble se nommer ni président, ni secrétaire, ni
« syndic, ni tenir des registres, prendre des délibérations et
« faire des règlements sur leurs prétendus intérêts communs.
« (Décret de la Constituante.)

Voilà un de ces principes qu'on a appelés les principes sacrés de 1789. La négation qu'il puisse y avoir entre les citoyens d'un même état, d'une même profession, des intérêts communs ; c'est la négation de tout ce qu'il y a de plus évident et de plus nécessaire : c'est nier la conséquence directe qui résulte d'un même état ou même profession entre gens qui les exercent, et au lieu de ce qui a toujours été et doit être leur droit, l'interdiction pour eux de s'unir et de s'entendre sur leurs intérêts communs.

On dit à l'ouvrier qu'on l'affranchissait des maitrises et des jurandes, qu'on le rendait *libre* ; et tout ce qui constituait des droits et des avantages pour lui dans l'organisation du travail disparut sous ce leurre du mot *Liberté* ! Le peuple mis ainsi par l'isolement des individualités à la discrétion du plus riche, n'eût plus même les bannières de ses antiques corporations pour se grouper et se défendre.

Remarquez avec quel soin méticuleux le Tiers-Etat énumère entrepreneurs, ceux qui ont boutique ouverte, ouvriers, compagnons, artisans, pour les empêcher, se trouvant ensemble, de délibérer sur leurs intérêts, d'en tenir registre et de songer à avoir entre eux une association quelconque.

Remarquons encore que tout en détruisant les corporations ouvrières, et déclarant que l'anéantissement de toutes espèces de corporations de citoyens du même état ou professions, est une des bases fondamentales de la Constitution nouvelle ; le Tiers-Etat qui anéantissait ainsi la grande corporation nobiliaire, la grande corporation Ecclésiastique, et les nombreuses et grandes corporations ouvrières, c'est-à-dire tout ce qui était une force en dehors de lui, n'anéantissait pas les corporations à son profit et à son usage ; et loin de là, conservait et a conservé jusqu'à nous ses corporations à lui, corporation des avocats, corporation des notaires, corporation des avoués, des huissiers, des gens de robe, toutes ces associations qui étaient jadis et qui sont restées le domaine propre de la Bourgeoisie, associations fructueuses qui assurent honneurs et profits.

Les autres associations ont été brisées ; celles-ci subsistent florissantes.

Les hautes magistratures des parlements qui étaient une noblesse, ont été brisées ; les magistratures secondaires des avocats, procureurs et autres apanagés du Tiers-Etat ont été conservées.

Tous autres intérêts que ceux du Tiers-Etat seront des intérêts *prétendus communs*, mais les siens sont des intérêts communs très réels à maintenir et à défendre.

Ne sût-on pas d'ailleurs, par les listes de représentants, que les avocats, procureurs et hommes de loi de moyen étage et les médecins surabondaient à l'Assemblée constituante et aux assemblées suivantes ; on verrait par ce seul et fameux décret qui interdit toute association aux entrepreneurs, boutiquiers, ouvriers et artisans, que le Tiers-Etat ne se composait pas de gens de commerce et de travail ; mais de lettrés, philosophes, gens d'affaires, gens de loi et de robe qui surent bien garder leurs intérêts, et méconnaître tous les autres.

Aussi, quand la Constituante eut achevé son œuvre de théorie, et que le Tiers-Etat eut assuré sa prépondérance en tout et sur tous, satisfaits de leur ouvrage, ils déclarèrent que cela était bien, *vidit quod erat bonum*, et proclamèrent la Révolution achevée.

Et depuis lors, le Tiers-Etat n'a cessé d'admirer son œuvre, et de la trouver bonne. Il a gardé l'enivrement de cette première puissance si promptement acquise, et il en est encore à contempler ses créations comme presque divines — pourtant rien n'était achevé, on allait bien le voir ; — lorsque la couche première du Tiers-Etat se fut retirée dans son repos admiratif d'elle-même, des couches secondes et troisièmes vinrent à leur tour, remplir la Législative et la Convention, reprirent à leur tour l'œuvre Révolutionnaire et développèrent à la fois les conséquences des idées, et le déchaînement des intérêts et des passions.

Les successeurs du Tiers-Etat Constituant, voulurent, eux aussi, constituer à leur tour. — L'Antiquité n'avait pas atteint son apogée ; le catholicisme avait été étouffé par la Constitution civile du clergé, mais le christianisme n'était pas encore aboli ni ses monuments mutilés, et le Tiers-Etat ne trouvait pas encore son triomphe complet, si noblesse et clergé avaient la vie sauve. La royauté aussi subsistait en apparence ; on avait coupé ses membres, mais il restait à lui couper la tête. En proscrivant et en tuant roi, nobles et prêtres, le Tiers-Etat, Girondins et Jacobins, se façonnèrent à tuer et à proscrire, jusqu'à se proscrire et à s'entretuer eux-mêmes.

Le peuple recherché comme appui, avec ses insurrections et ses piques, semble alors, concurremment avec le Tiers-Etat, être en scène. — Mais à ses tendances brutales suffisaient alors les tutoiements égalitaires, l'appellation de citoyen, les chants révolutionnaires et cyniques, les festoiements publics, la voix haute dans les tribunes de l'assemblée et des clubs, les honneurs du défilé devant les Représentants, les noms romains qu'il connaissait peu, le nom de sans-culottes qu'il comprenait mieux, et les spectacles de la guillotine, l'échafaud d'un roi, le supplice d'une reine, — le peuple ne se formulait pas encore des théories à son usage, — et pendant ce temps la masse bourgeoise achetait à vil prix les biens nationaux.

Le peuple détruisait des châteaux, des églises, le Tiers-Etat achetait les biens des émigrés et les biens ecclésiastiques ; le peuple se ruait sur les personnes, le Tiers-Etat se ruait sur les dépouilles opimes ; après les fruits politiques de la Révolution, le Tiers-Etat s'en assurait les fruits matériels et pécuniaires.

Aussi à toutes les Constitutions, à tous les bouleversements, les classes intermédiaires sont consentantes ; — pourvu que ces fruits leur demeurent.

Les gens du Directoire arrivent et sont la première lignée, devenue si féconde, des affamés de places, des politiciens d'industrie, des fournisseurs, des agioteurs, des viveurs aux dépens de la chose publique.

Le Directoire tombé, l'abbé Siéyès se retrouve avec une Constitution nouvelle. M. Thiers la caractérise « *comme ayant* « *abouti à une aristocratie vénitienne*, constituée *au profit* « *des hommes de la Révolution* ».

Elle organisa le pouvoir pour que beaucoup y eussent une place. Sénat conservateur, Corps législatif, Tribunat, le tout largement doté à cette époque: 10,000 fr., 15,000 fr., 50,000 fr. art. 22 et 36).

Siéyès ne s'était pas oublié avec un titre de grand Electeur, et une grande richesse.

Le Consulat acceptait ces conditions faites par les intéressés. Plus tard, par le Sénatus-Consulte de 1804, l'empereur consentit encore au serment de maintenir l'*irrévocabilité des biens nationaux*.

Ainsi les intérêts particuliers du Tiers-Etat enrichi, prévalaient toujours et dominaient les événements.

Ils dominèrent même la Restauration, car ce ne fut pas aux possesseurs de biens nationaux qu'il fut demandé de restituer les biens en recevant une indemnité ; ce fut aux anciens propriétaires que fut demandé l'abandon de leurs droits, moyennant une indemnité qu'ils reçurent.

Néanmoins, le milliard des émigrés fut un dédommagement pour le droit, et en éteignant les réclamations donna un grand essor aux valeurs de la propriété désormais établie sans conteste ; mais en consacrant les profits qu'on peut tirer d'une Révolution, il laissa l'exemple et le désir des Révolutions qui donnent la fortune.

Nous n'en avons pas fini avec les intérêts du Tiers-Etat, car il a été tellement et presque toujours auteur et bénéficiaire de nos Révolutions, qu'il ne suffit pas d'esquisser son rôle, il faut l'approfondir.

CHAPITRE II.

INTÉRÊTS NATIONAUX. — ANCIENNE CONSTITUTION FRANÇAISE.

On peut et l'on doit appeler intérêts nationaux tous les intérêts collectifs qui appartiennent en propre aux diverses classes, mais qui entrent en même temps dans les intérêts généraux de la nation; car, dans une nation bien ordonnée, les intérêts propres aux diverses classes, tout en étant distincts, sont unis dans un intérêt commun, qui est de cette Nation l'honneur, la prospérité et la force.

Tels étaient dans le cours des âges et suivant le progrès successif des siècles, qui avaient élevé à un bien haut degré la Nation française, tels étaient les intérêts du clergé, de la noblesse, du tiers-état et du peuple qui formaient l'ensemble de la Nation et l'objet de ses institutions.

Telle était en ses intérêts divers et unis, telle était avec ses intérêts généraux de gouvernement et de nationalité, royauté, princes, magistrature, états provinciaux et états généraux, noblesse, armée, ban et arrière-ban des forces nationales, telle était, avec le grand intérêt social, le Christianisme, qui dans la Nation reliait les classes, et au delà de la Nation reliait les peuples, telle était l'antique et progressive Constitution française.

Sous un nom bien supérieur à celui de *classes* et surtout à ce nom vulgaire et peu républicain de *couches* (car les couches se superposent les unes sur les autres, s'écrasent, et la couche supérieure seule arrive à la floraison et aux faveurs du soleil et du ciel), la Constitution française avait pour ses classifications le mot *Ordre!* l'ordre du clergé, l'ordre de la noblesse, l'ordre du tiers-état, exprimant ainsi que ces rangs divers étaient *coordonnés* dans la Nation. Pouvons-nous en dire autant aujourd'hui ou l'ordre social tout entier est l'objet des discussions envenimées et des compétitions les plus âpres ?

Si le peuple, avec ses intérêts multiples, et dans ses grandes diversités de l'agriculture et de l'industrie, du paysan et de l'artisan, ne formait pas un *ordre*, un quatrième ordre, il avait son organisation, ses lois particulières, ses *privilèges* dans les corporations en chaque ville et les communautés dans les campagnes : il avait une large part d'action dans la vie communale ; si bien que ce mot de *Communes* réveille toujours en lui, non pas bien juste et bien comprise, mais tumultueuse et fausse, une pensée de liberté et de pouvoir.

Sans doute cette Constitution française, en se développant à travers les siècles, passant de la conquête et des époques rudes et premières à la gloire de Charlemagne, à ses capitulaires et à l'influence des idées chrétiennes, organisant ensuite les rangs féodaux, la chevalerie et les communes ; perfectionnant la ruche nationale sous l'impulsion des papes, de l'épiscopat et de la royauté, établissant ses grandeurs par l'éclat des armes et le progrès des lois, sans doute cette Constitution avait vu des luttes d'intérêts et certains intérêts prédominer plus ou moins abusivement sur d'autres. Son histoire générale s'était composée de la variation et de la marche de ces intérêts ou la royauté surtout avait suivi une marche ascendante et pris une grandeur, une puissance trop peu contenues ; mais rien ne semblait avoir disjoint les intérêts au point de disloquer l'ensemble, et la Constitution française en ses grandes lignes, clergé, noblesse, tiers-état et corporations, comme dans ses grandes institutions, royauté, états provinciaux ou assises, états généraux et parlements, tout cela dans un mouvement d'unité au dedans et d'influence au dehors qui, depuis les croisades jusqu'à Louis XIV, avait fait à la France une si grande place dans le monde, la

Constitution française était plus que visible, et tracée à larges traits, elle était éclatante !

Qu'un rêveur philosophique, supprimant christianisme, institutions, histoire, et, rompant avec quatorze siècles de civilisation moderne, pour remonter à Numa et à Lycurgue, ait imaginé de faire table rase de tout, et d'attribuer le mot de Constitution a une seule chose, une dictée toute neuve de lois sociales et politiques; on sait le nom qui a eu cet orgueil.

Que des milliers de vanités soient entrées dans cet orgueil comme dans un rôle utile et grand, on l'a vu : cela a été le débordement des idées ! Ce courant toutefois n'aurait pas eu tant de force s'il n'avait porté avec lui, et en lui, outre les vanités gonflées, le débordement des intérêts.

Mais que pour légitimer ces Constitutions neuves, on ait refusé le nom de Constitution à la Constitution antique, élaborée par toute notre histoire nationale vivante et merveilleuse, c'est là le point de départ coupable et néfaste de la Révolution : cette ancienne et monumentale Constitution française, on ne pouvait la nier ; on la nia !

Thiers, dans une note appendice (T. Ier, *Rév. fr.*), reconnaît la gravité de cette question : « La France avait-elle une Constitution ? car, dit-il, c'est l'absence d'une loi fondamentale qui nous justifie d'avoir voulu nous en donner une. » Et, en effet, si la France avait une Constitution, il y avait à la réformer, à la perfectionner et non pas à en faire une toute nouvelle. — Dans cette note, Thiers donne pour réponse un discours de M. Lally-Tolendal énumérant les réformes à faire et demandées par les cahiers. Mais les députés n'auraient été ainsi que des députés législateurs, parlant au nom de leurs mandats, et non des constituants parlant au nom de pouvoirs supérieurs à la nation. On voulait être constituants, constituants suprêmes.

Dans le livre Ier de son Histoire, ce n'est pas même d'une manière sérieuse, c'est avec un simple persiflage que Thiers déclare : « La France manquait de Constitution. Si l'on appelle
« ainsi toute espèce de rapports entre les gouvernés et le gou-
« vernement, sans doute la France possédait une Constitution.

« Un roi avait commandé et des sujets obéi. Des ministres « avaient emprisonné arbitrairement; des traitants avaient « perçu les deniers du peuple; des parlements avaient con-« damné des malheureux à la roue; les peuples les plus bar-« bares ont de ces espèces de Constitution. » — C'est en ces termes que M. Thiers biffe la Constitution de l'ancienne France.

Je ne sais pas si les peuples les plus barbares ont de ces *espèces* de Constitutions; mais avec l'*espèce* qu'elle avait, la France était à la tête de l'Europe et du monde civilisé : c'était une Constitution, ce semble, assez belle, assez vivace et forte.

Que dire alors de la Constitution de 1791, qui ne dura pas une année, et que ses plus célèbres auteurs, un peu désabusés et sous la direction de Mirabeau, avaient le projet très arrêté de modifier et d'annuler en partie avant qu'elle arrivât à sanction. Ce projet fut brisé par la mort de Mirabeau (Thiers, liv. IV.); mais cette Constitution que d'avance ils jugeaient non viable, en effet ne put vivre.

Que dire de la Constitution de 1793 ? Hélas ! les peuples les plus barbares ont de ces espèces de Constitutions qui règnent par la terreur et se noient dans le sang !

Que dire enfin de toutes nos Constitutions qu'on juge toujours à refaire, sinon qu'au-dessus d'elle persiste le fond de l'ancienne Constitution française, qui garde la vitalité de la France ; Constitution sociale et chrétienne, Constitution d'un peuple libre qui s'appelait le peuple franc, et qui conserve les qualités anciennes, par lesquelles se signalaient et se signalent encore les diverses classes de la nation.

Ce que la Nation en 1789 voulait donc et avait déclaré par ses cahiers « c'était la réforme de l'Etat », dit M. Thiers. Mais si le génie de Mirabeau avait compris que sur le terrain politique on avait, et lui le premier, dépassé de bien loin le but ; il ne comprenait pas que sur le terrain religieux, on avait, et lui le premier, dépassé le but encore bien davantage. Ne fut-il pas mort au milieu de ses projets, il était au-dessus de sa puissance, il n'était plus de la puissance humaine de revenir à la voie des réformes : on avait couru trop éperduement dans la voie de la Révolution.

Cette Révolution ne dépassait pas les idées et les théories ; mais pour le Tiers-Etat lui-même elle avait dépassé prévisions et espérances.

Réalisée en trois mois ! disent les historiens panégyristes, j'exhausse encore le panégyrique. Ce ne fut pas en trois mois, ce fut à vrai dire en un jour.

Les trois mois furent employés au déblaiement de l'édifice ; mais en un jour, celui où au lieu des trois ordres, des trois assemblées de représentants qui formaient les Etats-Généraux, il y eut devant les injonctions du Tiers-Etat, capitulation de deux ordres, des deux assemblées du Clergé et de la Noblesse, et de plus en même temps capitulation de la Royauté ; ce jour-là la Révolution fut faite.

Le jour où il n'y eut plus qu'une seule assemblée qui se nomma Assemblée Nationale, c'est-à-dire, concentrant en elle toute la Nation ; et qui en outre se déclara Assemblée Constituante, c'est-à-dire maitresse de la nation même et de ses destinées ; ce jour-là effaça d'un seul trait les institutions précédentes, et tomba tout entier le majestueux édifice, dont le peuple était la base, dont les trois ordres étaient les colonnes, et dont la royauté était la clef de voûte.

Ce jour-là s'effondra la Constitution de l'ancienne France.

Le jour où s'anéantirent après une courte résistance, pire qu'une abdication spontanée, car elle montra à tous qu'elle était la faiblesse du Roi, et à quels reniements pouvaient descendre le Clergé et la Noblesse ; le jour où le Roi et les deux pouvoirs du Clergé et de la Noblesse, s'abandonnèrent eux-mêmes ; tout fut abandonné à la fois et d'un seul coup.

Les intérêts nationaux que la Nation avait à modifier, mais à préserver pour elle-même ; à améliorer, mais à maintenir ; institutions religieuses, institution royale, organisation des sommités sociales, organisation des intérêts populaires ; tout s'anéantit avec les pouvoirs qui en étaient la représentation.

Comment ces pouvoirs réguliers, légaux et *constitutionnels* (ancienne Constitution française) maintenus et délégués par des élections vraiment Nationales, purent-ils en un jour abdiquer leurs droits, et plus que leurs droits, leur mission sociale ?

Comment le Tiers-Etat put-il demander au nom de la Nation, à la Nation entière sauf lui, de se remettre entre ses mains ? cette page extraordinaire dans l'histoire a son explication théorique dans les idées de *constituants suprêmes* et de *souveraineté du Peuple* : elle a aussi son explication dans l'ambition intéressée du Tiers-Etat.

Car tandis que le Tiers-Etat usurpant ce nom du Peuple, demandait à tous le sacrifice et l'abandon des intérêts spéciaux, nationaux et particuliers afférents aux diverses classes de la Nation, alors et depuis a-t-il laissé ses intérêts à lui s'absorber, avec les autres dans l'intérêt unique de la Nation? les histoires faites à son éloge l'ont proclamé ainsi : mais telle n'est pas l'histoire que le temps et l'étude éclairciront de plus en plus ; et les réclamations populaires contredisent depuis longtemps cet éloge du Tiers-Etat par lui-même. Le Tiers-Etat n'absorba pas ses intérêts dans l'intérêt de la Nation ; il absorba les intérêts nationaux dans le sien.

Ce que la Royauté avait fait en subordonnant tout à elle, le Tiers-Etat l'a fait plus entièrement et plus révolutionnairement, il a tout subordonné à lui.

C'est le maintien des intérêts et des prétentions exclusives du Tiers-Etat ou Bourgeoisie, qui depuis 1789, est en grande partie le fond de notre histoire politique, et produit ce conflit socialiste, et ce trouble continu qui agitent si profondément notre époque.

CHAPITRE III.

DROITS ET DEVOIRS. — ROYAUTÉ, CLERGÉ, NOBLESSE.

§ 1er.

Droits et Devoirs.

Le xviiie siècle, nous l'avons dit, a résumé l'expression de ses idées les plus générales, et qui lui semblaient les plus neuves, dans la Déclaration des droits de l'homme et du citoyen, et n'a pas songé aux devoirs.

Or l'oubli des devoirs a bien été, en effet, la marque caractéristique de cette époque, et la cause profonde des événements de la Révolution.

Il n'en pouvait être autrement dès lors que ce siècle abandonnait la religion pour la philosophie : car toute philosophie s'occupe surtout des droits de la raison et de la science ; et lors même qu'elle s'occuperait des devoirs, elle n'a aucune sanction qui les fasse remplir.

Dans la famille, société première, les devoirs de l'homme de protéger, nourrir sa femme, la recevoir chez lui, de nourrir et d'élever ses enfants, sont la base de ses droits, de son autorité. Il en est de même des droits de la femme dans la communauté ; ils sont basés sur ses devoirs.

Le Christianisme n'a pas imaginé une théorie des droits, sans y joindre la théorie des devoirs. C'est ainsi sur les devoirs que se basent les droits. Pour chaque individu, comme pour chaque fonction, il y a une série de devoirs correspondant à la grandeur des droits ; devoirs dont la rigueur dépasse parfois les avantages que les droits peuvent donner, et en tout cas impose de graves responsabilités.

Le Christianisme n'avait pas attendu la théorie de la *rémunération sociale, à proportion des services rendus*, pour assigner à chacun d'une manière précise, sa part de droits et de devoirs.

Sans doute, la tendance personnelle nous porte tous à agrandir les uns à notre profit, et à manquer souvent aux autres; mais jusqu'au xviiie siècle, l'idée des devoirs était la base fondamentale de la société chrétienne. Le xviiie siècle sut la déraciner des sentiments, des mœurs, du sein des institutions sociales, et de la famille elle-même.

Je n'ai pas à m'arrêter aux mœurs : assez d'autres, indulgents dans la critique, se complaisent à admirer et à dépeindre cette société polie, élégante, spirituelle, frondeuse, légère et sceptique ; ces conversations pétillantes d'esprit, de raillerie, d'amabilité et d'irréligion ; ces salons, où le ton, les manières distinguées, et l'art de tout dire, recouvraient la licence des pensées, des sentiments et de la conduite ; société que nulle, dit-on, n'égala en séductions, car tout n'y tendait qu'au plaisir, aux jouissances de la vie. — Pour ne troubler sa pensée de rien à l'égard de ce monde, on y supposait l'homme bon et sensible par nature ; le peuple vertueux, et tout entier à ses goûts doux et champêtres. — Pour ne troubler sa pensée de rien à l'égard du monde futur, on se riait des prescriptions chrétiennes. Les uns rayaient de toute croyance Dieu et le Christ : les autres, s'ils admettaient un être suprême, ne le supposaient pas occupé de nos minimes personnes : on le rayait de toute participation aux choses humaines, on rayait toute sanction future au sujet de commandements divins, surtout ces mythes impossibles : châtiments, enfers et démons.

Et voilà que d'une manière bien inattendue et bien peu conforme aux aimables théories, l'homme bon, le peuple doux et vertueux, les pasteurs de l'églogue se trouvèrent soudain transformés, et qu'on vit apparaitre, dès ce monde et pour les vivants de ce xviiie siècle, les démons, l'enfer et les supplices de la Révolution. Quelle fin d'un rêve enchanteur !

Hélas! avec quelque charme de détails qu'on trace le tableau de la société au xviiie siècle, il faut arriver à cette fin lamentable et fatale.

Qu'on voie ces délicieux portraits de femmes de Vigée Lebrun, Boucher, Fragonard et Greuze, ou les danses sous les ombrages des bergers et bergères de Wateau, malgré soi s'évoquent les images de la Conciergerie, des juges, des geôliers, des bourreaux ; et puis les images de tant de pâles victimes auxquelles on ne peut songer sans frémir.

Ah! pour nombre de ces victimes, l'idée et le sentiment des devoirs, la grandeur et la force du devoir chrétien ont marqué dans leur vie, ou éclaté dans leur mort; mais enfin dans cette société qui séduit encore ses narrateurs, droits et devoirs dans l'ordre moral et privé en étaient à ce point, qu'on abandonnait légèrement tous les droits pour n'avoir pas à se préoccuper des devoirs ; et dans l'ordre public il en fût de même : partout l'oblitération des droits et la méconnaissance des devoirs !

Si le Tiers-État peut accaparer tous les droits, c'est que durant le xviiie siècle, royauté, clergé, noblesse avaient perdu en grande partie, l'idée de leurs devoirs. Quand vint la Révolution, leur inhabileté à défendre leurs droits, fut moins grande encore que leur inaptitude et leur défaillance à remplir leurs devoirs.

§ 2.

Royauté.

Louis XIV, plusieurs l'ont déjà dit, a été le grand préparateur de la Révolution, par la centralisation puissante, et les rouages administratifs qu'il substitua aux gouvernements princiers, seigneuriaux et provinciaux de la France.

Louis XIV a transmis à la Révolution une noblesse désarmée, et dont il ne restait plus qu'à achever la ruine ; un clergé déjà détaché à demi de son centre catholique ; des institutions anciennes, mais dénaturées, asservies ou mises en oubli.

Frappé dans sa jeunesse des troubles de la fronde, ce roi si remarquable par la fermeté et la suite constante de ses desseins et de ses idées, et par là fixé jusqu'à l'excès dans ses impressions premières, poursuivit naturellement et au delà du nécessaire, la politique de Richelieu et de Mazarin ; à savoir : l'anéantissement des pouvoirs de résistance dans la Noblesse, et l'anéantissement aussi des indépendances et des luttes dans la Religion.

Les guerres civiles religieuses du XVIe siècle, et les guerroiement des princes et grands seigneurs, tout récents encore contre la royauté, ne cessèrent de préoccuper sa pensée.

Les restes bien déchus et qui n'étaient plus guères à craindre des puissances féodales, il les détruisit jusque dans les monuments qui en subsistaient encore. Il mit en ruines non seulement les forteresses déjà démantelées, qui pouvaient rester et que nous regrettons comme ornements des sommets, comme témoins curieux et imposants des âges passés, mais nombre de châteaux qui avaient encore des tours orgueilleuses. Louis XIV a détruit autant de châteaux que la Révolution. La Révolution a surtout détruit abbayes et églises.

Le Protestantisme avait été abattu par Richelieu. Louis XIV en l'écrasant par l'oppression et par la révocation de l'édit de Nantes, suscita d'abord la guerre des Cévennes, rendit nécessaire les répressions violentes, et en fin de compte ne fit que ranimer des haines vivaces qui ont persisté, et qui ont éclaté à la Révolution.

Dans la réprobation du jansénisme, s'il a été jusqu'à raser église et monastère de Port-Royal, il ne fit également par là que rendre plus obstiné au fond des cœurs ce jansénisme couvé tout un siècle pour déborder aussi à la Révolution : et en même temps qu'il semblait agir dans un zèle ardent de catholicisme, il attaquait le catholicisme dans sa base, en faisant de son pouvoir royal, un pouvoir rival de celui du Pape et de l'Église ; il menait l'Église nationale de France, jusqu'à ce point extrême, où elle n'avait plus qu'à faire un pas pour devenir l'Église constitutionnelle de la Révolution.

Aujourd'hui encore, on remonte aux édits de Louis XIV pour contredire à la papauté, au catholicisme, à la liberté religieuse.

Louis XIV, par les ministères, les intendances, l'administration, les finances, avait mis les pouvoirs publics aux mains du Tiers-Etat : le Tiers-Etat à la Révolution n'eut plus qu'à faire évanouir les ombres dorées et seigneuriales qui semblaient encore avoir part à une puissance qu'elles n'avaient plus.

Non seulement Louis XIV avait ôté tout pouvoir à la noblesse et à peu près tout pouvoir au clergé ; non seulement depuis lui, clergé et noblesse n'avaient plus à exercer comme *ordres* de pouvoirs représentatifs ; tandis qu'il avait concentré en lui seul la représentation de la nation ; mais pour anéantir entièrement la noblesse, il l'avait avilie ! il avait abaissé nobles et seigneurs au rôle de courtisans. Otant toute influence sérieuse à chaque petit noble de province, vis-à-vis des délégués et subdélégués du roi, il ôtait aux grands seigneurs toute dignité en les rendant soumis à la faveur royale ; il les abaissa jusqu'à l'avidité des dons et des munificences du roi. Il avait détruit le ressort de la noblesse, la fierté et l'indépendance des âmes !

De même à l'égard du clergé. Là, si le Christianisme luttait encore pour la dignité de la foi et de la conscience, pour la puissance morale du prêtre et de son ministère, la feuille des bénéfices, les munificences et les faveurs luttaient pour abaisser l'épiscopat et le clergé, aussi bien que les grands seigneurs et les nobles.

Cette grande royauté de Louis XIV, au lieu d'honorer les institutions qui avaient été les étais de la Royauté, qui avaient formé et illustré la patrie ; au lieu de s'appuyer sur elles en réglant leur action et leur force, ne fit œuvre que de les détruire: elle ne songea plus dans son orgueil qu'à se faire un palais, une puissance, une gloire sans pareils, et dont le soleil seul pût être la devise.

Mais l'éclat que le roi avait donné à ses amours coupables, la superbe avec laquelle il avait foulé aux pieds les lois divines et humaines sur l'illégitimité des enfants de l'adultère, montraient déjà l'abîme d'immoralité où allait tomber la royauté; la pénurie, le recours aux traitants, le trafic des institutions encore subsistantes, telles que les charges communales, montrèrent aussi, quand vinrent les revers des dernières années, le désordre financier où pouvait sombrer cette omnipotence royale.

Eh bien, malgré tout, cette royauté de Louis XIV est restée grande, et ce roi est resté grand, parce que, même au milieu de ses fautes, Louis XIV a gardé toujours l'idée et le sentiment du devoir.

Il avait l'idée des grands devoirs de la royauté envers le pays, envers le peuple. Pour sauver la France et son honneur, il disait : Je monterai à cheval, je traverserai Paris, faisant appel au peuple, et le peuple me suivra au combat, à la mort.

Il avait gardé l'idée que devant Dieu et devant les hommes, la royauté avait une responsabilité en proportion de ses grandeurs. Les devoirs de roi étaient l'objet constant de ses préoccupations religieuses et politique. La dignité de son âme et de son caractère, qui se montra si ferme dans les épreuves, était fondée sur l'idée du devoir social qu'il cherchait à remplir et qui lui paraissait attaché à la royauté. Il croyait à la légitimité de tous les droits qu'il avait réunis entre ses mains, il y croyait par l'ampleur des devoirs qu'il avait assumés, et dont il avait la lourde charge. En un mot, l'idée du devoir royal ne le quitta jamais, et par là il a mérité d'illustrer son règne et son époque.

Mais après le grand règne, vinrent le Régent, et Dubois, et Louis XV. Alors les maîtresses royales, à mesure qu'elles croissaient en richesses prodiguées et en influence politique, décroissaient par les sentiments et la situation jusqu'à la Dubarry : alors la royauté, ne sachant plus user de tous les droits accaparés par elle, mania et remania des institutions dont elle ne se rendait plus compte, se heurta aux débris qui en restaient, tels que les parlements, et les discrédita en se discréditant elle-même :

alors elle agrandit les abus de la fiscalité et de l'agiotage jusqu'à la banqueroute.

Cette royauté, dont Frédéric-le-Grand disait, sans doute par raillerie, et pour préciser sa décadence, qu'il ne devrait pas se tirer un coup de fusil en Europe sans sa permission, laissait Frédéric et ses voisins, sans sa permission et sans qu'elle en prit cure, démembrer et se partager la Pologne. Accablée sous la grandeur de ses droits, cette royauté tomba d'une chute si profonde, parce qu'elle n'avait plus gardé l'idée ni de ses devoirs, ni de la mission de la France dans le monde catholique.

Elle n'eut plus de dignité, car c'est l'idée du devoir qui fait la dignité de la conduite. Pénétrée par le philosophisme, avec des ministres voltairiens, et l'immoralité débordant en elle et autour d'elle, cette royauté n'avait plus souci de ses devoirs, ni au dehors, ni au dedans, et Louis XV se bornait à dire : Après moi le déluge!

Voilà que cette royauté oublieuse du devoir, se transmet à un roi qui avait au plus haut degré l'idée du devoir, tout prêt à limiter lui-même des droits qu'il trouvait établis sans limites. Roi chrétien, roi idéal semble-t-il, venu à l'heure marquée pour réparer les fautes royales du passé dans la conduite privée, pour borner l'excès royal dans la puissance publique. S'il eut eu la fermeté politique et le tempérament martial de ce saint Louis, dont le nom pût être rappelé à sa mort, Louis XVI eut sans doute opéré les réformes nécessaires au-devant desquelles il allait le premier : mais comme roi chrétien, ne pouvant et ne voulant pas renier le catholicisme, que le XVIIIe siècle voulait détruire, et n'ayant pas la force de le défendre, il devait arriver que le catholicisme et lui fussent martyrs. La Révolution était bien fatale, puisque ce roi, par les vertus mêmes qui devaient la faire éviter, ne fit que la hâter, la rendre inévitable.

Trois idées de l'époque étaient entrées dans son esprit : celle de l'homme bon, celle de l'empire de la raison, celle du peuple affectueux, reconnaissant et doux. Avec ces trois idées jointes à la faiblesse du caractère, ce roi infortuné ne pouvait arriver aux résistances viriles, et par ses trois grandes vertus, désintéressement personnel, amour du peuple et conscience du devoir, il n'aboutit qu'au manque d'énergie. L'idée du devoir ne put s'élever en lui jusqu'à ce premier devoir royal, de résister à l'anarchie, de réprimer le désordre des factions, d'empêcher le renversement de tous les droits et de toutes les institutions.

Il eut bien la pensée de remplir ce devoir, mais cela ne le conduisit qu'à des velléités bientôt abandonnées, à la suite desquelles il ne restait que le découragement de ses soutiens et l'exaltation triomphante de ses ennemis.

Tel fut, avec des conséquences irremédiables, son premier sentiment de résistance à l'usurpation de tous les pouvoirs représentatifs par le Tiers-Etat. Cette entreprise, qui à elle seule révolutionnait tout, fut comprise dans sa portée par quelques-uns des conseillers de la royauté, et par le roi dont la justesse d'esprit a été bien souvent remarquable. Aussi voulut-il résister, mais d'une volonté incertaine et flottante entre le devoir consciencieux d'abandonner une part de ses pouvoirs, et le devoir royal de maintenir les droits nationaux établis par les siècles, intérêts généraux, intérêts sociaux, base de la nation même.

La royauté, en résistant avec énergie au Tiers-Etat, eût rendu service au Tiers-Etat lui-même, qui fut entraîné à la Révolution extrême, à la République au delà de ses vues, puis aux excès de 93 ; toutes choses que furent la logique de la Révolution et de ses théories, mais qui n'étaient d'abord ni dans les désirs du Tiers-Etat, ni dans ses premiers desseins.

Le roi songeait aux intérêts du peuple ; il ne cessa dans ses discours de rappeler cette obligation qu'il avait de veiller aux destins du peuple : « Ce bon peuple, disait-il, qui m'est si cher
« et dont on m'assure que je suis aimé, quand on veut me
« consoler de mes peines. » Il trouvait ainsi des paroles émues et qui plus d'une fois suscitèrent les acclamations même des assemblées. En même temps il montrait combien il était nécessaire de ne pas démanteler l'autorité royale, si l'on voulait assurer à la fois le bonheur public et la stabilité des institutions. (Disc. 4 février 1790).

Mais lorsque, pendant plus de deux années, il fit entendre

ses remontrances et ses sentiments de prince éclairé, et d'honnête homme, à des assemblées devenues souveraines, en fait il n'y avait plus de royauté, il n'en restait que des apparences. Le pouvoir d'être utile au peuple et d'assurer la tranquillité publique, il l'avait abandonné au Tiers-État, du jour où il avait laissé se former une Assemblée unique, nationale et constituante, devant laquelle tous autres pouvoirs avaient sombré.

Dès lors, les paroles du roi ne sont plus que des supplications. Sa déchéance s'adresse en secret à tels ou tels qu'il croit les puissants du jour, comme était Mirabeau, pour l'aider à se relever ; appuis inutiles, en qui il ne peut avoir confiance. La reine témoin le plus intime et le plus éploré de cette faiblesse, va de plus loin en plus loin dans cette recherche désespérée d'appuis incapables, impuissants ou menteurs ; elle va jusqu'à Danton !

Hélas ! chercher pour étais quelques individualités, lorsque depuis un siècle étaient avilis et brisés les étais puissants de la monarchie ; et lorsque dans une crise suprême on n'a pas songé à s'étayer sur le peuple tout entier contre une seule partie de la nation ; puis recourir à une fuite mal conçue, mal dirigée, fatale, après que Mirabeau avait conseillé et tracé le plan pour sortir la tête haute de Paris, non en fugitif, mais en roi français et libre, et vers ces régions de l'ouest où se gardait l'esprit français et chrétien ; enfin être ramenée prisonnière, pour que la prison d'abord en son palais, devint ensuite celle du Temple, et n'ouvrit plus ses portes que pour aller à l'échafaud ; si la royauté est arrivée là, avec un roi de telles vertus et une reine d'un tel charme, les déductions de la logique, de la pyschologie, et de l'histoire, ne suffisent pas à tout expliquer et à tout comprendre.

Expiation des royautés précédentes ; victimes désignées pour le sacrifice et qui sont méritoires ; immolations nécessaires pour le rachat et la preuve des grandes erreurs ; châtiments immenses, effrayants, inattendus, pour des culpabilités immenses et collectives ; transformations sociales bien au delà des prévisions, ou même fort opposées aux théories premières ; vues providentielles dont la marche des événements développe le sens et la grandeur; nous avons à les signaler encore dans la Révolution à l'égard du clergé et de la noblesse?

§ 3.

Clergé.

La Révolution, consciente de son œuvre, a été une meule qui a broyé royauté, clergé, noblesse; mais inconsciente des destins supérieurs, elle a été surtout un crible; et quand au clergé, elle a répondu à ces paroles de Jésus-Christ à Pierre : — Satan a demandé de te cribler, mais j'ai prié pour que tu ne défailles pas. — L'Église française n'était pas l'église même de Pierre, et elle a défailli jusqu'au schisme constitutionnel, et jusqu'aux apostasies. Toutefois, cette église avait été depuis la naissance même de la France constamment catholique, elle avait jusque-là gardé son titre de fille aînée de l'église; et pour ses mérites passés, et pour ceux qu'elle avait encore en elle, tout en la faisant passer par des épreuves et des expiations nécessaires, Jésus-Christ, a sans doute prié pour elle; car si elle a été abandonnée jusqu'aux extrêmes défaillances, elle a par son sang et des souffrances extrêmes donné de magnifiques témoignages de la foi et des vertus qui restaient dans son sein. Ses martyrs sur le sol natal ont fait germer une nouvelle semence de prêtres et de saints, préparé sa résurrection forte et purifiée; et ses exilés demi-martyrs ont porté au loin l'exemple d'une fermeté; le zèle d'une action catholique, qui ont largement fructifié en Angleterre et dans le Nouveau-Monde.

Mais enfin Satan avait été laissé maître de passer le clergé français au crible, avec sa violence infernale; et l'on peut dire, hélas, que cela était mérité et devait être.

La royauté avait grandement contribué à abaisser le clergé,

à éteindre son action devant la sienne, et à le perdre dans les abus de la richesse et des faveurs. Le clergé, néanmoins, différent de la noblesse entièrement annulée, avait des inspirations et des directions fort entravées, il est vrai, par les pouvoirs civils, mais qui toutefois devaient lui garder une force éclairée, influente, spéciale. Il avait où chercher, où puiser une vitalité qui ne devait pas s'allanguir et tomber comme celle de la noblesse; il avait sa mission résultant de son existence même, et qui est de garder non seulement sa vitalité chrétienne, mais de garder celle des autres. Ce corps formé par des liens indissolubles, habitué à la parole et à la direction des âmes, formé à la controverse, et qui de plus avait ses organes, et ne pouvait pas, ce semble, être facilement désagrégé, avait même gardé un pouvoir représentatif de ses intérêts et de lui-même; il avait des assemblées qui maintenaient son action; il aurait dû être tout prêt pour un grand rôle dans les états généraux de la France.

Parmi ses membres, il pouvait, il devait y avoir des éminences intellectuelles et même politiques capables de reprendre le rôle des Suger, des Richelieu ou du moins des Mazarin. En effet il y avait un homme qui, pour la souplesse, la finesse, les talents et l'habileté, aurait pu être un Mazarin, mais qui porta tout cela à la Révolution, en y mettant le scandale d'un évêque rénégat, toujours prêt en tout et vis-à-vis de tous à renier, et qui allait débuter en reniant ses titres de naissance et de catholicisme; le fameux et versatile Talleyrand. Louis XVI cherchant dans le clergé un Richelieu, ne trouva qu'un incapable et un prodigue, Loménie de Brienne.

Le clergé du XVIII° siècle sans être dénué de science, de talents et de quelques noms mémorables, apparaît comme par une condamnation anticipée, et par suite de ses dépendances politiques, apparaît déchoir et perdre ses grands évêques, ses saints et son éclat, à mesure que se répand le faux éclat du philosophisme. La lutte de la vérité contre l'erreur peut bien rencontrer un orateur véhément et clairvoyant comme Bridaine, mais en général elle est terne, faible, insuffisante, elle n'a plus d'assurance en elle-même ; les grands ressorts lui manquent ; ils sont annihilés, étouffés sous l'esprit et les habitudes du monde.

Le Monde ! cette influence, ces maximes et ces biens contre lesquels l'Évangile s'applique à prémunir l'esprit chrétien, le Monde a cerné, envahi de tous côtés l'Église française. Dans les sommités épiscopales surtout, et aux degrés inférieurs, le philosophisme et ses incrédulités ont pénétré des esprits préparés par l'immoralité de la conduite et par les molles jouissances de la richesse. Ce monde qui énerve et dégrade, c'est le monde du xviiie siècle ; le pire de ces mondes séducteurs qui, toutes fleurs à la surface, cachent les abîmes où l'on va s'engloutir.

Ce siècle voit l'habit ecclésiastique devenu un habit tout mondain, vêtir ces abbés poudrés, musqués, inconnus jusque-là, dont l'emploi consiste à courir boudoirs et salons, à converser avec les dames, à composer et débiter des vers, des couplets galants, et à jouer aux petits jeux, au Colin-Maillard, comme dans le tableau de Wateau, reproduit en belles tapisseries.

A la suite de tous ces abbés d'esprit et de plaisirs, qui sont de toutes les parties et qu'on fait poser, comme un ajouté agréable dans les tableaux de famille, viendront des abbés philosophes comme l'abbé Galiani et des abbés politiques comme l'abbé Siéyès, pour rédiger et formuler les ambitions et les théories du Tiers-État.

La sève catholique, cette sève qui, à chaque époque, produit des institutions merveilleuses de dévouement, de prière ou de science ne sera pas tarie en France, mais amoindrie. Les anciens ordres eux-mêmes s'allanguissent ; leurs monastères se dépeuplent, de grands revenus ne sont plus affectés qu'à des cloîtres parfois presque déserts.

Pendant que les vices et le faste de la noblesse se sont emparés des hautes dignités du clergé et brillent à la cour où ils scandalisent, moins que dans les résidences ; des abbayes fort mondaines pour les religieuses, des chapitres de noblesse fort agréables pour les chanoinesses, ne donnent que l'exemple d'une heureuse et facile existence.

Les prieurés, les revenus d'anciens monastères délaissés, les prébendes entretiennent, dans une vie oisive et festinante, leurs titulaires favorisés : ce sont des remplaçants nommés sacristains à portion congrue, et le clergé inférieur des villes et campagnes qui est chargé de remplir les fonctions et de garder, s'il se peut, la foi chrétienne en lui et autour de lui. Déjà beaucoup ne l'entretiennent guères au dehors, ne l'ayant plus au-dedans d'eux-mêmes.

Enfin, si les biens de l'Eglise et des couvents servent encore en partie à des charges pieuses et au secours des pauvres, comme on l'attestera plus d'une fois lorsqu'on viendra dépouiller églises et couvents, ravir les biens et amener par là des misères locales ; ces biens frappent surtout l'attention par le luxe et les mauvaises dépenses qu'ils alimentent. Un procès, comme celui du collier, viendra faire éclater les scandales.

Si donc il reste admirable que dans un tel état de l'Église française, il se soit conservé dans le clergé, comme dans les populations, des vertus et une foi qui produiront, au nom de la religion catholique, des manifestations immenses par le nombre et sublimes par le courage ; il n'en reste pas moins vrai que cette Église et ce clergé avaient besoin d'être passés au crible, et que, dans sa colère et sa justice, Dieu les livra au crible terrible de la Révolution. Ils s'y livrèrent eux-mêmes et sans délai.

Ce fut aux premiers jours des États Généraux qu'on vit l'ordre du clergé, l'assemblée respectable qui devait, comme à tous les États Généraux précédents, être la médiatrice et la modératrice entre les deux autres assemblées, ayant cette fois oubli d'elle-même, s'affaisser, se rompre, s'évanouir, et rendre, presque forcée par sa défection, celle de la noblesse.

On explique cet effondrement par la division que de hautes naissances et de grandes richesses, apanages des prélats, et par suite leur fierté et leur absolutisme, avaient mise entre eux et le clergé inférieur, issu du tiers-état et du peuple. Sans doute, il y a là une des explications, et ce fut surtout le bas clergé qui alla se rendre au tiers et entraîna le reste.

On a ajouté que les sommités dans le clergé n'étaient pas jansénistes, et que le clergé inférieur, comme les parlements dont il portait le rabat, était en partie janséniste. Chose malheureuse! car les mœurs de trop de prélats appuyaient cette pensée qu'ils étaient de la doctrine la plus facile, et ils nuisaient ainsi à la morale et à la vérité religieuse. Les jansénistes se targuaient de vertus et de doctrines plus sévères. C'est pourtant de ce côté que la Révolution a trouvé ses adhérents et des doctrines promptes au schisme et aux reniements; l'abbé Grégoire et dix curés jansénistes avec lui quittèrent l'assemblée du clergé à la première injonction du tiers-état; tandis que de l'autre côté elle a trouvé les fortes résistances jusqu'à la mort. Enfin, ces causes-là avaient, il est vrai, altéré profondément l'unité de la foi et l'union des membres du clergé.

Mais qu'aussitôt après sa réunion en assemblée, ce clergé ait renoncé à son être, et que se ralliant à l'omnipotence du tiers-état, il n'ait pas compris qu'il se perdait plus que tout autre dans le nombre; qu'il y perdait la puissance de sa voix, de sa doctrine et de sa prépondérance morale; qu'il perdait sa force comme pouvoir public et comme sacerdoce; qu'il livrait au philosophisme, à l'impiété ennemie, à la foule, non pas seulement ses intérêts et ses personnes, mais la religion tout entière; cela ne s'explique pas suffisamment, si l'on ne remarque pas dans le clergé comme partout l'influence des idées antiques et païennes qui avaient abâtardi le sens chrétien, et cet oubli, cette méconnaissance des devoirs, qui étaient le dissolvant de l'époque.

L'oubli des devoirs, d'abord des devoirs particuliers pour chacun, devoirs si graves et si nécessaires pour les membres du clergé; puis l'oubli et la méconnaissance de ces grands devoirs collectifs auxquels c'était renoncer de soi-même que d'abdiquer le pouvoir de les remplir.

Être le pouvoir moral et religieux d'une nation catholique; pour assurer cette action, être constitué comme l'un des pouvoirs de l'Etat, et, à ce titre, avoir le droit et le moyen de concourir puissamment à tout ce qui peut développer l'amélioration politique et religieuse et le progrès social ; avoir même pour mission spéciale l'intérêt du peuple, et de protéger contre tous autres l'intérêt des pauvres, des assujettis ; et quand on a de fait et de droit le moyen de remplir cette mission tutélaire, ne pas la garder ; abandonner ces intérêts sacrés à la discrétion d'un tiers-état, d'une classe, d'un nombre d'hommes qui n'est pas le peuple et qui a des intérêts tous autres ; ne plus se souvenir que le titre recherché de l'Église et de ses pasteurs, a toujours été celui de *défenseur*; défenseur des opprimés! au lieu de cela se livrer soi-même sans défense, parce qu'on a oublié le devoir de défendre les autres ! jamais on n'eut vu pareil abandon de l'Évangile et du peuple, si ce clergé n'avait pas eu depuis longtemps perdu l'esprit et le sentiment de ses devoirs ; s'il n'avait été frappé de vertige et d'erreur, s'il n'avait été condamné à se condamner ainsi lui-même.

Les suites de cette condamnation ont été effrayantes, et ne se firent guère attendre. Des voix éloquentes comme celle de l'abbé Maury qui auraient pu avoir une grande puissance dans l'assemblée du clergé, et de là, influencer les autres assemblées, retentirent en vain dans l'assemblée unique, où dominaient les passions anti-catholiques et les systèmes païens.

Le Tiers-Etat traita de la théologie et du dogme, puisque le clergé lui avait passé son rôle ; et cette théologie fut l'établissement d'une église schismatique et désordonnée ; le dogme fut celui d'une église nationale et constitutionnelle, qui trouva des laïques, comme Mirabeau, des évêques comme Talleyrand, des curés comme Grégoire, des jansénistes comme Camus, et des abbés comme Siéyès, pour en faire une loi de l'Etat.

Vinrent ensuite les moines républicains et terroristes comme Chabot et Fouché, les religieux et religieuses reniant leurs vœux, des prêtres reniant leur sacerdoce, tout cela au milieu des débris des grandes églises et des vénérables cloîtres dévastés, dépouillés, profanés ; les biens ecclésiastiques, ces biens dont il avait été fait abus, confisqués avec injustice de la part des hommes, mais par une juste punition de la part de Dieu ; et alors tout à expier, à purifier et à régénérer par le sang des victimes.

Voilà ce qui fut irrévocablement décidé en un jour, le jour où l'ordre du clergé, renonça à son mandat, à ses pouvoirs et à sa dignité de première assemblée dans les États Généraux du royaume.

Le clergé gallican du xviiie siècle n'avait plus l'esprit de sa mission catholique, sociale et populaire.

Nous verrons au xixe siècle le clergé français comprendre cette mission dans toute son ampleur, et la reprendre avec tous ses devoirs.

§ 4.

Noblesse.

Nous avons déjà vu qu'au lieu de se garder dans la noblesse, ce grand auxiliaire, ce collaborateur illustre, cet ordre chevaleresque, modèle de loyauté et de vaillance, toujours prêt à combattre pour Dieu et pour le roi, et qui à la défense et à la gloire, ou au relèvement de la patrie n'avait jamais épargné sa fortune et son sang, la royauté s'était appliquée à terrasser toutes ses énergies.

Montesquieu cherchant le principe et le ressort des monarchies, avait rencontré juste en nommant l'honneur, parce qu'il le voyait éclater en maintes pages de l'histoire de France. Il avait rencontré faux en parlant des Républiques anciennes, parce que l'histoire ancienne était morte et faussée, — mais au temps même où il écrivait, l'honneur de la famille, l'honneur de la charge, l'honneur du corps, tout cela était déjà émoussé dans les esprits. Rois et nobles avaient jadis perdu des batailles, non l'honneur. Au xviiie siècle c'était l'honneur au dehors et au dedans qui se perdait, et la religion également perdue complétait la ruine.

Aussi la Révolution vit-elle, non pas après une longue lutte, mais immédiatement se produire toute entière, cette lamentable ruine de la foi religieuse, et de l'honneur nobiliaire.

La foi et l'honneur existaient pourtant encore en des provinces entières. On le vit bien dans la Vendée, la Bretagne, la Normandie.

Mirabeau voyait juste lorsqu'il donnait au roi ce sage conseil d'aller non pas à l'Est vers l'étranger, mais dans les provinces de l'Ouest.

A la Cour aussi dans cette noblesse, centre principal du désordre des mœurs et du désordre des esprits, il y avait encore des familles admirables, comme celle des Noailles, où de la grand-mère à la petite fille on allait sans faiblir à l'échafaud, et où le vieux maréchal de Mouchy pouvait dire, — à 16 ans, j'allais sans peur dans les combats à la mort pour mon roi, à 80 ans, je puis bien aller sans crainte à la mort pour mon Dieu.
— Mais jusque dans ces magnanimes figures qui ont resplendi sur l'échafaud, il y avait au début de la Révolution un tel aveuglement, de telles aberrations sur la religion, la noblesse et l'honneur, et un tel oubli des devoirs, que dans cette assemblée de la noblesse à la débandade, et qui alla tête baissée se livrer au Tiers-État, moins promptement pourtant que le clergé, il n'y eut pas cette pensée générale, que la noblesse, comme le Roi, comme le clergé, était une institution sociale ; et qu'ayant en droit le pouvoir de servir les intérêts généraux de la nation elle avait le devoir de garder sa part de puissance, de se garder l'honneur des réformes à faire, et la juste popularité qui pouvait s'attacher à ses actes.

Beaucoup de nobles recherchèrent la popularité individuellement et par les voies mauvaises qui conduisent aux popularités funestes et peu durables ; et l'assemblée collective renonça à acquérir une popularité fondée sur les services réels qu'elle pouvait rendre.

Le Tiers-État se déclarait nation ; il parlait au nom du peuple. Ce fut sa grande habileté, et le peuple accepta de confiance cet amalgame de lui et du Tiers-État. Mais si le peuple alors ne parla plus que du *Tiers*, et regarda sa cause comme la sienne, c'est que le clergé et la noblesse n'avaient eu ni la pensée, ni l'habileté de parler eux aussi en son nom, et de se porter ses protecteurs contre le tiers-état.

Je ne veux pas bâtir de suppositions inutiles sur ce qui ne s'est pas fait : sur l'idée d'un *Ordre* des paysans et du peuple, à ajouter aux trois ordres seuls jusque-là représentés en France, et qui étaient à vrai dire, l'ordre religieux, clergé; l'ordre militaire, noblesse ; et l'ordre judiciaire, fournissant presque à lui seul la représentation du Tiers-État.

Mais ce qui n'est pas supposition et hypothèse, ce qui résulte des faits, et d'ailleurs est conforme à la tendance ordinaire du peuple, c'est que le peuple se tourna du côté où il voyait la puissance ; il se détacha plus lentement du Roi qui gardait encore son nom et une autorité apparente ; mais il se détacha rapidement de la noblesse une fois sa puissance légalement perdue, et n'attacha plus ses vœux et ses espérances qu'au Tiers-État dont le nom était exalté, et qui de fait avait le pouvoir.

Clergé et noblesse avaient ensemble et en peu d'instants failli à leur mandat, et perdu force de résistance et force d'action : quoi d'étonnant qu'ils été délaissés et pris en dédain par le peuple qui n'avait plus rien à attendre, ni à craindre d'eux, et qui était frappé du spectacle de leur déchéance.

Ces hommes du clergé et de la noblesse, investis d'une autorité spéciale, et qui n'ayant rien su faire pour eux-mêmes et pour personne, avaient accepté leur invalidation ; quelles idées pouvaient concevoir d'eux et le Tiers-État auteur et le peuple témoin de leur chute subite.

Le Tiers-État passa à cet orgueil de lui-même et de ses destinées qu'il a gardé depuis un siècle, et dont il a tant de peine à rabattre quelque chose. Le peuple, qui n'était point ennemi des prêtres et des nobles, qui vivait avec eux dans les campagnes en bonne intelligence et en rapports meilleurs qu'avec le Tiers-État, passa de la surprise au mépris ; puis à des sentiments envenimés par les excitations révolutionnaires ; puis à la convoitise des biens, et à la crédulité aux légendes.

La noblesse n'avait pas seulement commis l'insigne faute de se suicider comme pouvoir politique, elle eut encore cette sottise au lieu de faire régler par des indemnités les droits divers qui lui restaient encore par rapport aux biens, et de garder du moins les titres de ses gloires et l'honneur de ses ancêtres, de venir en une nuit d'enthousiasme fébrile, sacrifier honneur, ancêtres et droits sur l'Autel de la Patrie ; comme reconnaissant elle-même que souvenirs, titres et droits étaient injustes, odieux, insupportables; et qu'elle acceptait contre eux l'animadversion publique.

Aussi, du mépris pour son abaissement, le peuple alla-t-il aussitôt aux colères, aux longues rancunes, aux fausses croyances, aux vengeances contre les abus dont cette noblesse et ses pères avaient été coupables, et dont on lui disait qu'il avait été si longtemps victime.

Une seule chose donne aux imprévoyances et aux incapacités de la noblesse une teinte qui la rehausse, c'est un sentiment noble en lui-même, la générosité. C'étaient par des élans généreux qu'elle renonçait à des intérêts particuliers, mais elle ne comprit pas qu'en reniant ainsi le passé, en renonçant à tout, elle autorisait toutes les calomnies, toutes les légendes sur ses droits détestables.

La scission, la défiance, les préjugés du peuple à l'égard de la noblesse comme à l'égard du clergé, ont été entretenus depuis lors avec grand soin par la Révolution. Elle cherche toujours par des histoires mensongères, à fomenter parmi le peuple le discrédit de ces nobles, la défiance de ce clergé qui exerçaient sur lui des droits onéreux abolis par la bienfaisante puissance du Tiers-État.

Le peuple a commencé depuis longtemps à comprendre que la puissance du Tiers-État financier, industriel, et maître sous le nom de bourgeoisie, n'était pas établie sans peser lourdement sur lui : mais au début de la Révolution il ne le prévoyait pas, et quant aux nobles ils lui apparurent avec une logique terrible d'expression, sous le nom de ci-devants. — Ci-devant princes, ci-devant seigneurs, ci-devant nobles, ci-devant puissants et autorités reconnues ; aujourd'hui plus rien devant les autorités constituées ! — Ci-devant oppresseurs ! Cela résuma contre eux les fureurs vengeresses. Quand le malheureux Louis XVI ne fut plus qu'un ci-devant roi, il parut, il fut dit un ci-devant tyran. Pour lui, pour le clergé, pour la noblesse l'échafaud était justifié.

Voilà où ont abouti l'abdication de deux Assemblées, la renonciation enthousiaste aux droits, et la générosité des sacrifices; générosité ainsi reconnue, ainsi récompensée par la Révolution.

Un historien (Taine), fouillant les écrits et les faits de l'époque, trouve que la noblesse, par ses sentiments patriotiques et libéraux, « n'avait jamais été plus digne du pouvoir qu'au mo-« ment où elle le perdit ». Les sentiments désintéressés de cette noblesse ont séduit l'historien.

Mais cette noblesse d'un cœur trop facilement entraîné, n'avait plus ni foi religieuse, ni influence morale, ni sagesse et fermeté politique : sa déchéance fut méritée par l'insouciance de ses droits et de ses devoirs. Elle n'était plus digne du pouvoir : elle l'avait perdu depuis longtemps vis-à-vis de la royauté. Le Roi et l'ancienne Constitution lui donnaient occasion de le recouvrer, elle ne sut pas le faire vis-à-vis du Tiers-État ; elle n'eut pas la pensée de le relever dans l'intérêt de la nation. Son patriotisme et sa générosité au profit de la Révolution ne lui servirent qu'à être dupe ; et le Tiers-État y répondit par la proscription, par 1792 et 1793.

Depuis ces temps-là, et de même qu'en ses constitutions diverses le Tiers-État maintenait l'irrévocabilité des biens nationaux, il a toujours cherché à maintenir l'irrévocabilité des déchéances du clergé et de la noblesse.

Pour le clergé, le christianisme a une force qui échappe aux étreintes des hommes. Pour la noblesse, la foi et l'honneur sont des sentiments qui l'ont relevée sur l'échafaud, dans les bocages du Maine et de la Vendée, puis sur tous les champs de bataille ; et particulièrement là où l'on a combattu comme à Rome pour la patrie chrétienne, et comme en 1870 pour la patrie française.

CHAPITRE IV.

UNE ASSEMBLÉE SEULE ET CONSTITUANTE (1789 et 1793).

Le 5 mai 1789 eut lieu l'ouverture des Etats Généraux.

La veille, une procession solennelle du roi, des dignitaires de l'État et des trois ordres se rendant à l'église Saint-Louis de Versailles, avait montré au peuple un appareil religieux imposant, et tous les députés marchant des cierges à la main.

On ne voyait pas dans les cœurs la religion absente, et dans ces rangs où se remarquait Mirabeau, on ne voyait pas l'inconnu Robespierre; mais ce qui frappait les yeux, c'était dans leur tenue noire et sévère la longue file, le grand nombre de députés du Tiers-État; à eux seuls ils étaient près de six cents.

Un arrêt du conseil du 27 novembre 1788, rendu malgré le vote contraire de l'Assemblée des notables, et malgré le parlement, avait accordé le doublement du Tiers-État, c'est-à-dire que le nombre de ses députés serait égal à celui des deux autres ordres.

Le roi continuant la politique de Louis XIV à une heure où Louis XIV l'eut abandonnée, avait voulu contre les deux premiers ordres s'appuyer sur le Tiers-État. Necker était son conseiller et son ministre. Ce doublement était par lui-même et d'avance la destruction des États Généraux. Thiers dit avec raison que cela impliquait le vote par tête et non par ordre. « Car « il était inutile d'augmenter les voix si on ne devait pas les

« compter... Le Tiers-État réclama la prépondérance : en dou-
« blant sa représentation, on lui avait donné le moyen de la con-
« quérir. »

Dans trois assemblées s'éclairant par leurs délibérations séparées, moins confuses et moins passionnées que dans une assemblée immense et tumultueuse de plus d'un millier d'hommes, l'égalité du nombre dans chaque assemblée établit la pondération et l'égalité des pouvoirs, c'est la condition première pour empêcher la prédominance de l'une d'elles.

Aussi rien qu'en se comptant et en comptant la très grande salle où pouvait tenir tout le monde, tandis qu'en leurs petits locaux chacun des deux autres ordres semblait petite assemblée, le Tiers-État ne cessant de mettre en avant et au dessus de tout, le nombre de ses députés et le nombre de ses électeurs, réclama-t-il immédiatement la réunion de tous les députés dans la grande salle, une seule assemblée !

Elu, convoqué et réuni pour être une part des États Généraux, c'est dès le lendemain du 5 mai que le Tiers-État sort de son mandat, ne veut plus d'États Généraux, ne reconnaît plus ni ordres anciens, ni constitution nationale précédente, et entre de prime abord en pleine révolution !

Il déclare « former non un ordre, mais une assemblée de
« citoyens réunis par une autorité légitime pour attendre d'au-
« tres citoyens » ; et Siéyès lui formule ce système « que ses
« représentants sont envoyés directement par les quatre-vingt
« centièmes de la nation ; et que la représentation étant une et
« indivisible, aucun des députés dans quelque ordre ou classe
« qu'il soit choisi, n'a le droit d'exercer ses fonctions sépa-
« rément de cette assemblée unique », avec un sophisme qui contredit la division de la représentation nationale en deux ou trois assemblées, contredit l'histoire ancienne et l'histoire moderne des sénats antiques, et des chambres hautes, chambre des lords, sénats modernes, et contredit ainsi au bon sens politique des peuples ; mais surtout enflé d'une vanité qui ne supporte pas le nom de Tiers-État, se garde bien d'en prononcer même le nom, « évite toute mesure qui puisse le faire consi-

« dérer comme un *ordre* » (Thiers, L. 1ᵉʳ) et se classe sous le nom de communes ; le Tiers-État se dit la nation, et même avant la réunion des deux autres ordres avec lui il prend le titre d'Assemblée nationale.

Le clergé, la noblesse et le roi, (le roi qui avait décrété la prépondérance du nombre), s'étonnent et s'effraient de cette révolution : mais dès le 18 juin, l'assemblée du clergé s'y est associée en majorité, et s'est réunie à l'assemblée dite nationale.

Cette désertion, ce suicide n'étaient pas à prévoir dans un corps tel que le clergé. Cela rompait l'équilibre numérique qu'on avait voulu établir, cela rompait davantage encore l'équilibre moral, et donnait au Tiers-État un poids et une impulsion extraordinaires, sans lesquels peut-être le Tiers-État n'eut pas tout emporté.

Restait la puissance royale à mettre dans l'autre plateau de la balance, et cela fut essayé le 23 juin. Le Roi intervint dans tout l'apparat d'un lit de justice ; il y prenait le grand rôle d'un roi réformateur, allant au devant des réformes désirées : il les assurait par son consentement et son initiative, mais, en même temps, il maintenait la pondération des intérêts et des pouvoirs ; il affirmait les institutions traditionnelles et françaises.

Il déclarait : qu'aucun impôt ne peut être voté, ni maintenu sans le consentement des représentants de la nation et seulement pour le temps qui s'écoulera jusqu'à la plus prochaine réunion des États Généraux ; — qu'aucun emprunt ne peut être contracté sans le même consentement ; — que la sécurité des créanciers de l'État doit être assurée ! — qu'il sanctionnerait la renonciation du clergé et de la noblesse à leurs privilèges pécuniaires ; — tailles, droits de mainmorte, droits de francs-fiefs, corvées, seraient abolis ; — les charges personnelles dont le clergé et la noblesse étaient exempts, seront converties en contributions pécuniaires auxquelles tous les ordres de l'État seront également assujettis ; — liberté de la presse, conciliée avec le respect dû à la religion, aux mœurs et à l'honneur des citoyens : — les pouvoirs administratifs des états provinciaux très agrandis ; — les douanes intérieures supprimées, l'impôt du sel supprimé ; — les États Généraux auront à s'occuper de la réforme des lois civiles et criminelles ; — en un mot toutes les réformes réclamées étaient ainsi promises, et en quelque sorte proclamées d'avance ; mais c'étaient aux États Généraux à les étudier, à les formuler ; le roi enjoignait donc la séparation par Ordres, et ordonnait à l'Assemblée de se séparer, pour se reformer en États Généraux avec trois Assemblées !

C'était à la fois la tradition et le progrès ; la France ne reniant pas ses institutions fondamentales et son histoire, en même temps que la voie était grande ouverte aux perfectionnements qu'amène la succession des siècles.

Mais ce qu'il y avait de royal dans ces déclarations, blessait les vanités du Tiers-Etat au plus profond de ses rêves. Quoi donc, le roi prenait le premier honneur des réformes, et le Tiers-État n'en aurait plus la gloire ?

Et ce qu'il y avait de français, de national dans ce discours du roi était tout l'opposé des théories philosophiques et politiques qui hantaient les esprits. Quoi donc, la théorie d'une constitution toute neuve, d'une société toute entière à refondre ! — il fallait admettre que la France avait eu et avait une Constitution ! Mais que devenait le *Contrat social* ? — La royauté avait parlé en royauté française, mais elle s'adressait à des esprits grecs, romains, païens qui n'avaient pour les institutions françaises que des mépris. Le roi n'avait pas parlé aux esprits nourris d'admirations antiques.

Aussi, quand il se fût retiré, suivi par la noblesse et la minorité du clergé, la majorité du clergé restant immobile avec le Tiers-État et lui donnant appui à ce moment suprême, la Révolution se leva avec Mirabeau, la Révolution imbue d'idées antiques et qui voulait faire une Constitution. Le langage et les passions de l'antiquité débordèrent à la fois dans l'orateur et dans l'Assemblée. « Ce que vous venez d'entendre pourrait « être le salut de la patrie, si les présents du despostisme n'é- « taient pas toujours dangereux... la violation du temple natio-

« nal pour vous commander d'être heureux !... Catilina est-il
« à nos portes ? vous avez fait serment de ne vous séparer
« qu'après avoir fait la Constitution. »

Le Catilina du moment n'était pas aux portes, il était dans l'assemblée même, il parlait, et sa parole était réminiscence romaine ; mais il n'y eut pas de Cicéron pour lui répondre. Puis vint l'allocution au marquis de Brezé, plus ou moins textuelle ; et Siéyès enfin : « Nous sommes aujourd'hui ce que « nous étions hier, délibérons! » (1).

Le lendemain de la séance royale, 47 membres de la noblesse y compris le duc d'Orléans, se rendaient au Tiers-État. Ni eux ni l'Assemblée n'avaient trop présumé de la faiblesse du roi ; car elle atteignit alors et du premier coup jusqu'à une véritable abdication. Louis XVI reprenait Necker pour ministre, et peu après faisait dire à la majorité de la noblesse et à la minorité du clergé qui maintenaient encore leurs assemblées, qu'il fallait se réunir à l'assemblée générale, et qu'après tout cette réunion ne serait que passagère.

Après la séance royale, la volonté déclarée de maintenir les États Généraux et l'injonction de se reformer en trois assemblées, céder ainsi c'était pire que d'abdiquer. Malheureux roi ! De là à l'échafaud il ne suivit plus qu'une voie, celle des incurables faiblesses.

Le 27 juin cette majorité de la noblesse et cette minorité du haut clergé se rendaient à l'Assemblée nationale.

Siéyès faisait compléter le mépris des mandats et des ca-

---

(1) Siéyès avait fort étudié la relation des États Généraux de 1614 par Florimond Rapine de Foucherenne, membre des États. Il avait retenu cette phrase, adressée par Florimond Rapine, au chancelier de Sillery. — Un historien de nos jours (Rathery) a fait grand honneur au député du Tiers-État, historien de 1614, d'avoir été ainsi un précurseur de la Révolution. — Mais il y a une grande différence dans la même pensée, dite en 1614 et répétée en 1789, et je relève cette différence en faveur du député de 1614, aïeul dans ma famille ; il disait vrai, tandis que Siéyès oubliait qu'*hier*, les députés du Tiers-État étaient et devaient être une troisième Assemblée, et qu'aujourd'hui ils voulaient être une Assemblée unique ; ils ne voulaient plus être ce qu'ils étaient hier. Hier, ils étaient un Ordre, aujourd'hui ils se disaient et voulaient être la Nation.

hiers par ce vote « que tous ceux qui se croiraient obligés par « leurs cahiers seraient regardés comme absents. »

Cette sage opinion, dit Thiers, fut adoptée.... « Ainsi le Tiers-« État avait recouvré le pouvoir législatif, ses adversaires l'a-« vaient perdu — la *Révolution législative* était achevée. »

Thiers amoindrit à dessein la révolution opérée du 5 mai au 27 juin 1789, en l'appelant révolution législative, et sous ce titre même il la fausse. Le Tiers-État n'avait pas à recouvrer le pouvoir législatif, — il l'avait en part tierce, et il le prit en totalité.

La nation en nommant ses députés, aux États Généraux, n'avait pas entendu nommer trois assemblées *adversaires*, et les États Généraux formés de trois Chambres distinctes étaient une institution nationale présentant des caractères de sagesse dans les délibérations, d'équilibre entre les intérêts et les passions, d'arbitrage facile en cas de désaccords, en un mot un système de représentation qui pouvait bien soutenir la comparaison avec le système des deux Chambres anglaises.

Mais le Tiers-État ne voulut voir que des adversaires et non des coopérateurs dans les deux Chambres distinctes de la sienne. En vertu du nombre, en vertu de la représentation une et indivisible, et pour renouveler la France à son gré, il voulait une Assemblée seule et Constituante.

L'idée des institutions anciennes à abolir, et d'une institution nouvelle à faire, dominait tellement les esprits que ce fut un des plus modérés, des plus sages, Mounier, qui au Jeu de Paume, proposa le serment acclamé par tous, un seul homme, Martin d'Auch, opposant, de ne pas se séparer avant d'avoir fait la Constitution.

C'est au nom de ce serment que Mirabeau, maintenait l'Assemblée unique et constituante : un autre s'écriait : Nous mourrons plutôt que de ne pas faire une Constitution ! Et Clermont-Tonnerre : « Ou la Constitution sera, ou nous ne serons plus. »

Dans le clergé, dans la noblesse, comme dans le Tiers-État, on était pénétré de cette idée qu'il fallait faire une Constitution.

Les premiers défectionnaires de l'Assemblée de la noblesse, les 47, venaient, dirent-ils, se réunir à l'Assemblée nationale pour concourir à la régénération de la France.

Les États Généraux eussent-ils été maintenus avec leurs trois Assemblées qu'ils auraient fait sans doute une Constitution. Par un travail triple et mutuellement contrôlé, on peut penser qu'ils en auraient fait une meilleure que celle de 1790 : en tout cas ils n'en auraient pas fait une qui pût moins durer.

Tous donc voulaient être constituants ! mais surtout l'idée qui transformait en Lycurgues, chacun de ces députés sortis en partie des modestes cabinets de procéduriers de petites villes, ne trouvait à se satisfaire que dans une Assemblée Constituante. Siéyès, pensait bien que lui seul était digne de faire une Constitution, il n'osait pas encore le dire.

Si donc les intérêts et l'orgueil du Tiers-État s'accommodèrent grandement et de suite de l'idée d'une Assemblée unique qui abolissait toute supériorité vis-à-vis de lui, cela cadrait en même temps avec les théories universelles de rénovation.

Aussi ne fut-ce pas une simple révolution législative et bénigne, comme le dit en son histoire Thiers, dont le système est de glisser sur les faits ; ce fut la grande Révolution, une Révolution sociale; une Révolution religieuse, la Révolution complète qui fut faite le 27 juin 1789, alors que Royauté, Clergé Noblesse s'éclipsèrent devant le Tiers-État.

Plus d'États Généraux ! ils n'avaient existé que deux jours, le 4 mai en procession, et le 5 mai leur ouverture et leur fin ; plus d'ordres ! le Tiers-État avait biffé le sien, et biffé ensuite les deux autres, la chose était faite : plus de Royauté réelle ! Le lit de justice, la volonté et le commandement royal s'étaient attérés. Genève, la Genève de Calvin était fatale à la France. Un homme venu de Genève, J.-J. Rousseau avait inspiré les idées, qui prenaient possession du pouvoir, et c'était le ministère du Genevois Necker qui avait tout préparé pour les introniser dans une Assemblée unique et Constituante.

Une Assemblée unique ! Lally-Tolendal et Mounier qui trois mois après, en octobre 1789, quittaient cette Assemblée, donnaient leur démission pour ne pas être spectateurs ni complices des factieux, et bien d'autres ainsi que Mirabeau n'étaient pas partisans de cette unité. Ils abolissaient les trois chambres, ce n'était qu'une institution française, mais ils voulaient les deux Chambres anglaises. Aux premiers jours, le Tiers-État avait pris le nom de *Communes* et trois mois avant sa mort, parlant à un ami, Mirabeau disait : « Ah ! que nous avions raison quand « nous avons voulu dès le commencement empêcher les com- « munes de se déclarer Assemblée nationale : *c'est là l'origine* « *du mal !* »

Singulière destinée, singulière punition pourrait-on dire, que celle de Mirabeau ! génie, Français et royaliste, d'une politique habile, tempérée et profondément clairvoyante, tel que le font connaître ses lettres au comte de La Marck, ses conseils au roi, et ses jugements sur les faits que la Révolution amène. Mais par ses passions et son discrédit moral, il est jeté dans le Tiers-État, et par là dans la Révolution. Ses emportements, et ses sentiments anticatholiques le poussent sans cesse à activer cette Révolution. Auteur fougueux de votes et de résolutions contraires à ses intimes pensées, il voulait deux Assemblées, et c'est de vive force qu'il contribue plus que tout autre à n'en établir qu'une ; il a rêvé d'être le ministre d'un vrai gouvernement, ministre dirigeant, ministre assurément énergique et capable, et il voit l'Assemblée, cette Assemblée qui sait tout dissoudre, mais ne sait pas gouverner, résister cette fois à sa parole, et sottement ne pas vouloir qu'aucun de ses membres puisse être ministre ; il donne au roi les conseils les plus habiles, et il ne les voit pas suivis ; en avril 1790, poussé par la dialectique de l'abbé Maury, il rappelle dans un mouvement oratoire revêtu pour ses auditeurs de la saveur de l'antiquité, le mot de Scipion, je jure que j'ai sauvé la patrie : « Quels que soient les « pouvoirs que nous avons exercés, nos travaux les ont légi- « timés, je jure, Messieurs, que vous avez sauvé la France ! » Et depuis plus de six mois, depuis octobre 1789, il considérait la France comme perdue, sur le chemin des abîmes, et combinait des plans pour l'arrêter et la sauver. Il a cru pouvoir par sa force dominer la faiblesse du roi, mais cette faiblesse annule sa force et l'use : il a cru pouvoir dominer l'Assemblée et enrayer la Révolution, mais c'est l'Assemblée qui l'entraîne, et qui l'use, et s'il dit en mourant j'emporte le deuil de la Monarchie, c'est que la Révolution l'a usé et emporté lui aussi, là même où il ne voulait pas la suivre.

Aussitôt l'Assemblée unique établie, les effets de cette grande Révolution ne se font pas attendre, elle est du 27 juin, et la Révolution sanglante, insurrectionnelle qui inaugure les assassinats et les fureurs de la populace, est du 14 Juillet.

Afin de mêler toujours le Tiers-État avec le peuple, le 14 juillet fut pris l'année suivante pour fête nationale, et de nos jours comme entraînée à garder en première ligne la célébration de la force, la Révolution a repris cet anniversaire.

Dans cette première insurrection le peuple apparut pour achever la révolution accomplie par le Tiers-État. Il complétait la destruction des puissances anciennes par la destruction de la forteresse, signe extérieur et menaçant de l'ancienne force royale.

Mais si le Tiers-État fut satisfait de cette victoire qui s'ajoutait à la sienne, elle n'en fut pas moins l'annonce qu'il pourrait y avoir un jour une autre puissance dont il ne serait pas maître ; et ce fut le prélude des insurrections qui suivirent et qui devaient croître en violences de 1789 à 1793. Jacquerie, pillage, assassinats, « ces désastres de tout genre se multiplièrent de-« puis le 14 juillet » (Thiers, liv. II). « Pour tout homme im-« partial, dit Malouet, la Terreur date du 14 juillet. »

De même qu'insurrections et massacres se rattachent à ce premier branle donné aux interventions de la force brutale et populaire, de même tout ce qui s'est fait de 1789 à 1793, n'est que la suite logique et fatale des idées et des intérêts triomphants aux premiers mois de 1789, et de ce point fondamental, une Assemblée seule et Constituante !

Je comprends très bien que la bourgeoisie ou Tiers-État se soit fait une théorie pour séparer 1793 de 1789, rejeter sur 1793 toutes les erreurs et les crimes, et n'attribuer à 1789 que les triomphes d'une rénovation nécessaire.

Il est vrai même que l'Assemblée constituante, malgré ses errements et ses complicités de tolérance, n'est pas la Convention, et a gardé un caractère dont le Tiers-État et ses historiens ont beaucoup amplifié l'auréole.

L'Assemblée constituante doit cet éclat à la réunion du clergé et de la noblesse, avec le Tiers-État : réunion forcée, mais qui n'en apporta pas moins à l'Assemblée unique, de grandes illustrations pour le talent, les sentiments, l'éducation élevée, même les idées chrétiennes ; et l'obligea ainsi à une modération relative. Quoique mutilées et vaincues par les votes, ces idées chrétiennes soutinrent et portèrent la lutte en des régions supérieures aux intérêts étroits du Tiers-État. Malgré la lassitude, et la pression soudoyée des tribunes toujours soufferte et maintenue par le Tiers-État, afin de comprimer ses opposants ; — malgré les dégoûts et les périls continuels qui firent démissionner une part des membres de l'Assemblée, obligés par la Révolution croissante et les menaces de mort et par le schisme légal, d'abandonner une situation qui n'était plus tenable ni pour la vie, ni pour la conscience ; les efforts du clergé et de la noblesse ne furent pas entièrement vains. Le maintien de la royauté, même après le triste épisode de Varennes, avec l'expérience qu'avait prise l'Assemblée et qui vers sa fin lui donnait plus de sagesse, tinrent beaucoup à l'influence, au mélange des classes et des personnes qui représentaient les deux anciens ordres ; dans la *Législative*, ce mélange cessa en très grande partie ; à la *Convention*, ce ne fut plus guère que le Tiers-État.

Les historiens du Tiers-État qui lui font gloire de 1789, oublient nobles et prêtres, ardents aux réformes, plus même qu'il n'eut fallu : ainsi que Mirabeau, ils essayèrent d'arrêter la Révolution, et ils ont donné à la Constituante et à 1789 un reflet différent de 1793.

Mais sous le rapport des principes et des théories, 1789 et 1793 ne diffèrent aucunement. C'est la même passion des idées antiques, poussée de plus en plus à l'imitation déplorable : c'est la même déclamation oratoire : Mirabeau en avait le génie, les Girondins en eurent le talent. Parmi l'amas des discoureurs grecs et romains cette déclamation tomba au ridicule et à l'atroce.

C'est le même mépris des institutions françaises et des institutions chrétiennes, 1789 en déblaya le terrain ; 1793 éleva le plein édifice des institutions, des idées et des tyrannies antiques.

89 d'après Calvin, Jansénius et Rousseau voulut détruire le catholicisme : 93 sans s'arrêter à mi-chemin, d'après Voltaire, Diderot et les autres, voulut détruire le Christianisme.

Ce sont aussi les mêmes intérêts du Tiers-État qui ne s'oublie pas, et les mêmes passions contre nobles et prêtres. 89 avait fomenté les haines, 93 les a assouvies.

89 a annulé la royauté, torturé la conscience et l'âme de Louis XVI « dont la vie ne fut qu'un long martyre » (Thiers liv. Ier). 92 et 93 ont supprimé le rouage inutile, donné au gouvernement son véritable nom, République, et achevé l'œuvre par la mort du roi.

89 laissait faire les brigands, laissait partout s'étendre et s'établir, par le meurtre et le pillage, une terreur illégale. 93 était le meurtre constitué en puissance, et la terreur en loi.

89 a été le premier à outrager le sang des victimes, en s'écriant : — « le sang qui coule est-il donc si pur ! » — 93 n'a eu qu'à s'autoriser de cette parole pour le faire couler à flots.

89 dans ses injustices a été le justicier du passé. 93 y a ajouté d'être avec justice l'implacable justicier des Révolutionnaires ! (1).

Au résumé l'intérêt, la doctrine, et le moyen ont toujours

---

(1) Le docteur Subervielle, un des juges du Tribunal révolutionnaire, et qui a vécu, très vieux (habile, même après 80 ans, pour l'opération de la pierre, opération de la taille qu'il avait apprise du frère Côme, l'inventeur), et l'un de ces personnages bizarres, à idées contradictoires, faussé, fourvoyé, fanatisé, aveuglé par le sang, tel qu'en produisent les révolutions ; admirateur de Jésus-Christ, l'ami du peuple, et puis-je seulement rappeler un tel alliage d'idées, admirateur de Robespierre, ami du peuple, racontait avec un accent méridional que je n'ai pas oublié ; j'écoutais, mais je voyais avec horreur, ce petit homme osseux à l'œil de renard, qui avait jugé et

été l'intérêt du Tiers-État, la doctrine du *Contrat social*, et la puissance remise aux mains d'une seule Assemblée !

Cette Assemblée après la Constituante sera la Législative, puis la Convention : mais c'est parce qu'elle est seule, sans contre-poids, livrée à l'expansion de ses erreurs et de ses violences, qu'elle devient une force tyrannique, et qu'elle finit par s'effrayer d'elle-même à force d'être effrayante pour les autres.

Dès le 27 juin 1789 où il n'y eut plus qu'une seule Assemblée, la Révolution était donc faite, inconsciente d'elle-même, mais responsable de tout le reste.

Éblouis par cette prodigieuse fortune du Tiers-État, ses historiens panégyristes oublient comment, aussitôt cette puissance acquise, tout se désorganisa, comment naquit de suite cette *anarchie spontanée*, selon l'expression de Taine, qui se développa partout avec une effrayante rapidité.

La multitude d'exactions, de pillages, d'incendies, de meurtres dont le récit par Taine remplit tout un volume, se borne dans l'histoire de Thiers a quelques phrases... « Des violences « atroces furent commises. Les châteaux continuèrent d'être « incendiés..., toute usurpation a un cruel retour..., dès le mois « d'août le garde des sceaux avait dénoncé les désordres alar- « mants qui avaient éclaté... L'Assemblée reçut ce message « avec tristesse, mais sans découragement. » (Liv. II).

---

qui avait envoyé à la mort Marie-Antoinette et tant d'autres victimes ; le docteur Subervielle racontait le jugement de Danton.

Un des membres de l'affreux Tribunal était venu trouver le docteur, son collègue. — Mon ami, Danton est un grand citoyen, un grand républicain. — Oui ! c'est un grand homme ! — Mais Robespierre est encore un plus grand citoyen, un plus grand républicain ! — Oh oui, c'est le premier des républicains. — Eh bien, mon ami, c'est malheureux, mais enfin, tu le sais, ces deux grands citoyens, Danton et Robespierre ne peuvent plus s'accorder. — Je le sais, c'est fâcheux ! deux si bons républicains ! Que faire ? — Mon ami, l'un des deux est de trop sur la terre ! — Ah ! — Ce ne peut pas être Robespierre, n'est-ce pas ? — Oh non ! — Nous aimons Danton, nous l'admirons, mais la patrie avant tout ! Il faut que l'un des deux périsse dans l'intérêt de la République. Ami citoyen, tu es un bon patriote, et il n'y a pas à attendre ! C'est Danton qu'il faut sacrifier ! — Danton ! eh bien Danton soit ! (Dannton soitt). Nous l'arrêtâmes, nous le jugeâmes et il fut exécuté dans les vingt-quatre heures.

En effet, pour réprimer cette anarchie, l'Assemblée ne trouva rien de mieux à faire que de l'établir légalement, en chargeant les municipalités du maintien de l'ordre, et mettant à leur disposition les milices et les troupes réglées qui prêteront le serment civique d'être fidèles à la nation, au roi et à la loi !

Puis sans ouvrir un instant les yeux sur son impéritie gouvernementale et son aveuglement, elle s'occupe aussitôt de la Déclaration des droits de l'homme !

Les excès, les crimes impunis, palliés, excusés et soufferts par des administrations locales, craintives et impuissantes ; les clubs multipliés, toute liberté laissée aux excitations, à la haine, aux massacres; puis les journées des 4 et 5 octobre où l'Assemblée et la garde nationale laissent faire l'émeute ignominieuse et sanglante qui traîne le roi à Paris et y font venir l'Assemblée ; tout cela continue l'année 1789.

C'est à dater d'octobre que l'émigration redouble, devient considérable et que les démissions de députés se produisent. Cependant les historiens du Tiers-État, n'imaginent pas d'incriminer l'Assemblée qui n'a pas su protéger le roi, et qui ne sait pas protéger les citoyens obligés à fuir devant les violences et les assassinats. L'émigration était bien forcée, dès lors qu'il n'y avait plus ni sécurité, ni garantie publique de la propriété et de la vie.

Loin de songer à arrêter la désorganisation générale, le Tiers-État ne songe « qu'à prendre les dernières mesures pour dé-
« truire les grands corps qui avaient été des ennemis consti-
« tués dans l'État contre l'État. » Ainsi parle Thiers du Clergé et de la noblesse, et voilà comment il comprend leur rôle dans l'histoire de France. Ainsi pensait le Tiers-État de 1789, et c'était lui qui allait, pour ajouter aux discordes civiles la discorde religieuse, établir la constitution civile du clergé, disposer des biens ecclésiastiques, nommer des évêques et des curés constitutionnels ; puis d'un autre côté abolir les titres de noblesse; en un mot achever la destruction des deux ordres, en leur enlevant liberté de conscience et honneur, biens et titres ; ne laissant plus aux assemblées suivantes qu'à ajouter proscription et mort.

Ainsi l'œuvre de 1789 destructive et désordonnée, par rapport à la royauté, au clergé et à la noblesse, a été bien constructive et bien ordonnée par rapport au Tiers-État. Il est resté seul maître.

Si le Tiers-État, comme le définit l'historien Thiers, comprenait « la presque totalité de la nation, toutes les classes utiles, « industrieuses et éclairées » (liv. Ier). S'il était ainsi en effet toute la nation, et qu'il n'y eût plus ni catholicisme, ni peuple, ni intérêts en dehors des classes moyennes ; l'apothéose de 1789 aurait ce caractère national qu'on veut lui donner. Les Révolutionnaires voient là à célébrer une Révolution un exemple : les classes bourgeoises voient là à célébrer leur triomphe.

Mais le peuple est trompé sur cette année 1789, et le catholicisme, et cette classe de citoyens notables que la Révolution n'a pu anéantir et qui n'ont pas cessé d'être une part *utile* et éclairée de la nation ne peuvent adopter cette apothéose.

1789 a été la dissension profonde apportée violemment entre les intérêts des trois classes qui durant quatorze siècles avaient été unies par le lieu commun d'une même religion, d'un même patriotisme. Les intérêts avaient pu n'être pas également favorisés, mais ils avaient chacun leurs droits, leurs libertés, et tous étaient reconnus et protégés par la constitution sociale chrétienne.

Pour le peuple, 1789 a été la destruction et la négation même de l'organisation et des droits du travail. 1789 s'est donné pour but d'ôter encore au peuple, ses croyances, les secours, les consolations de la foi, les protections de l'Église et de le séparer de son défenseur le plus naturel et le plus dévoué le prêtre catholique. De nos jours les héritiers de 1789 et 1793 le séparent violemment, dans sa pauvreté, ses maladies et sa mort, du prêtre et de la sœur de charité.

Pour le passé glorieux et libre de la France, pour la noblesse française, pour les illustrations de la patrie, pour tous les services rendus et pour toutes les grandeurs de l'histoire nationale, 1789 a été un déni de vérité et de justice.

Pour la religion catholique associée principale, et créatrice première de notre civilisation, 1789 a été l'ignorance ingrate, l'outrage calomniateur, la haine passionnée.

1789 a été le pouvoir établi de l'irréligion, et du Tiers-État.

Qu'il ait fallu à cette époque une régénération, une Révolution immense dans ses bouleversements, ses épreuves et ses conséquences, je l'ai dit plusieurs fois : mais dans cette Révolution il y a eu des intérêts qui se sont faits une part fructueuse et excessive; nous allons retrouver ces intérêts en 1830 comme en 1789.

Aujourd'hui nous les voyons appliqués à faire de 1789 la date la plus digne de commémoration, et la base de leurs prétentions permanentes.

Puis nous voyons le programme révolutionnaire, maintenant comme au xviiie siècle, ne pas supporter l'autorité d'un Sénat, d'une seconde Assemblée, et ne pas non plus supporter le concordat et le pouvoir catholique dans ses indépendances. Bien loin de cette idée des cahiers qui demandaient une première Chambre, celle du clergé et de la noblesse réunis, une seconde Chambre celle du Tiers-État et une troisième Chambre celle des campagnes et des ouvriers du peuple, répondant aux trois grandes classifications d'une nation, les révolutionnaires ne veulent qu'une Assemblée, ne comprennent qu'une Constituante, une Convention. — On s'y entretuerait, n'importe, ils ne voient là qu'une chose, la Révolution maîtresse et permanente.

Mais si l'année 1789 et son Assemblée constituante sont pour le Tiers-État et la Révolution, une date si capitale dans notre histoire de France, qu'elle sépare cette histoire en deux parties ; — au delà la France ancienne, inférieure, à laisser en oubli ; en deçà la France nouvelle à mettre seule en lumière ; — nous avons vu que c'était là fausser entièrement l'histoire : mais le Tiers-État a tout intérêt à le faire, et à exalter 1789, parce qu'en cela il entend bien toujours s'exalter lui-même.

De plus· la gloire de 1789 est en même temps la glorification d'une autre année, l'année 1830 qui se rattache à 1789 comme une suite et un renouvellement de triomphe pour les idées et les intérêts du Tiers-État ou bourgeoisie.

La Révolution de 1830, a été la seconde victoire du Tiers-État; pour la seconde fois sa prépondérance entière établie, ses vanités satisfaites: et si cette seconde époque de sa toute puissance n'a pas été une anarchie comme la première, c'est que plus expérimentées, mieux dirigées, les classes moyennes se sont appuyées sur une royauté, sur un ordre public réprimant l'émeute, et que le pouvoir n'a pas été remis a une seule Assemblée.

Malgré ces conditions, nous verrons se continuer la lutte des classes et des intérêts, et par là se continuer aussi les Révolutions.

CHAPITRE V.

LA BOURGEOISIE. — 1830.

L'effet produit par la mort de Robespierre avait dépassé de beaucoup les prévisions de ses auteurs. Ils n'avaient pensé qu'à s'affranchir d'un des leurs qui les effrayait, et à ajouter un acte meurtrier aux actes semblables et précédents du drame terrible ; mais l'explosion de l'indignation publique contre les terroristes, et la lassitude des tueries, imposèrent tout à coup la cessation du carnage ; et forcés de s'arrêter, les révolutionnaires s'aperçurent qu'en effet ils se trouvaient pleins possesseurs du pouvoir et du riche butin fait sur les dépouillés ; que dès lors, il était temps pour eux de ne plus se tuer ; que l'heure était venue de jouir vivement des fruits de la révolution.

Le Directoire fut la jouissance organisée des enrichis. Pendant que le peuple tranquille, et les classes opprimées, avaient ce premier bonheur de respirer sans être étouffés par un cauchemar toujours sanglant, le Tiers-État pût s'abandonner librement à ses passions naturelles de trafics, d'agiotages, de spéculations; occuper les places et ne songer qu'à tirer profit de la puissance et des revenus publics.

Une certaine part, la plus haute dans ses rangs, eut bien la pensée de conduire la réaction contre-révolutionnaire jusqu'à un ordre de réparation et de justice mieux équilibré, peut être même jusqu'à la monarchie ! le coup d'état de fructidor, débarrassa de cette inquiétude les heureux d'être seuls à disposer de tout; ce ne fut qu'après quelques années de plaisirs et de lucre, lorsque le Directoire eut poussé à bout le règne des cupidités sans frein, des parvenus parés de lourdes breloques, des fournisseurs éhontés, des tripoteurs d'affaires et des viveurs aux dépens des misères publiques, que la France militaire, composée d'hommes de toutes classes, donna à la Nation un Chef de naissance et de sentiments nobles, le chef de soldats, fiers avec lui de leurs grandes batailles.

Si toute armée se fonde sur la discipline et la hiérarchie des rangs, et est ainsi le modèle et souvent la source même des hiérarchies sociales ; ce chef des grandes armées conquérantes, l'Empereur, plus que tout autre, comprenait la nécessité des pouvoirs hiérarchisés, la place que doivent occuper dans une Nation les notabilités ; et il avait, avec toute l'ampleur de ses vues et de son autorité, voulu réunir l'ancienne Noblesse française représentant plusieurs siècles de gloire, avec la nouvelle Noblesse qu'il avait formée par des années de victoire ; ces deux Noblesses avaient chacune pour titre les hauts faits, et la renommée acquise au service de la Patrie.

L'Empereur, dont un prince, Napoléon, ne veut faire qu'un continuateur de la révolution, avait à l'encontre de la révolution, rétabli le Catholicisme, la Noblesse et le peuple dans les grandeurs de la Nation. Les Classes intermédiaires étaient rentrées dans le rang ; elles avaient fourni leur contingent de mérites, et la Nation avait ainsi repris cet aspect d'ensemble qu'elle ne devrait jamais perdre.

Il est vrai qu'en grande partie l'ancienne Noblesse se tenait à l'écart de l'Empire, et pour maintenir le droit et l'hérédité légitime résista au conquérant, alors surtout qu'elle le vit sortir lui-même du programme qu'il s'était tracé, et qu'au lieu d'associer sa gloire aux grandeurs de la Religion et de la Nation, il voulut tout soumettre à sa grandeur seule, religion et Papauté, Rome, la France et l'Europe.

Mais l'union des classes diverses de la Nation en les mêlant toutes dans la grande confraternité nationale et guerrière, en écrivant avec leur sang répandu sur les mêmes champs de bataille l'immortelle épopée de leur gloire commune, n'en était pas moins une éminente pensée. Ce fut un fait réalisé sous l'ascendant du conquérant, et dans l'entrainement des conquêtes; mais il n'avait pas eu le temps de se cimenter pour l'avenir. La Restauration vit renaître les passions des classes ennemies.

Cependant, toutes les réformes étaient faites : le code civil était établi, même avec des lois défavorables au maintien des familles et des propriétés : toutes les libertés étaient consacrées par une Constitution. Comme on n'avait plus de libertés à réclamer, on se réduisit au mot de Libéralisme (velamen libertatis) et ce mot suffit à recouvrir le fond de la lutte, la pensée des classes moyennes, leur animosité toujours la même contre toute classe supérieure, leur intérêt à dominer entièrement la classe inférieure, et leur prétention inoubliée depuis 1789, d'être à elles seules la Nation entière ; ce qu'ils nommèrent la France nouvelle.

« La France nouvelle, écrivait Guizot dès 1821, demande un « gouvernement bourgeois. Soyez un gouvernement bour- « geois! » (Des moyens de gouvernement 1821).

Quelle que fut l'égalité de ses droits avec les autres membres de la Nation, la Bourgeoisie enflée de ses forces acquises, fit contre la Royauté légitime, le Clergé et la Noblesse, la Révolution de 1830.

Il semble que la Restauration aurait pu et aurait dû être la fin de la Révolution. Elle avait amené un développement merveilleux de science, de littérature et d'éloquence ; elle avait produit un essor tout nouveau dans les arts, l'industrie, l'agriculture ; elle avait terminé les récriminations sur l'origine des propriétés révolutionnaires. La liberté de la Presse et des débats politiques était grande. Dans l'ordre intellectuel et matériel un champ vaste et nouveau s'offrait à l'activité des esprits, champ fécond où les années de 1830 à 1848, puis l'Empire de 1850 à 1870, ont vu se fructifier, et ont recueilli les progrès et les richesses. En même temps, la Restauration avait au dehors maintenu la grandeur et l'honneur de la France.

N'importe !

Le roi, l'héritier des Rois de France avait, en 1814, bien à l'opposé de ce qui a été dit par le comte de Chambord, accepté d'être le Roi légitime de la Révolution. Il s'était appuyé sur Talleyrand et sur Fouché.

N'importe ! Les classes moyennes, elles, n'aimaient la légitimité ni dans le Clergé, ni dans la Noblesse, ni dans la Royauté.

On le vit bien, lorsque n'acceptant pas l'hérédité d'un enfant avec une régence à leur gré, celle de Louis-Philippe d'Orléans, lieutenant général du royaume ; elles préférèrent l'illégitimité dans une monarchie nouvelle et à leur convenance, comme base première de la situation illégitime qu'elles avaient voulu en 1789, et qu'en 1830, elles entendaient se faire dans la Nation.

C'est ainsi que dès 1789, elle avait songé à une royauté de Philippe d'Orléans.

En 1830, la bourgeoisie eut donc son gouvernement désiré ; elle prit toutes les places, elle eut toutes les prépondérances ; elle se livra à toutes ses idées favorites.

Réduire le clergé a un fonctionarisme moral, sous la dépendance de l'État, le prêtre fonctionnaire, rétribué par l'État, réprimé par l'État, contenu dans son Église, contenu dans sa parole, et soumis avant tous autres chefs au ministre des cultes, fut-il protestant ou athée ! En ces premiers moments la révolution de 1830 ne souffrait pas même l'habit du prêtre dans les rues, elle ne cessa pas de détester l'habit du moine.

Abaisser l'armée devant le civil, devant le bourgeois revêtu même ridiculement de l'habit de garde national.

Vouloir la paix à tout prix : pas d'interventions généreuses ! chacun pour soi, chacun chez soi ; maxime alors célèbre !

Le droit d'élection donné au *cens*, suffisant pour écarter le peuple, et pas même attribué aux capacités officielles résultant de l'instruction, ce qui amena en partie la révolution de 1848.

Pas d'associations, ni de corporations ouvrières ! l'industrie favorisée au profit des capitalistes ; les doctrines de l'économie politique selon J.-B. Say, et les doctrines sur la population selon Malthus, pour n'avoir pas trop à s'occuper des misères du grand nombre.

Cette politique prit le nom de juste milieu. Milieu oui, mais non pas juste ; puisqu'il concentrait tout dans ce milieu, sans s'occuper des dessus ni des dessous.

L'homme et le livre qui avaient le plus préparé cette révolution de 1830, était Adolphe Thiers et son *Histoire de la Révolution*, très vraie en un sens, s'il y a vérité historique à ranimer, à partager les idées, les passions, les intérêts du Tiers-État en 1789 et à les reproduire avec tous les préjugés, les illusions, les erreurs de l'époque. Aussi unissait-il toujours dans ses admirations 1830 à 1789 ; — « quels temps, quelles choses, « quels hommes, disait-il dans son discours de réception à « l'Académie, depuis cette mémorable année 1789, jusqu'à « cette autre année non moins mémorable de 1830. »

Depuis lors la glorification de 1789 et du Tiers-État ne cessa plus et la bourgeoisie eut l'insigne fortune d'avoir pour la courtiser des historiens célèbres.

Les uns montraient que la révolution de 1830 analogue en tout point à la révolution de 1688 en Angleterre, serait comme elle le point de départ d'une époque supérieure pour l'honneur et les intérêts de la France.

Il y avait là un certain mirage historique, des analogies de situation et de personnes : une restauration en Angleterre avec Charles II et la chute avec son frère Jacques II ; une restauration en France avec Louis XVIII et la chute avec son frère Charles X. Jacques II à Saint-Germain, Charles X à Holyrood, la question religieuse catholique mêlée aussi aux deux révolutions ; mais la révolution de 1688 avait été faite par les lords de l'Église anglicane, et les lords politiques de la Chambre haute, elle avait été essentiellement l'œuvre de l'Église anglicane et de l'aristocratie ; la révolution de 1830 n'était que voltairienne et bourgeoise.

D'autres écrivains abusés par l'esprit de parti qui les avait animés pendant la Restauration et qui inspirait maintenant leurs conclusions, pénétrés de l'esprit de la bourgeoisie qui les applaudissait, arrivaient à cet aphorisme, que l'avènement définitif de la bourgeoisie au gouvernement était le but final, la résultante providentielle de l'histoire.

Guizot dont le génie avait illuminé d'un jour si vif et si nouveau l'histoire de la civilisation moderne en Europe, n'avait plus gardé à l'égard des idées et des intérêts qu'il servait, sa pénétration clairvoyante. Ministre lui aussi de la bourgeoisie dont il rehaussait les idées, et dont il croyait le triomphe durable, il tomba en 1848 avec elle d'une chute imprévue; et s'éveillant comme d'un rêve, il put dans la solitude du Val-Richer, éditer ses retours sur lui-même, sur son époque, et sur ses prévisions par les faits démenties.

Amédée Thierry d'une érudition si investigatrice pour le passé du Tiers-État, mais qui dans son amour pour la bourgeoisie, prenait rois et siècles comme simples préparateurs de son avenir souverain, vit en un seul jour de révolution l'écroulement de ses théories, le comprit, et mourut au regret de ses illusions perdues.

Ces historiens n'avaient pas vu que la réalisation complète du mot de Siéyès, le Tiers-État ou bourgeoisie, devenu tout, allait par un juste retour être le principe des attaques contre cette toute puissance.

La bourgeoisie se préoccupait peu des plaintes de l'ancienne noblesse. La plainte des abaissés pouvait même : « Chatouiller « de son cœur l'orgueilleuse faiblesse. »

Quant au clergé, l'Université était là pour lui restreindre et même lui interdire le droit d'élever la jeunesse. Le Conseil d'État était là pour réprimer l'enseignement supérieur des évêques, et surveiller leurs mandements. Il y avait contre eux les *appels comme d'abus*, et l'on ne s'en fit pas faute.

Mais le peuple tant de fois depuis 1789 mis en mouvement au profit des classes moyennes, le peuple commençait à se demander ce qu'avaient produit pour lui les révolutions, et à vouloir régler ses comptes avec la bourgeoisie.

Il se trouva des doctrinaires nouveaux pour dire au peuple

que si la société avait été refaite au xviii⁰ siècle au gré du Tiers-État, elle devrait être refaite au xix⁰ siècle au gré et en faveur du peuple.

Il fut dit que si l'aristocratie de la noblesse avait été odieuse au Tiers-État et abolie par lui, l'aristocratie de la bourgeoisie et de la richesse pouvait bien être regardée comme injuste et odieuse pour le peuple, et devait être abolie à son tour.

Que les bourgeois patrons étaient le petit nombre, et que le peuple formait la classe immense des travailleurs.

Que le capital était le privilège, mais que le travail était la force !

La bourgeoisie avait pris honneurs, pouvoirs et places. Le peuple se leva plusieurs fois avec un cri nouveau, demandant du travail ou du pain.

La bourgeoisie avait son ministre, Thiers, qui était bien son représentant, pour réprimer ces cris dans le sang à Lyon et à Paris.

Ce ne fut cependant pas la fin des oppositions, et ce ministre aurait pu le prévoir, car il avait écrit (liv. IV, de son *Histoire de la Révolution*), « l'Assemblée et la garde nationale compo-
« saient cette nation moyenne riche, éclairée et sage, qui vou-
« lait établir l'ordre constitutionnel. Elle avait à combattre la
« démocratie au dedans, l'aristocratie au dehors. Mais s'il leur
« convenait de s'arrêter au point où elles en étaient arrivées,
« cela ne convenait pas à l'aristocratie qui voulait un boule-
« versement, ni au peuple qui voulait acquérir davantage. »

Cette nation moyenne éclairée et sage, n'avait été en 1789, ni assez éclairée, ni assez sage pour comprendre que les vues et les intérêts d'une seule classe ne renferment pas toutes les lumières, tous les intérêts, toute la sagesse d'une nation. N'ayant pas borné ses ambitions, elle ne put s'arrêter à 1789, elle fut emportée jusqu'à 1793.

En 1830 elle avait recommencé l'entreprise d'humilier et d'abattre toute supériorité, et de tenir assujetties les classes inférieures. Elle retrouva contre elle le clergé qu'elle voulait tenir dans sa dépendance, les hautes classes qu'elle bannissait du pouvoir, et le peuple dont elle exploitait le travail sans songer à lui reconnaître ses droits. Le socialisme maintint ses réclamations en dépit des répressions violentes, et la Révolution de 1848 vit les vanités et la prépondérance exclusive de la bourgeoisie tomber à la satisfaction de toutes les oppositions qui s'étaient formées contre elle.

Il y eut même dans cette Révolution de 1848, comme une juste punition de 1830. C'est que la garde nationale, cette bourgeoisie armée qui avait établi une Royauté au service de ses intérêts, délaissa le Roi de son choix et se délaissa elle-même; donna la main aux oppositions, prit part à leurs banquets dans un de ces moments où les vanités ne voient plus rien autre chose que leur mécontentement dès qu'elles sont blessées. Louis Philippe avait blessé la garde nationale en lui donnant pour chef un simple général et non un maréchal de France. Elle laissa donc passer le socialisme, et la bourgeoisie fut fort étonnée le lendemain de reconnaître qu'elle avait aveuglement concouru elle-même à sa propre défaite.

Par suite d'ordres et de contre ordres, et par suite aussi de l'importance politique qui avait été donnée à la garde nationale, tellement que son appui et son exemple étaient réputés indispensables, l'effondrement complet et subit de l'armée dans Paris ne fut pas une des choses les moins extraordinaires de cette Révolution. Alors surtout qu'il y avait à Paris le maréchal Bugeaud, La Moricière, Bedeau les plus illustres chefs de l'armée d'Afrique. Thiers appelé par le Roi, n'avait trouvé pour dernier conseil a lui donner que de retirer au maréchal Bugeaud le commandement des troupes.

Les barricades de 1848 rééditèrent les barricades de 1830. La chute et la fuite de la Royauté élue en 1830, vengèrent la fuite et l'exil de la Royauté légitime, et l'on put remarquer que celle-ci escortée avec respect, et son drapeau qui venait de flotter vainqueur sur les murs d'Alger déployé devant elle, s'en était allée lentement jusqu'au vaisseau qui l'emporta comme l'éplorée Marie Stuart en Écosse au vieux palais des Rois; tandis que la Royauté de 1830 disparut comme une fugitive inconnue, heureuse d'aborder en une barque de pêcheur sur les côtes d'Angleterre, et d'avoir au moins la vie sauve.

La Révolution de 1830 est restée fatale.

En brisant de nouveau l'accord entre les classes, rétabli par Napoléon et par la Restauration; en renversant l'hérédité séculaire et traditionnelle pour lui substituer une hérédité facultative au choix de chaque Révolution ; les classes moyennes en 1830, ont recommencé un nouveau cycle de Révolutions, alors que le cycle commencé en 1789 et continué par la République et l'Empire, semblait fermé par la Restauration.

Le cycle de 1830 commencé par une Royauté, que Lafayette avait nommée la meilleure des Républiques, a ramené à nouveau une République passagère, à nouveau un second Empire, à nouveau une République assez longue, et avec elle la Révolution maçonnique, antichrétienne.

Par 1830, la Bourgeoisie seule a produit les Révolutions suivantes, et elle en a toute la responsabilité. Le Tiers-État en 1789 n'avait eu qu'en très grande partie, mais non pas à lui seul, la responsabilité de 1793.

Le second Empire comme le premier, avait rétabli par son autorité l'accord entre les classes : la République à la fin de notre siècle ne s'applique qu'à ranimer l'irréligion et les discordes. La guerre à l'Église, la guerre entre les classes et les intérêts avaient encore sans doute trop longtemps à durer, pour qu'il pût être donné à la Restauration d'y mettre un terme.

Mais ce n'en est pas moins l'ambition démesurée des classes moyennes qui en croyant terminer à leur profit et à leur honneur l'histoire de leurs triomphes en 1789, n'a fait en 1830 que recommencer le second tome de nos Révolutions.

CHAPITRE VI.

PEUPLE ET BOURGEOISIE. — LE SOCIALISME ET LA COMMUNE. — INTÉRÊTS ET PARTIS. (de 1848 à 1888).

1848 eut une Assemblée nationale remarquablement composée par le scrutin de liste. Elle avait des représentants de toutes les classes de la nation. On y voyait le costume d'un paysan breton, comme aussi le blanc costume de cet admirable orateur, de ce dominicain célèbre, Lacordaire, qui avait dit : Mon costume lui aussi est une liberté !

Dans cette assemblée se trouvaient les hommes politiques les plus célèbres formés par la pratique des affaires, une grande expérience, une longue habitude du régime parlementaire et mûris par les leçons de l'histoire, les leçons surtout si vives de nos époques récentes ; leçons encore incomplètes, paraît-il, quelques profondes, quelques sévères qu'elles aient été, puisque cette assemblée regarda comme son but, et eut pour préoccupation première de faire à son tour une Constitution. — Nulle Constitution ne fut plus savamment et plus compendieusement débattue.

Comme si la durée des constitutions était d'autant plus courte que la confiance des assemblées en leurs lumières et suffisances est plus grande, celle-là ne dura pas plus que celle de la première Constituante : elle était à peine promulguée, qu'elle était emportée par une Révolution nouvelle.

La doctrine constituante tendait pourtant à se modifier ; elle n'avait plus en elle-même la foi robuste des premiers jours. Mais ce fut encore une grande discussion de savoir si la Constitution devait être immuable ou révisable. On finit par la soumettre à la possibilité d'une révision. Elle n'eut pas besoin d'être révisée ; Louis Napoléon se chargea seul de la refaire.

Il y eut un journaliste célèbre, Emile de Girardin, qui étonna la pensée générale en disant : Plus de constitutions ! mais des lois ! — Que des assemblées représentatives n'avaient pas à fournir les unes plus que les autres des constituants ; — mais seulement et également les unes comme les autres de simples législateurs, élus pour élaborer des lois nécessaires, usuelles, et par là même sujettes à réformes. — Mais l'assemblée de 1848 ne voulut pas renfermer ses pouvoirs dans ce rôle de représentants : elle resta parmi les aspirants à cette gloire, d'être législateurs suprêmes (1).

L'esprit public à lui seul, et dans un sentiment de liberté qui n'attendit aucun pouvoir constituant pour se manifester, venait de faire une grande trouée dans les principes de la révolution. 1848 avait apporté la liberté des conciles aux évêques qui depuis longtemps n'étaient pas même libres de correspondre entre eux publiquement. Une telle correspondance serait un concile écrit, avait dit un juriste célèbre. L'esprit bourgeois et anticlérical ne voulait pas plus de la liberté des conciles que de la liberté des associations ouvrières.

1848 avait vu le peuple, par un instinct de ses vrais intérêts, témoigner honneur au clergé ; et pour payer au peuple le prix de ces déférences, le clergé devait bientôt avoir un martyr pour lui ; un pasteur donnant sa vie pour son troupeau.

Le peuple, même celui des barricades, rejeta sur un hasard confus la mort de Monseigneur Affre, et à ses funérailles, il fit de son immense concours et de ses respects agenouillés, une des plus magnifiques protestations que notre époque ait vues en l'honneur de la foi populaire, chrétienne !

(1) Celui qui écrit ces lignes fit à cette époque, sur les *Constitutions*, un livre sans succès, mais conforme à toutes les idées sur lesquelles je reviens aujourd'hui.

En 1848 le peuple avait apparu, non plus aux gages du Tiers-Etat comme aux jours de 89 et de 93 ; non plus simple émeutier au profit de la bourgeoisie, comme en juillet 1830, mais acteur important qui entrait en scène et pour son propre compte.

Malheureusement, le socialisme, qui prenait bruyamment en main la cause du peuple, pour la fourvoyer et la perdre, était un socialisme anarchique. Ses bandes, comme des hordes armées sous le nom de Montagnards, s'étaient installées au palais ravagé des Tuileries, et à la préfecture de police, avec des chefs et guides tels que Sobrier, Caussidière, et dans les clubs Barbès et Blanqui ; — ou bien c'était un socialisme allant droit au communisme, au partage des propriétés, aux attaques contre le capital, et se ralliant à des axiomes comme ceux-ci : — la propriété c'est le vol ! — Dieu est le Mal !

Avec Pierre Leroux et surtout avec le robuste franc-comtois Proudhon, dialecticien formé par la scholastique, le socialisme avait à l'Assemblée nationale ses grandes assises, ses colloques, comme avaient été au siècle protestant les colloques de Poissy, préludes des guerres civiles.

Le peuple, après 1830, avait demandé du travail ou du pain. En 1848, Louis Blanc, Ledru-Rollin et des meneurs socialistes lui donnèrent du pain sans travail et dans les ateliers nationaux rassemblèrent pour le désordre, une armée.

Ainsi le socialisme irréligieux et communiste, au lieu de rattacher à la cause du peuple les sympathies toutes disposées du clergé et de la noblesse, allait forcer à se réunir sous la bannière de l'ordre social, tous les intérêts effrayés par le désordre des idées et des rues.

Aux journées de juin 1848 éclata la formidable émeute. Il fallut s'en défendre par une répression formidable. Les provinces accoururent contre les barricadiers de la capitale. Fatales journées où périrent des victimes par mille, où le sang généreux de l'archevêque de Paris fut versé, où le peuple fut égaré et sacrifié comme il le sera toujours, par des guides révolutionnaires et des conseils funestes !

Alors au nom de l'ordre social se trouvèrent réunis noblesse, clergé et bourgeoisie. Alors M. Thiers cherchait et acceptait l'accord avec MM. Berryer, de Falloux, Montalembert et Monseigneur Dupanloup ; accord qui du moins proclama la liberté de l'instruction et entama ce monopole de l'Université et de l'Etat auquel la Révolution tyrannique veut toujours revenir. Alors la bourgeoisie se prêtait à aller rétablir l'ordre, jusque dans Rome, et à combattre pour la papauté !

Mais les craintes communes qui engendraient ces accords momentanés ne pouvaient conduire encore jusqu'à ces grandes conciliations qui mettent fin aux révolutions. Trop de scissions anciennes et récentes, d'intérêts, d'idées et de personnes, même entre princes, séparaient les classes et les esprits; pour qu'on pût arriver à ce mot qui dès lors fut prononcé et résumait ce qu'il eut fallu, mais ce qui ne fut pas, une fusion.

Thiers, entre autres, était trop profondément l'homme des intérêts et des orgueils bourgeois, et trop préoccupé de sa propre prépondérance, pour aller au delà d'une simple entente politique et temporaire.

Les partis monarchiques furent donc par là, condamnés à l'indécision et à l'impuissance.

Le socialisme reprit courage ; il s'agglomérera à nouveau dans l'ombre des sociétés secrètes, dites la Marianne, — et ce fut encore au nom de l'ordre et du péril social, que le second empire remplaça la République.

1830 avait divisé les royalistes en parti légitimiste et en parti orléaniste. 1848 avait de son côté séparé le républicanisme en parti républicain et en parti socialiste. — La présidence du prince Louis Napoléon, fondée sur les souvenirs populaires, avait fait revivre le parti bonapartiste. L'empire lui donna force et nombre, et créa sous ce nom des intérêts nouveaux et puissants. Des partis multipliés et divisés, voilà jusqu'à présent le résultat de nos révolutions diverses. Des intérêts plus que désunis, profondément ennemis, voilà jusqu'à présent le résultat des révolutions et des doctrines économiques non chrétiennes.

Le second empire eut, comme le premier, la grande pensée

de vouloir rattacher à lui toutes les classes de la nation. — Les Républiques dans leurs idées étroites et violentes ont toujours fait le contraire.

Sans pouvoir s'entendre avec l'empire sur le principe même du pouvoir monarchique, l'hérédité, les légitimistes eurent pour l'empereur de la déférence, dans ces années où il avait pris pour maxime de rassurer les bons et d'imprimer la crainte aux méchants. Le clergé, durant ces mêmes années, vit l'empire favoriser la religion et l'empereur chercha pour son fils le titre de filleul du pape. La bourgeoisie, usant de l'ordre public, accrut sa fortune, et les intérêts populaires servis, non pas toujours par des idées justes (car Napoléon III avait gardé de ses affiliations maçonniques un fond d'idées socialistes), mais servis du moins par un désir élevé de leur être utiles, les intérêts populaires gagnèrent sous l'empire plus qu'ils n'ont gagné par les émeutes. Abondance du travail, protection bienveillante, progrès des richesses générales. Dans la politique, le suffrage universel (je parle de son principe et non de son application désordonnée), donnait au peuple ce que ne lui aurait jamais donné la bourgeoisie, amie du cens et du suffrage restreint.

L'empire tombé sous l'invasion étrangère, noblesse et clergé se retrouvent sur les champs de bataille, alors qu'il s'agissait de courage et de dévouement.

La Vendée donne Charette, à la tête de ses zouaves pontificaux, mais, hélas ! la Bretagne n'avait pas donné à Paris et à la France, ce qu'il aurait fallu, un Duguesclin.

La bourgeoisie eut Gambetta et Thiers.

Le peuple français, la nation en 1871 comme en 1848, à l'heure d'un grand péril social envoya une Assemblée nationale remarquablement composée par le scrutin de liste, de Représentants de toutes les classes, et comme en 1848, la religion eut dans cette assemblée un éminent représentant de l'éloquence patriotique et chrétienne, — Monseigneur Dupanloup.

Mais il y avait un autre peuple que celui de la France, il y avait à Paris le peuple du socialisme, ou plutôt il y avait à Paris les chefs et les meneurs de ce socialisme toujours prêt à égarer le peuple et à perdre sa cause.

Comme en 1848 et plus formidable encore qu'aux journées de juin, éclata l'insurrection des bandes populaires, armées et soldées pendant le siège de Paris, et laissées sous la main des anarchistes. Alors des chefs de toutes nations et de toutes sortes, aventuriers français ou étrangers, et surtout étrangers, tous affiliés aux sociétés secrètes, dominèrent Paris par une nouvelle terreur, sous le nom de *la Commune*.

Cette fois, l'émeute était maîtresse de la capitale ; et la province représentée à Versailles par l'Assemblée nationale allait encore réprimer l'émeute, non plus abritée par de simples barricades, mais solidement établie dans l'enceinte de ces remparts et de ces forts qui avaient défié les armées de la Prusse.

Forteresse de la guerre civile, Paris appartenait à des hommes, disons à des ennemis tels, que le jour où ils ne pourraient plus garder la ville, ils n'hésiteraient pas à la détruire.

Aux ordres de quelques forcenés, ils voulurent brûler par le pétrole, monuments, rues, ville entière ; ils auraient fait périr par le feu, femmes, enfants, vieillards, population immense ; tentative infernale ! horreur satanique ! L'imagination dépassée par cette réalité se refuse, en quelque sorte, à y croire et l'oublie.

La répression fut terrible.

Voilà donc en 1871, ainsi qu'en 1848, comment le socialisme révolutionnaire prend les intérêts du peuple, et comment il sait les servir.

Quelles leçons ! si elles pouvaient profiter aux malheureux conduits par des démons impitoyables, qui pour eux ont remplacé le fils de l'homme, le rédempteur du peuple, le sauveur, Jésus-Christ.

Le chef du gouvernement appelé à réprimer la Commune, fut M. Thiers, déjà deux autres fois répresseur, sous le règne de 1830.

Que ces tristes nécessités s'imposent à un homme politique, et qu'elles signalent sa fermeté, soit ! mais l'homme trois fois appelé dans un cours de trente années à ce rôle sévère, ne devrait pas avoir sans mélange de tristesse et de doute sur les idées et le progrès de son époque, satifaction entière de cette époque et de lui-même.

M. Thiers était au contraire, je le crois, pleinement satisfait. Ministre de la bourgeoisie triomphante de 1830, chef de la France en 1871, il reprit l'œuvre qu'il avait tant vantée dans son histoire de 1789. L'œuvre des prépondérances non pas démocratiques mais bourgeoises ; et comme le peuple était vaincu et que noblesse, clergé et royalistes allaient à la monarchie, il mena son œuvre à l'encontre des classes supérieures et des idées monarchiques, jusqu'à la République.

Si la couche première des notabilités de la bourgeoisie, s'est alliée à la noblesse, est revenue comme elle aux idées religieuses, et à ses préférences pour la monarchie, les couches deuxième et troisième de la bourgeoisie tout en n'étant pas éloignées de la monarchie comme assurance d'ordre, acceptent la République, comme assurance d'abaissement général en leur faveur.

M. Guizot, de 1830 à 1848, avait représenté plus spécialement la haute bourgeoisie. M. Thiers déjà représentait les degrés mitoyens, et ce sont ces degrés là qui peu à peu ont envahi avec lui la scène politique, déprimé l'Assemblée nationale, et annulé les conservateurs en les attaquant au défaut de la cuirasse, leurs divisions entre eux.

Qui ne sait pas diviser, ne sait pas régner, disait Louis XI ; Thiers n'eut pas besoin de savoir diviser, il trouva les divisions toutes faites, par les conséquences fatales de nos révolutions, par ces appellations diverses et ces intérêts divers compris sous les noms de légitimistes, orléanistes, bonapartistes.

La République et le gouvernement des classes inférieures bourgeoises ont passé à travers ces divisions politiques.

Cette république est démocratique, en ce sens qu'elle emprunte au mot démocratie les haines et les envies inséparables de cette classification antique, — Gambetta l'appelait scientifique, mot prétentieux, auquel les anarchistes donnent une triste réalité par le recours systématique à la seience de la chimie, à l'emploi de la dynamite et des substances explosibles.

Au point de vue principal, la République actuelle est bourgeoise, ses affinités sont avec les idées antichétiennes de 1789, le jacobinisme autoritaire de 1792, le voltairianisme du xviiie siècle et de 1830. La franc-maçonnerie qui dirige tout est à la fois l'âme de la Révolution, et une affiliation de sociétaires bourgeois, pour l'exploitation industrieuse du pouvoir, des places, des finances, et du peuple.

Ce sont les idées toujours reconnaissables de Rousseau, du *Contrat social*; les intérêts toujours les mêmes, ceux d'une classe; le catholicisme, sous le nom cléricalisme, déclaré l'ennemi; — l'Église asservie à l'État, l'éducation aux mains de l'État, la famille mutilée, toute association à craindre, dès lors surtout qu'elle est populaire ou religieuse; le commerce favorisé et non l'agriculture, l'influence donnée aux villes et non aux campagnes, enfin l'avidité des places, des fonctions, des traitements et des honneurs, ces choses qui ne sont pas pour le peuple, mais pour la bourgeoisie.

Cette bourgeoisie n'étant plus contenue par une monarchie, prend toutes ses coudées.

Les intérêts bourgeois ont dominé la Révolution à son principe, ils la dominent à sa fin.

Les intérêts populaires ne se réclamant que de la force et non du droit chrétien se suicident dans les grèves, les émeutes et les insurrections.

La Révolution a produit la guerre civile permanente entre les classes. — les révolutions accessoires ont produit la guerre successive et multiple entre les partis.

Celui qui saura régner, *n'aura pas à diviser*, selon l'adage astucieux du monarque de Plessis-les-Tours, il aura à unir les partis, les classes, les intérêts; grande œuvre! elle a besoin de l'esprit chrétien qui relie et qui sauve !

CHAPITRE VII.

RÉSUMÉ. — INTÉRÊTS TIERS-ÉTAT. — IDÉES ANTICHRÉTIENNES. APOGÉE DE LA RÉVOLUTION.

A leur première mise en scène en 1789, les idées révolutionnaires ont eu pour fauteurs aussi bien le Clergé et la Noblesse pour une part, que le Tiers-État.

Les responsabilités et les causes, nous les avons énumérées depuis Louis XIV et Louis XV ; depuis la renaissance de l'antiquité, jusqu'au fanatisme de ses admirateurs au xviii° siècle ; depuis l'impiété philosophique, jusqu'à l'immoralité et à l'incrédulité trop générales ; Cour et Ville, Clergé, Nobles et Parlements, tout se précipita aussi bien que le Tiers-État vers la Révolution.

La Révolution comprend en elle le schisme, l'hérésie ; au delà des hérésies, la négation entière du christianisme ; de sorte que par ce bond extrême, elle échappe à la classification de ses erreurs, elle sort des formules modernes, elle a bondi jusqu'à l'antiquité et au paganisme ; elle sort des formules de la civilisation en Europe, elle a bondi en retour jusque vers l'état de nature, aux confins de la sauvagerie. Dans cette convulsion d'efforts extraordinaires, pour échapper au christianisme et l'apostasier, une part du Clergé et des Parlements par leur intime et janséniste animadversion de Rome ; grande part de la Noblesse par sa légèreté et son scepticisme méprisant à l'égard d'elle-même, de ses pères et des traditions, ont concouru autant que le Tiers-État au reniement du passé, à la négation de la Constitution française, à la rénovation empirique de la Société tout entière.

Un historien remarque qu'en Angleterre, au temps des Hume et des Bolingbrocke, l'impiété philosophique des idées était aussi grande qu'en France, au temps des Diderot et des Voltaire, et n'a pas produit les mêmes conséquences.

Les comparaisons avec l'Angleterre sont en général assez vaines; car s'il y a des similitudes au dehors, au fond tout est disparate.

Ainsi en Angleterre, le Clergé et la Noblesse étaient des pouvoirs étendus et solides. Ce Clergé et cette Noblesse, bien loin de songer à abdiquer leur situation et leurs pouvoirs, vis-à-vis des classes intermédiaires, qui d'ailleurs ne le leur demandaient pas, venaient en 1688 de consolider et d'amplifier leur puissance.

En France, au contraire, la Royauté avait dès longtemps ôté le pouvoir à la noblesse et au clergé; et quand la Révolution ameuta les esprits contre l'aristocratie religieuse et l'aristocratie politique, elle les ameuta contre ce qui en réalité n'était déjà plus; il en restait les fantômes.

Par les Etats Généraux, il est vrai, Clergé et Noblesse réapparaissaient en corps avec des pouvoirs légaux qui pouvaient se consolider peut-être; et c'est pourquoi le Tiers-État ne voulut pas laisser s'établir les États Généraux, et que, guidé par des transfuges éclatants de la Noblesse et du Clergé, il eut la hardiesse de marcher droit à ces corps qui avaient repris une apparence, mais qui se laissèrent traverser et décomposer comme des ombres.

Ces corps du clergé et de la noblesse étaient d'ailleurs aisément pénétrables par la communauté de leurs idées et de leurs systèmes avec les idées et les systèmes du Tiers-État.

Il n'y avait donc plus qu'un côté de résistance, les intérêts, intérêts personnels, intérêts sociaux et politiques. Or sur ces derniers intérêts les plus grands et qu'ils devaient défendre, les idées étaient telles qu'elles avaient aveuglé leurs esprits et leurs consciences. Ils les entrevirent, ne luttèrent qu'un instant, et comme nous l'avons vu, abandonnèrent en quelque sorte inconsciemment leur pouvoir et leur tâche.

Quant aux intérêts personnels, il les abandonnèrent d'enthousiasme et d'un seul coup : la séance d'une nuit suffit à cette immolation.

Ils ne croyaient pas s'immoler si bien et si complètement. L'autel de la Patrie cachait encore l'idole terrible prête bientôt à réclamer leur sang.

Pour le moment ils étaient applaudis et se crurent admirés, vraiment leur générosité ne leur a pas été secourable, et leur rôle alors fut bien un rôle d'aveugles et de dupes.

Nous n'admirons pas ces déchéances ; car d'abord ce qui en reste comme le fait évident et capital, c'est que le clergé et la noblesse sacrifièrent allègrement leurs intérêts, comme individus et comme corporations; et que le Tiers-État ne sacrifiant rien, et profitant des sacrifices des autres, établit ainsi en France ce règne des intérêts bourgeois, qui a absorbé tous les autres.

Ce qui reste comme fait évident et capital, c'est que le clergé et la noblesse n'ayant plus de pouvoirs constitués et déterminés pour se protéger et donner protection à qui que ce fut, roi ou peuple; le peuple eut à se tourner malgré ses anciennes habitudes vers le pouvoir nouveau, le Tiers-État; mais alors il trouva, organisés contre lui, et prêts à le tenir sous leur sujétion, ces intérêts des classes moyennes avec lesquelles il est en contact journalier pour son travail et pour sa subsistance.

Ce qui reste comme fait historique et capital, c'est qu'en même temps et à la fois furent brisés l'organisation du travail, le droit de corporation ouvrière, tous les moyens de résistance du travailleur vis à-vis du Tiers-État patron et maître; sauf la grève qui est la misère et la faim, et l'insurrection où sa vie est l'enjeu qu'il perd à peu près toujours, tristement et inutilement! et furent brisées les autorités sociales qui dépassaient le Tiers-État, et auxquelles le peuple pouvait avoir recours.

Ainsi donc, par ses idées, la Révolution française avait des adhérents dans toutes les classes ; par ses idées elle fut un entraînement, elle fut un composé d'aspirations vives et d'erreurs immenses, elle fut un fanatisme, elle fut un délire ; mais pour les intérêts qui surent s'en servir, elle fut une œuvre envieuse, ambitieuse, violente, suivie et calculée avec persévérance, l'œuvre d'une seule classe, le Tiers-État, une classe voulant être tout, et soumettre tout à elle.

Aux guerres religieuses du xvie siècle s'étaient mêlées des ambitions royales et princières aspirant à agrandir leur pouvoir, à renverser le Pape et l'Empereur, et à changer des dynasties ; il y eut des intérêts aristocratiques, des passions et des intérêts populaires ; les diverses classes entraient chacune pour leur part dans la grande lutte des opinions religieuses ; mais les diverses nations catholiques ou protestantes gardaient leurs classifications sociales ; et tous les peuples de l'Europe, malgré les prétentions de la Révolution française à bouleverser le monde, ont gardé clergé, noblesse, classe intermédiaire ou Tiers-État, et peuple ; en reconnaissant à chacun sa place et ses droits. En France seulement s'est établie cette guerre sociale et civile entre les classes qui, ayant écrasé la noblesse par le Tiers-État, voudrait aujourd'hui écraser la bourgeoisie par le peuple, et entretient parmi nous la discorde continue.

L'étude et l'histoire rapide du xixe siècle en France, nous montreront cette guerre civile incessante, ici je ne fais que résumer la Révolution au xviiie siècle.

Dans l'ordre des idées, l'idée fondamentale qui a groupé autour d'elle toutes les autres, a été l'idée antichrétienne.

Idée de classes raisonnantes, et se disant supérieures, par la raison ; idée pénétrée profondément par l'éducation classique, par le philosophisme, par la corruption morale, jusque dans le clergé, et dans la noblesse, et dans le Tiers-État : — mais non pas encore dans le peuple, qui par là même ne fut pas l'objet de la Révolution. Le peuple a été seulement un instrument externe entraîné, et trié dans les masses brutales qu'excite d'abord le solde de leur journée, et ensuite le pillage et le sang.

Dans l'ordre des intérêts, l'intérêt principal qui a tourné a son profit et dirigé les actes, c'est l'intérêt Tiers-Etat.

L'idée antichrétienne et l'intérêt Tiers-Etat n'ont pas cessé d'être l'esprit fauteur et l'intérêt excitateur de la Révolution depuis 1789 jusqu'à nous ; et sous ces deux points de vue se concentre l'histoire profonde de la Révolution.

A ces deux points de vue, c'est au xviiie siècle que la Révolution a eu son apogée.

Les révolutionnaires le reconnaissent et le proclament, quand ils parlent des géants de la Révolution. Monstres serait un mot plus vrai, mais enfin la Révolution à cette période fut en effet gigantesque.

Le Tiers-Etat pour ses triomphes, et pour les maintenir, s'en réfère aussi toujours aux principes de 89. L'exaltation de 89 est, en effet, la base de son exaltation à lui-même.

Taine classe son histoire de la Révolution sous des titres qui ont une part de vérité : l'*Anarchie spontanée* — et la *Conquête jacobine*. — L'anarchie spontanée par toute la France, cela est bien différent de l'apothéose ordinaire de la Constituante et caractérise singulièrement son œuvre. — La conquête jacobine, cela exprime bien la prise de possession violente, cette véritable conquête, où les vainqueurs, comme dans les temps antiques, massacrèrent bonne part des vaincus, et puis par la terreur et le pillage réduisirent le reste à l'esclavage.

Mais Taine a évité de classer et l'anarchie et la conquête révolutionnaire sous leur nom général et vrai, la conquête de la France par le Tiers-Etat.

En 1789 cette conquête commence et à peu près s'achève. Le clergé et la noblesse sont vaincus tout d'abord ; et aussitôt le Tiers-Etat s'empare de la plus riche dépouille, celle des biens du clergé. Viendront plus tard les biens confisqués sur les émigrés, et les dépouilles de la couronne. Ce butin est fait au nom de l'Etat, mais ce n'est pas l'Etat qui en aura le grand profit ; car le butin est tel que la vente précipitée de tous ces biens en annulera la valeur. Cela est dit et bien prévu d'avance ; mais c'est le Tiers-Etat qui les achètera, à vil prix, et la création des assignats rendra l'opération d'autant plus facile et d'autant plus fructueuse.

L'anarchie créée par la Constituante n'est pas spontanée. Elle éclate et se propage très vite il est vrai, mais elle est excitée, favorisée et voulue par le Tiers-Etat. Dans sa crainte de retours et de réactions religieuses, royales, nobiliaires ou populaires contre lui, le Tiers-Etat a ôté au roi et à l'armée tous pouvoirs de répression. Il a remis ces pouvoirs aux municipalités, aux corps administratifs qui manquent de force, et surtout de bonne volonté. C'est le Tiers-Etat qui remplit ces municipalités et ces corps administratifs et il laisse l'anarchie agir et se développer. Pourquoi la réprimer ? Ce n'est que le clergé et la noblesse qui sont livrés à la Jacquerie et au meurtre !

Quand les haines et la férocité de la victoire auront grandi encore, ce ne sera plus ni l'anarchie désordonnée, ni le massacre accidentel toléré et excité ; ce sera le massacre organisé traîtreusement d'abord, effroyable et infâme, par le ministre de *la Justice*, Danton. Abominable emploi du titre et de la fonction ! Massacres de Septembre ! Le peuple enivré n'est qu'un exécuteur conduit à une orgie sanguinaire. Puis ce sera le massacre proclamé, légalisé à haute voix, et avec l'appareil judiciaire, le comité et le tribunal de Salut public. Que ce soient alors girondins ou jacobins, sans doute le premier rang parmi les terroristes appartiendra aux jacobins, mais la conquête a été faite aussi bien par les girondins que par les jacobins : royauté, clergé, noblesse, ont été poussés à l'échafaud par le même ennemi, le Tiers-Etat, — le peuple n'a été qu'un comparse aveugle, — et si les vainqueurs dans leur triomphe en sont venus à s'égorger entre eux, ces rages personnelles ont pris des noms divers, mais n'en sortent pas moins des mêmes rangs, elles n'en appartiennent pas moins toutes au Tiers-Etat.

Le Tiers-Etat se décime, mais il poursuit son but, la suprématie de ses intérêts, et la destruction des classes ou corps qu'il continue à redouter, et qu'il veut anéantir.

Il y a parmi les populations dans le Midi et à Lyon des réactions qui se produisent ou s'essayent : elles sont écrasées.

La Vendée donne le spectacle du clergé, de la noblesse et du peuple, réunis dans une même protestation religieuse sociale et politique. Bien des personnes appartenant au Tiers-Etat font partie de cette armée de héros qui ne se laisseront pas égorger sans avoir les armes à la main, et des armes un moment victorieuses, jusqu'à ce qu'elles tombent brisées en des combats inégaux : populations et contrées sont livrées aux colonnes incendiaires. Le gros du Tiers-Etat, le Tiers-Etat des villes, a annulé et arrêté l'effort de la Vendée : Partout c'est le Tiers-Etat à qui reste le pouvoir de dominer, de tuer, et enfin de jouir.

Rois, aristocraties, oligarchies ou tribuns populaires, dès lors qu'une suprême puissance tourne les têtes et donne le vertige, cette puissance illimitée rend fou, a dit Thiers dans un de ses discours : fou et tyran ! car cette puissance a peur de tous les ennemis qu'elle mérite d'avoir. Lorsque de plus cette tyrannie n'est retenue par aucune responsabilité ni personnelle ni religieuse, elle devient folle, furieuse.

Après le renoncement au catholicisme, l'Angleterre a vu un roi tyran, Henri VIII. Avec le catholicisme ni la puissance de Charles-Quint, ni les grandeurs de Louis XIV n'ont dégénéré en tyrannie. — Avec la raison pour idole, le Tiers-Etat a eu la Convention, la tyrannie par comités, par proconsuls, par majorités légiférantes. — Ses proconsuls ne voulaient pas en spoliations et en cruautés, rester en arrière des proconsuls romains. Ses comités et ses majorités souveraines ont rivalisé par leurs proscriptions avec les empereurs romains. Le Tiers-Etat parmi ses vanités eut alors cette vanité de ne pas vouloir qu'aucune tyrannie pût dépasser la sienne. Il était au faite de sa toute-puissance.

Après la Convention et ces excès du Tiers-Etat cruel, ce sera le Directoire, et l'exploitation de la France par le Tiers-Etat parvenu, trafiquant, et maitre de s'abandonner sans obstacles à ses instincts d'enrichissement aux dépens de l'État et de tous.

Telles sont donc les années où le Tiers-Etat a eu son apogée : elles finissent le xviii° siècle, elles ont duré de 1789 à 1799.

Ces mêmes années ont vu l'apogée des idées antichrétiennes.

Le Christianisme avait mis trois siècles à conquérir le monde païen.

Puis, durant douze siècles, il avait conquis et civilisé les barbares, combattu les mahométans, aboli l'esclavage, organisé la chevalerie, fait les croisades, développé les communes, et les corporations, créé l'art gothique, formé la civilisation moderne, donné aux peuples supérieurs la même Constitution sociale et chrétienne ; enfin ouvert un continent inconnu, un monde nouveau, aussi grand que les continents de l'ancien monde.

Le Protestantisme et la Révolution ont mis trois siècles aussi à réinfuser au sein des sociétés modernes les idées de l'Ancien Testament et de l'antiquité païenne.

Complète en ses déductions, la Révolution française a fait revivre l'antiquité, dans ses idées, ses noms, ses symboles, et ses institutions.

Déclarant le Christianisme non seulement inutile, mais nuisible, antisocial, ennemi de la liberté et de la dignité humaine, elle a voulu l'abolir : et comme elle érigeait sur des autels la déesse Raison, elle voulut n'avoir plus même à compter avec une date chrétienne.

Si la Révolution n'a pas été l'antechrist en personne, elle a été du moins l'antichristianisme complet ; mais elle n'a pas pu dépasser ce point extrême, l'abolition de l'ère chrétienne.

L'Europe et le monde n'adoptèrent point, comme elle avait osé l'imaginer, la date de la Révolution française ; ni l'année et ses mois nouveaux, quoique désignés par des mots harmonieux ; ni le ridicule décadi arithmétique, remplaçant le septième jour de Dieu, le dimanche.

Il n'y a eu que la République française qui soit sortie du calendrier chrétien. Elle avait eu raison de se mettre ainsi en dehors et à part de l'ère chrétienne : car les premières années du calendrier républicain, de telles années, en effet, n'appartiennent pas à la date moderne du Christ et de l'Évangile!

Ces années là ont été le point culminant de la Révolution. Elle a été à son apogée rationaliste, antichrétienne, sauvage, rétrograde, antique, à la fin du xviii° siècle.

L'ère nouvelle que la Révolution s'était faite, reste la date de ce régime, la Terreur! La date d'un Tiers-Etat concentré dans le jacobinisme ; la date d'un peuple sanguinaire et insensé, le peuple de la carmagnole et des sans-culottides.

Dieu a permis une fois que le monde ait vu passer sur notre sol le spectre du monde ancien, et plus encore le spectre d'un monde sans Dieu ! — Afin qu'on pût voir ce que le Christianisme contenait de libertés et de vertus ; et sa date effacée ce qui surgissait de tyrannies et de crimes.

Les Césars monstrueux avaient marqué la fin de l'ancien monde. Les monstres de 93 ont marqué ce que pouvaient être le reniement du Christ, et la renaissance de l'antiquité.

On peut revoir des explosions sataniques momentanées, telles qu'ont été la Commune et les incendies de Paris : il ne sera plus donné au génie de la terreur, à Satan même, de renouveler sur le Christianisme son triomphe de rage et d'aberration.

Aux derniers jours du xviii° siècle, une voix impérative prononça ces mots célèbres : Qu'avez-vous fait de la France ?

Le Tiers-Etat et la Révolution répondraient aujourd'hui avec le Centenaire qu'ils veulent célébrer : — Nous avons établi les principes de 89.

Ce qu'il y avait de conforme au progrès des temps et de la civilisation, Louis XVI, les États Généraux, Clergé, Noblesse, et Tiers-État, l'eussent fait par des réformes ; mais au delà des réformes il y avait des intérêts surexcités, et il y avait une idée générale de régénération sociale. Or cette idée de régénération profonde indispensable emportait tout le reste. Car si le Tiers-Etat et la Révolution la cherchèrent dans l'erreur de leurs passions et de leurs théories, au-dessus d'eux, passaient la justice et les desseins de Dieu qui voulait lui aussi régénérer la France !

« Dieu renverse le dais de pourpre qui recouvre le trône et la tête des rois. »

« Ses prêtres peuvent être abaissés sans honneurs et sans gloire, et leurs chefs supplantés dans leur puissance. »

« Il répand le mépris sur les grands de la terre, dont l'aberration est semblable à celle de gens ivres. »

« Et pourtant du plus profond des ténèbres, il relève et ramène à la lumière. »

« Et lui qui amplifie les nations, il peut les voir se perdre et d'une subversion totale les rétablir en leur gloire première. » (Job, ch. XII.)

Nous qui avons vu se réaliser toutes ces choses, nous aujourd'hui, nous pouvons suivre dans nos Révolutions ces grands desseins de la Providence.

Après avoir montré les idées antiques et païennes, les systèmes cherchés dans l'Etat de nature sauvage, et les intérêts particuliers et injustes acharnés à subjuguer les autres, nous pouvons penser, même dans nos abaissements et nos défaites, mais dans la foi et la grandeur de nos luttes, que la France est de ces nations que Dieu relève à leur splendeur première, et que le Christ n'a pas cessé d'aimer les Francs.

Mais à la fin du XVIIIe siècle, lorsqu'il fut dit au Tiers-Etat et à la Révolution : Qu'avez-vous fait de la France? ils en avaient fait un amphithéâtre sanglant, un chaos, une proie! et pour répondre, le XVIIIe siècle avait trop de sang à la gorge.

Par une étude et une histoire rapide du siècle où nous sommes, nous allons voir quel a été, quel est pour la France vis-à-vis du dix-huitième siècle et de la Révolution, le dix-neuvième siècle !

LIVRE TROISIÈME [1]

LA FRANCE AU XIX⁰ SIÈCLE

CHAPITRE PREMIER.

PREMIER APERÇU SUR LE XIX⁰ SIÈCLE EN FRANCE.

Le XIXᵉ siècle, au moment où nous sommes (1888) et où il penche vers sa fin, semble retourner vers la fin du XVIIIᵉ siècle.

Par une marche rétrograde qui nous a ramenés à la République antichrétienne, aux suprématies despotiques de l'État, et aux maximes de Rousseau et du *Contrat social*, notre siècle à sa fin semble vouloir compléter la Révolution, et s'apprête à lui décerner une apothéose centenaire.

De cette Révolution qui voulut écraser le Christianisme, et mit à l'entreprise qu'elle ne put accomplir toutes les rages du vandalisme, la logique d'une philosophie et d'une politique païennes et tous les acharnements de la cruauté, notre XIXᵉ siècle en ses dernières années a repris l'œuvre impie.

---

(1) Ce livre III, avec moins de développements et réduit à un assez long article, a été publié dans la *Revue du Monde catholique* sous ce titre : « La Fin chrétienne du XIXᵉ siècle ». (Le 1ᵉʳ mars 1887, n⁰ 45, 4ᵉ série, t. IX, 89ᵉ de la collection).

Seulement, elle veut la mener à bout par des moyens moins violents, mais plus cauteleux : moins de terreur, mais plus d'habiletés perfides ; moins de fanatisme emporté, mais tout autant d'obstination théorique et sectaire.

Abaisser, saper, détruire le Christianisme en France, est-ce là une marche en avant, un progrès du XIXᵉ siècle ? Est-ce là où ont tendu les efforts, les idées et le cours puissant de ce siècle ? Est-ce là son but final, la résultante des faits et des opinions qui forment son histoire ?

L'assaut livré au Catholicisme par le XVIIIᵉ siècle, qui avait couvert le sol des débris des églises et des institutions chrétiennes et répandu à flots le sang chrétien, a-t-il laissé la cité catholique démantelée ? Le XIXᵉ siècle, au lieu de la voir réparer ses ruines et reparaître aussi florissante que jamais, ne lui a-t-il laissé qu'un repos éphémère ? Pendant ce temps a-t-il miné les bases de telle sorte, qu'il n'ait plus qu'à faire éclater la dynamite moderne pour la réduire en débris ? L'attaque actuelle à la fin du XIXᵉ siècle, est-elle si redoutable, qu'elle achèvera l'œuvre du XVIIIᵉ siècle ?

En un mot, notre siècle est-il la fin et le triomphe du siècle précédent ?

Je crois absolument le contraire.

Il m'a paru qu'un coup d'œil historique et rapide sur le XIXᵉ siècle en France, devait être le moyen le plus instructif et le plus sûr, pour que ce siècle lui-même nous dise ce qu'il a été, ce qu'il est : ses tendances générales, ses traits caractéristiques, et dès lors quelles seront ses conséquences ; vers quelles fins marchent ses destinées ?

Après avoir analysé aux deux premiers livres de cet ouvrage les principes et les systèmes, les passions et les intérêts qui ont fait la Révolution, et en avoir tracé l'histoire ; il y a maintenant à les suivre, à voir ce qui en reste et à quoi ils sont arrivés.

On a vu se succéder les événements, disparaître les idées précédentes, tomber avec fracas et reparaître avec fracas encore des opinions et des systèmes ; de même que sont tombés, de même qu'ont reparu des gouvernements et des politiques contraires !

Dans toutes ces vicissitudes pourtant, je vois le cours du siècle poursuivre constamment sa marche. Cette marche a été parfois aussi contrariée que la marche d'un navire emporté bien loin de côté par une tourmente, ou même rejeté en arrière ; mais à travers ces déviations et ces luttes, le siècle comme le navire s'avance néanmoins vers le but désigné où le menaient les voiles, où le mène maintenant la vapeur.

Il est des siècles qui continuent leurs devanciers et les parachèvent, comme le xviiie siècle a parachevé les siècles du classique et de la Renaissance. Après la découverte de l'Amérique, faite par Christophe Colomb avec la religieuse pensée de donner au Christ des Nations entières de nouveaux adorateurs, et au Christianisme un monde nouveau où étendre son action ; le Monde Ancien (par une sorte de soulèvement contre ces grandeurs nouvelles), fait monter l'inondation du Paganisme antique, jusqu'à submerger presque la société chrétienne : le xviiie siècle a été le plus haut point de ce flot montant ; il en était la fin !

Le xixe siècle au contraire a été un renouvellement. Il a repris l'œuvre de Christophe Colomb, et c'est au monde entier que s'étendent ses rénovations.

Bien loin d'être à la remorque du xviiie siècle, mission à laquelle veulent le réduire ceux qui bornent leurs horizons à 1789 ou rêvent les tyrannies et les anarchies de 1793 ; le xixe siècle a marqué en traits éclatants sa mission régénératrice et neuve.

Par les merveilles qu'il a produites, par la grandeur et l'imprévu des transformations qu'il a opérées dans le monde, il est créateur, préparateur, initiateur des siècles qui le suivront.

CHAPITRE II.

RÉACTION CONTRE L'ANTIQUITÉ.

Est-ce un hasard que le calendrier révolutionnaire, résumé de la pensée antichrétienne, ait fini avec le xviiie siècle ? Non pas qu'il y ait eu une ordonnance officielle : mais il ne subsista plus dans l'usage ; l'année 1800 en avait fait justice.

Est-ce un hasard que le xixe siècle s'ouvre avec le consulat, époque réparatrice, la plus belle époque de l'homme qui a été nommé l'homme du siècle ?

Est-ce un hasard que le xixe siècle en se levant ait inscrit à son frontispice ces deux noms : Napoléon ! Chateaubriand ! Deux noms qui ne se sont point aimés, chargés pourtant tous les deux d'une première et même tâche, et l'ayant tous les deux remplie avec une grande gloire : relever la France et le Christianisme.

L'un par l'administration, les lois, la politique, la force ; l'autre par la littérature et les idées qui sont l'autre force du monde ; l'un en rétablissant l'honneur extérieur des autels catholiques ; l'autre en rétablissant l'honneur intime et la grandeur des idées chrétiennes ; l'un attachant à son nom le génie de la Nation ; l'autre attachant son nom au génie du Christianisme : tous les deux avec quel éclat ils illuminèrent les premiers jours du xixe siècle !

Après un cataclysme de dix années qui avaient fait le chaos, et roulé pêle-mêle dans un abîme de destructions tous les éléments de l'ancienne société française et chrétienne, il fallait ces deux hommes pour reconnaitre en ces effroyables désordres l'esprit chrétien et l'esprit français ; les trier du mélange antique, insensé et sanglant, où la Révolution les avait triturés, les rétablir à leur place, les rendre enfin à eux-mêmes. Hommes du destin, comme l'un d'eux se nommait, ils ont fermé les destins du xviii° siècle ; ils ont ouvert au xix° ses destinées nouvelles.

Le xviii° siècle avait poussé jusqu'au délire l'admiration des guerriers, des héros et des gloires antiques : il ne connaissait plus que les grands hommes de Rome et de la Grèce.

Napoléon vint donner à l'histoire des thèmes plus nouveaux, et non moins grandioses que ceux de l'histoire ancienne. Se mettant tout à coup de plein-pied avec Alexandre et César, il jeta dans le monde un nom moderne, qui vis-à-vis des deux noms anciens les plus fameux, retentirait peut-être davantage; car il s'étayerait en même temps du nom et des exemples de Charlemagne.

Parmi les généraux de ce nouvel empereur, plusieurs allaient comme les lieutenants d'Alexandre, devenir des rois ; et tous par des noms récents et des titres illustres remplaceraient les noms trop cités des héros de Plutarque.

Lorsque toutes les gloires du monde moderne, guerriers des croisades, chevaliers héroïques, grands capitaines des xvi° et xvii° siècles étaient oubliés et ravalés dans un dénigrement général du monde chrétien, c'est alors qu'éclata le fracas du conquérant, et la renommée de gloires toutes neuves. Ainsi par une réfutation puissante et bien plus vive que toute autre, furent remises au sommet les supériorités et les grandeurs qui n'étaient plus de l'antiquité ; et depuis lors le rappel des illustrations, des héros, des hommes remarquables en tout genre des temps modernes, s'est fait et n'a plus cessé de se faire, par l'histoire, les tableaux, les statues, l'étude et le réveil des grandes mémoires, des grands combats, des grandes choses! Ainsi par exemple le plus beau de nos palais, Versailles consacré à toutes nos gloires!

Or, pendant que Napoléon repoussait à l'arrière-plan et de son épée, comme le héros de l'Énéide, les ombres pâlies des guerriers païens; Chateaubriand s'attaquait aussi à ce génie païen qui avait pénétré l'art, la littérature, la philosophie; et ce fut avec lui sur les sommets aussi, que le génie du Christianisme remonta.

Il se moqua à son tour des sources épuisées, des horizons étroits, où s'enfermait la pensée humaine, entre les ruisseaux de l'Illysus et du Scamandre; de cette navigation toujours la même bornée aux flots bleus de la Méditerranée, sur des barques trirèmes; et sortant du monde ancien, il s'élança avec Christophe Colomb sur les grands océans mystérieux, infinis qui conduisent aux nouveaux mondes. Là de profondes forêts vierges que l'imagination n'avait pas encore vues et admirées, là des fleuves gigantesques, des horizons sans limites, tout un univers dont l'immense Amérique était l'image.

A ces tableaux, le xixe siècle émerveillé comprit qu'en effet le monde moderne était plus grand que le monde ancien; et que depuis l'Antiquité la carte géographique ne s'était pas seule agrandie, mais que la carte de l'humanité correspondait avec elle, étendant sans cesse ses domaines.

Ainsi l'échafaudage de l'antiquité fut sapé dans les bases mêmes de l'admiration coutumière; ainsi les temps nouveaux avaient à relever la tête trop longtemps humiliée par des comparaisons injurieuses; ainsi le Christianisme avait fait progresser l'humanité, et il était plein encore d'une sève nouvelle; ainsi tout ne devait pas se borner à commenter, à imiter l'antiquité; il y avait des sources tout autres que celle de l'hypocrène pour la poésie, et que la fontaine d'Egérie pour la science sociale et politique.

Par une réaction non de petits intérêts, mais de grandes idées, ce fut, à l'encontre du xviiie siècle, une immense contre-révolution d'idées nationales européennes, chrétiennes; et cette mission à poursuivre et à compléter, a été donnée au xixe siècle par le début même et l'éclat de ses premières années.

Dans toutes les branches de la pensée : art, littérature,

science, philosophie, histoire, la réaction du monde moderne contre le monde ancien a été complète et triomphante.

La peinture païenne des Achille, des Léonidas, des Romulus, peinture âcre, raide, guindée, dont il était naturel que David le Jacobin marquât l'apogée, a cédé la place aux inspirations modernes. Le xixe siècle a fait naître la pléiade des Vernet, Delaroche, Ingres, Delacroix, Ary Scheffer, Flandrin Overbeck et tant d'autres qui ont renouvelé l'art et appris à réadmirer Giotto, Fra-Angelico, l'art suave et catholique qui avait précédé et accompagnait encore la Renaissance païenne.

Tout en continuant à admirer l'art ancien, la réaction contre le classique a été poussée jusqu'aux excès du naturalisme, sorte de paganisme encore dans la peinture comme dans les écrits.

Mais l'étude incessante, et toujours neuve de la nature, les scènes, les tableaux de temps et de héros modernes, les grandes pages d'histoire nationale, sont l'inépuisable aliment de la peinture, de la sculpture et de tous les arts tombés avec le xviiie siècle dans un épuisement, un servilisme d'antiquité, et des anachronismes de style qui étonnent aujourd'hui et font pitié.

Surtout dans l'architecture, cet art sublime ! car il caractérise les peuples et les époques, il écrit l'histoire avec des monuments indéniables, et à ses grandes lignes, à ses masses imposantes, il faut de grandes idées ! Aussi l'architecture a-t-elle été sans vie et sans éclat chez les nations protestantes : et partout au xviiie siècle, elle était arrivée à un tel état de monotonie, à un tel manque d'inspiration, qu'elle ne pouvait plus rien produire que de pauvres imitations de l'art grec et romain.

L'architecture s'est revivifiée : elle a étudié, en s'appliquant à les restaurer, les monuments de l'art chrétien. L'admiration des magnificences du moyen âge a eu parmi ses propagateurs Victor Hugo, et des architectes ont reparu pour multiplier des monuments dignes à leur tour d'une admiration nouvelle. Le xviiie siècle en était venu à nommer l'architecture gothique un art barbare ; et faisant naître, lui, une barbarie aveugle, il a détruit ou mutilé, ou déshonoré par des constructions, des portails, des appendices absolument dénués de goût et du sentiment de l'art, un grand nombre de ces merveilleux et incomparables édifices, que notre siècle a pris à honneur de rendre à leurs beautés, à leurs grandeurs premières.

Du mépris de l'art gothique, le XVIIIe siècle passa facilement et sans regret avec les révolutionnaires à la destruction entière des églises les plus belles et les plus vénérables.

Après les arts, parlons des sciences historiques. L'histoire est la grande école des erreurs, des illusions, des passions de chaque époque ; elle est la science qui fait connaître les hommes et les réalités. Eh bien, dans l'histoire, la réaction, la contre-partie du XVIIIe siècle, a été dans ce siècle-ci générale et profonde.

Le XVIIIe siècle spécialement philosophiste, dédaignant ou faussant l'histoire, ne voulait pas recevoir de leçons, et voulait en donner. L'école des faits gênait donc son école de pures théories ; car dans le philosophisme, la raison étant supérieure à tout, chacun croit à la sienne et veut plier les faits au gré des théories qu'il s'est faites.

Le XIXe siècle, au contraire, a été spécialement voué à l'histoire. Connaissance, intelligence des faits, recherche et redressement de la vérité dans l'histoire ! ce n'est plus la philosophie qui fait l'histoire à sa guise, c'est l'histoire qui donne et doit donner des bases à la philosophie, et surtout à la philosophie politique.

Ce sont les temps modernes, ce moyen âge particulièrement si méprisé par le XVIIIe siècle, que notre siècle s'est plu à scruter, à analyser, à éclairer avec un soin tout spécial, un talent et une science infatigables.

Ce sont là en effet nos origines ; c'est de là que nous sommes issus ; nous n'appartenons plus aux temps antiques.

Nos écrivains les plus illustres ont établi leur gloire sur l'étude approfondie du moyen âge. On dirait qu'il y a eu partie engagée contre le XVIIIe siècle ; pas une de ses erreurs historiques qui n'amène au xix⁰ siècle une réfutation complète. C'est que le temps moderne a senti de plus en plus vivement le grand outrage que lui faisait le xviii⁰ siècle et que la réaction nécessaire avait à se faire au nom de la vérité historique, au nom de cette civilisation moderne si étrangement méconnue et vilipendée au nom de l'antiquité.

La Papauté, le Catholicisme, Grégoire VII, Innocent III, ces Papes du moyen âge, maudits entre tous, ont trouvé des historiens, des apologistes, chose curieuse surtout parmi les protestants; Guizot, Ranke, Savigny, Raumer, Hallam, Lingard, Hurter; puis Sismondi, Thierry, de Barante, Michelet et Henri Martin même, ces deux derniers aimés des révolutionnaires; tous fixent leur attention sur le moyen âge, ses institutions, ses villes, ses communes, ses provinces et leurs coutumes! On remonte jusqu'aux Mérovingiens; et tandis qu'il y avait foule au xviii⁰ siècle pour fabriquer l'erreur, il y a foule au xix⁰ pour effacer les fausses couleurs, et toutes les couches de badigeon que l'ignorance, la mauvaise foi, ou le mauvais goût avaient étendues sur les édifices et sur les annales des temps qui ont précédé le Protestantisme.

Les temps modernes ne sont pas seulement le but de l'histoire, ils sont devenus le but du roman.

Le jeune Anarchis avait fait vivre le xviii⁰ siècle avec les Grecs, leurs héros et leurs fêtes. Walter Scott a fait vivre le xix⁰ siècle avec le moyen âge, parmi les guerriers bardés de fer, les grands Rois combattants ou politiques, les Croisés, les Chevaliers, les Sectaires religieux, les féaux de la Royauté, ou les illuminés de l'indépendance. *Anacharsis* avait épuisé son sujet; Walter Scott n'a fait qu'ouvrir une inépuisable carrière.

Aujourd'hui c'est aux cours d'assises et aux crimes que le roman demande ses sujets, sauf à inspirer de nouveaux criminels, et à fournir aux cours d'assises de nouveaux comparants; ces romans là ne vont pas chercher leurs thèmes dans l'Antiquité, mais c'est par trop moderne; beaucoup trop d'actualités!

En nous relevant dans une plus haute littérature, disons que la *Mythologie* une fois délaissée, Chateaubriand, Lamartine, Victor Hugo, pour ne citer que les plus illustres, parmi nous, ont trouvé une inspiration inconnue de l'Antiquité.

En un mot l'Antiquité, cette conquérante de trois siècles, cette dominatrice absolue du dernier siècle; a été jugée, répudiée par le xixe siècle, par l'esprit moderne, et rejettée dans un passé qui a eu sa place dans le Monde, et qui par une étonnante résurrection a voulu la reprendre, mais ne tendait qu'à rapetisser le Monde Moderne, et à le ramener en arrière.

L'histoire de cette Antiquité a dû d'abord être refaite. Ce n'est plus l'histoire contemplative et admirative de Rollin, qui tout en étant Chrétien, formait les générations à cette passion de l'antiquité qui en fera bientôt les Brutus de 93, et les Grecs vicieux du Directoire. L'Histoire ancienne faite par les Ampère, les Maspero, les Duruy même, après des découvertes telles que celle de Champollion et de tous ces explorateurs qui fouillent les monuments et les débris; l'histoire faite par la science et par une recherche sincère, même lorsqu'elle s'égare en erreurs systématiques, ne ressemble plus du tout à cette histoire ancienne façonnée par trois siècles d'enseignement, au point de transformer Chrétiens et Français, en païens affublés d'un bonnet phrygien dans un sanglant carnaval, et déguisés sous des noms antiques.

On ne peut comprendre le xviiie siècle, ni le nôtre, si l'on ne se rend pas compte, en premier lieu, de cette intronisation des idées païennes, et du bouleversement des idées chrétiennes qui furent la Révolution.

Le relèvement des temps modernes et du Christianisme, est donc l'immense et fondamentale contre-révolution.

Quoiqu'on fasse aujourd'hui, et s'il est encore plus d'une idée antique et païenne en circulation, ce n'est plus du moins au nom de l'Antiquité qu'on la présente, ce n'est plus sur les exemples de Rome et de Lacédémone qu'on l'appuie. Notre République un moment a bien voulu se dire Athénienne, mais cette épithète qui visait à l'élégance, n'a pas eu de Périclès pour lui donner crédit : La prédominance antique est bien finie !

Le xviii° siècle a laissé encore bien des paiens. Vouloir déchristianiser le monde, c'est toujours tendre à le Paganiser, c'est toujours rétrograder vers les civilisations antiques ; mais on ne donne plus, on évite de donner aux idées révolutionnaires cette filiation démodée. La réaction contre l'Antiquité en tout et partout a été si complète, qu'elle est l'œuvre capitale et première du xix° siècle.

Le point de départ, la base, la langue, le fracas et le but des idées Révolutionnaires, c'est-à-dire, études, noms, images, imitations et passions de l'antiquité, tout cela ne sert plus d'appui à la Révolution. Ce premier point est indéniable.

A l'opposé des trois siècles de renaissance, d'éducation et de résurrection antique, le xix° siècle s'est montré dès le début un siècle de renaissance aussi, d'éducation et de résurrection, mais le siècle d'une renaissance moderne, et d'une résurrection Chrétienne. On parle de réactionnaires, mais c'est tout d'abord la gloire de ce siècle d'avoir été contre l'Antiquité une réaction vengeresse et suprême.

CHAPITRE III.

LES DEUX EMPIRES.

« Quand le dix-neuvième siècle s'ouvrit, dit Thierry, la liste
« des émigrés contenait plus de cent mille personnes. Entre
« les adversaires de la Révolution et ses partisans, il y avait
« comme barrière l'exil, la mort civile, d'horribles repré-
« sailles. Mettre fin, à cette scission, amortir l'hostilité des
« intérêts, *rétablir l'accord entre le présent et le passé*, telle
« était la tâche imposée au nouveau siècle, confiée au génie
« d'un seul homme, un dictateur.

« Bonaparte rentra audacieusement dans les voies délais-
« sées. Il chercha à fondre les partis dans la masse nationale ;
« la réconciliation des Français, tel fut, comme il l'a dit lui-
« même, son grand principe..... le grand homme qui au
« rebours de l'Assemblée Constituante, s'appuyait dans ses
« créations, sur le passé, ne pouvait manquer de songer à
« l'histoire nationale ; et il indiquait, pour l'histoire de son
« Consulat, le succès obtenu par ses diverses restaurations. »
(Réc. Mér., § 1er).

Réconciliation des Français ! — accord entre le présent et le
passé, tâche du siècle ! Ce programme si court était un coup
d'œil de génie, embrassant à la fois la cause et les effets. Aussi
comprenait-il clairement que la France doit prendre en elle-
même son point de départ et ses institutions, et non pas en

Grèce ou à Rome, ou en Amérique. « Ma politique, disait-il, « est de compléter la *fusion*. »

Restauration du Christianisme, restauration des idées et des temps modernes, restauration de la Noblesse, de l'Ordre, du Gouvernement, des Finances, de l'Armée, le Consulat était une réaction, une restauration, une fusion. L'épithète de sublime restaurateur de la religion et de la France était alors prodiguée au Consul, à Napoléon.

Un Bonaparte de nos jours, que l'on a nommé un César déclassé, mais qui eut été de la classe des Césars malheureux de leur époque, s'il était arrivé à l'Empire ; et à sa suite des Bonapartistes mi partie révolutionnaires, ont voulu faire de la politique napoléonienne, une suite et une consécration de la Révolution.

La politique du Consulat, la politique de l'Empire à ses commencements fut toute autre. La politique de Napoléon III et du second Empire, fut également d'abord une réaction, dans le sens monarchique, dans le sens de l'ordre et de l'autorité, et une recherche de conciliation entre les partis, entre les intérêts.

Il y a eu cet honneur pour les deux Napoléons qu'ils n'ont pas été les auteurs des révolutions à la suite desquelles ils sont venus ; et il y a eu cette destinée qu'ils ont été d'abord les réparateurs des révolutions ! des *réactionnaires !* des réorganisateurs ! et que de tous les deux, on a pu croire qu'ils étaient l'un fondateur, l'autre continuateur d'une dynastie.

M. Prax-Paris a dit avec raison : « Qu'est l'Empire en fait ? « En fait, l'Empire est né des désordres et des impuissances de « la Révolution et du Directoire, du génie et de la gloire du « premier Consul. Il est né une seconde fois des menaces de la « démagogie. » — En effet, et de prime abord, l'œuvre des Napoléons, et leur titre à l'autorité comme aussi la cause de leur élévation, ont été d'arracher la France aux révolutions, de clore des époques livrées à l'anarchie, d'apparaître sauveurs de l'ordre et de la société.

Ce rôle fut immense sous le Consulat.

La Société fut rétablie sur ses bases; et le Christianisme ce vaincu, semblait-il, du dix-huitième siècle et de la Révolution, reparut, et bientôt apparut au dessus du conquérant même qui venait réclamer de lui et de son Pontife, appui et consécration.

La contre-révolution était complète ; les révolutionnaires se faisaient chambellans, grands seigneurs, courtisans de l'Empire ; et Napoléon qui n'avait pas contribué au meurtre et au bannissement de l'hérédité ancienne, et qui avait trouvé la souveraineté nationale noyée dans le sang ou l'orgie, et place vide dans le chaos, était Empereur, et voulut attacher l'hérédité à sa race : — il en fit le décret.

Une seule chose qui fut bien remarquée, et que le tableau du sacre, et que l'hémycicle de Notre-Dame dans sa gigantesque peinture, reproduisent comme le trait saillant de la scène ; une chose remarquable en effet, préméditée, voulue, c'est que Napoléon, jusque-là imitateur de Charlemagne, récusa de suivre son exemple jusqu'au bout.

Il ne voulut pas recevoir la couronne de la main du Pape, ni pour lui qui la mit lui-même sur sa tête, ni pour l'Impératrice qu'il couronna de ses mains, — il ne voulut pas que sa couronne parut lui venir du Vicaire du Christ, du représentant divin, et manifesta hautement, témoins le Pape, l'Eglise et tout le peuple ; qu'il l'a tenait et la prenait de lui-même. Le dix-huitième siècle avait lancé tant d'anathèmes contre les Papes donateurs de couronnes et dispensateurs de royaumes ! Ainsi il répudiait le don et la mission d'en haut ; et sa politique française et chrétienne dévia aussitôt dans une politique d'ambition et de puissance sans frein. Du même coup elle retourna vers l'antiquité, les Césars romains et les aigles romaines.

Voici l'homme de sa propre gloire et de ses rêves gigantesques. Le Conquérant ne songe plus qu'à dépasser Jules-César, et à remanier les empires comme Alexandre. Il révolutionne le monde, mais suivant son génie, et non pas suivant le génie de la Révolution.

Les révolutionnaires ! il n'était pas de leur suite, car il les avait achetés ou domptés; mais il se rencontra avec eux dans le despotisme et la centralisation, et pour son malheur il retourna vers eux dans une lutte avec le catholicisme.

Par sa guerre d'Egypte, son apparition en Palestine et la gloire de ses combats devenus comme une rénovation des Croisades, Napoléon Bonaparte avait sur les bords du Nil succédé aux souvenirs de saint Louis en Orient; — protecteur nouveau du Christianisme en France, il avait par son sacre rappelé les exemples de Pépin et de Charlemagne; et voilà que l'homme du Concordat, œuvre si forte qu'elle n'est pas encore brisée, on vint à s'étonner que cette religion relevée par lui ne fût pas dans sa dépendance, et ne se pliât pas entièrement au service de ses grandeurs.

Il abandonna à un tel point les idées chrétiennes qu'il voulut placer le Patriarchat du Pape à Paris. Il s'imagina en son orgueil que Paris devait être au dessus de Rome; que la capitale de l'Empire serait aussi la capitale du Christianisme, que sa couronne d'Empereur serait plus haute que la tiare du Pape; qu'en un mot le Christianisme et la Papauté seraient les auxiliaires inférieurs de sa suprématie. Du prince impérial d'alors il fit le roi de Rome! — Bien loin, bien loin alors de Charlemagne, il violentait le Pape, lui ôtait ses états, l'emprisonnait comme la Révolution avait emprisonné le Pape prédécesseur, et en cela, oui, il se faisait continuateur de la Révolution.

Devant ce conquérant qui brisait ainsi sa mission première Chrétienne, surmenait et épuisait la France, pour s'emparer de trônes au profit de sa famille, et ne songeait plus qu'à écraser l'univers sous sa personnalité déifiée, Dieu n'eut qu'à placer un hiver rude! et Napoléon Ier vaincu du Ciel, vaincu des Nations, vaincu de l'Angleterre, ne fut plus qu'un captif, livré à ses ennemis. Alors ses pensées ramenèrent cette grande âme vers Jésus-Christ, un conquérant aussi dont il contempla les empires subsistants et les armées immenses et toujours fidèles.

Il avait eu l'orgueil de se couronner lui-même, il se vit le premier découronné de sa race.

Que d'autres ferment les yeux aux rapprochements extraordinaires de l'histoire ! tant est-il que Napoléon III, arrivé comme son oncle, et selon qu'il l'a dit : pour rassurer les bons et faire trembler les méchants, protecteur de la religion et de la Papauté aux premières années de son règne, demandant au Pape d'être le parrain de son fils, a été favorisé longtemps d'un glorieux Empire. Puis, singulière similitude des deux règnes, leur première politique française et chrétienne a toujours été fatalement délaissée. Napoléon III en vient lui aussi à retourner vers la Révolution, et à la flatter en laissant dépouiller la Papauté. S'il ne prit pas Rome pour lui et son fils, il la laissa prendre : de parti délibéré il livra la donation de Charlemagne, le pouvoir temporel des Papes, à l'Italie révolutionnaire ; et comme le premier Empire, ce second Empire périt dans l'invasion étrangère, laisse la France mutilée, et ajoute le nom de Sedan au nom de Waterloo, deux noms funestes ! Napoléon III va comme Napoléon Ier mourir dans l'exil vaincu et découronné.

De ces deux Empereurs qui semblaient devoir fonder une dynastie nouvelle, et ne l'ont pas fondée (peut-être parce qu'ils se sont détournés de leur mission), les jeunes et mélancoliques héritiers meurent sans héritage, frappés dans leur jeunesse : — l'un accablé en quelque sorte et consumé par le nom qu'il devait porter et la tristesse de ne porter même plus un nom français ! il n'y a pas de Napoléon II dans l'histoire, il n'y a eu qu'un duc de Reichstadt : — l'autre chargé, ce semble, de finir les épopées impériales, dans une mort glorieuse mais lamentable, sous les zagaies de barbares en Afrique, non loin de l'île de Sainte-Hélène !. deux tombes prématurées ont fermé cette histoire des deux Empires.

Une quatrième dynastie française a eu des raisons d'être qui lui ont donné des adhérents, des fidèles. Les Impérialistes ont pu croire à cette hérédité impériale, qui se ressoudait par Napoléon III, succession de l'oncle au neveu, de César à Auguste. Le nouvel Auguste, lui aussi transforma Paris comme le premier Auguste avait transformé Rome, et d'une ville de pierre avait fait une ville de marbre.

Si la théorie spécieuse du règne de 1830 avait été anglaise, pleine des Stuarts et de la Révolution de 1688, la théorie impériale de M. Troplong fut pleine de l'Empire Romain. La démocratie Césarienne en rappelant le peuple romain, quoique servile et gagné par le pain abondant et les jeux du Cirque, flattait la Révolution dans ses idées antiques. Le second Empire comme le premier s'écartait de l'histoire chrétienne pour retomber toujours dans la légende des Césars. Napoléon III vouait une part de sa vie et de ses pensées à écrire l'histoire de Jules César.

L'essai deux fois renouvelé d'une dynastie Napoléonienne, a deux fois fini par des revers nationaux qu'on peut compter au nombre des plus grands subis par la France. Mais si dans la campagne de France et à Waterloo, le grand conquérant et son armée furent dignes d'eux-mêmes, et ne succombèrent en quelque sorte que sous le poids de l'Europe, et de la fortune changeante ; et si l'ancienne grandeur de la maison royale de France vint pour contrebalancer et adoucir l'invasion étrangère ; en 1870 l'honneur des armes françaises a été maintenu de Reischoffen à Pathay et au Mans, en passant par la bataille de Gravelotte ; mais deux armées emmenées en captivité comme jadis les armées d'Israël ! cette chute d'Empire a été marquée par des désastres sans exemple depuis les temps bibliques.

A l'histoire des deux Empires, les deux Empereurs laissent leurs noms inégaux en gloire, égaux en catastrophes. Mais après leurs exils, et leurs malheurs pour eux et pour la France, après la mort triste ou tragique d'héritiers qui n'ont jamais été un seul jour en possession de l'héritage, cette hérédité marquée non pas aux signes de celles qui doivent s'établir, mais marquée des signes les plus visibles comme ne devant plus se continuer, a été rayée du livre successoral par une main toute puissante. Si un grand parti a pu jusqu'à la mort du Prince Impérial prolonger la théorie de l'Empire et la croyance à une quatrième dynastie, aujourd'hui il n'y a plus que des intérêts et des passions qui puissent en invoquer le fantôme. Fantôme, car ce ne sont ni la chute des pères, ni les défaites finales, ni les pertes de provinces, ni la discontinuité du pouvoir, ni la mort des fils, et l'absence même de succession, qui peuvent constituer une Dynastie de droit National et d'intérêt public. Dieu n'a pas par la durée ratifié ces hérédités ; par les désastres et la mort, il n'a pas permis l'héritage. L'hérédité impériale n'a plus que des tombeaux.

Les Napoléons ont passé : il ne saurait plus y avoir que des Césars de contrebande.

Mais le premier Empire a été le rétablissement des temps, des gloires et des idées modernes, bien qu'il tienne aussi de l'antiquité par ses ambitions et le titre même de conquérant, car les Nations Chrétiennes, comme l'a dit récemment un Empereur, cependant guerrier et agrandisseur de sa puissance, l'Empereur Guillaume de Prusse, les Nations Chrétiennes ne sont pas faites pour se ruer les unes sur les autres ; le titre et le rôle de conquérant gigantesque, appartiennent plus à l'idée antique qu'à l'idée moderne, où les grandes conquêtes doivent être celles du Christianisme et de la civilisation. Mais enfin l'épopée Impériale a été grandiose et d'un souvenir impérissable ! Que Napoléon Ier ait donc sa colonne et son tombeau, sa colonne, que de misérables insensés avaient pu abattre, montrant jusqu'où allaient les passions antifrançaises et internationales de la Commune, mais que la France fit aussitôt relever ; et son tombeau, sous le dôme doré de l'Église et de l'édifice, un des plus beaux monuments de Louis XIV, donnant au grand Empereur l'hospitalité du grand Roi.

A Napoléon III il est dû deux statues : l'une dans ce bois de Boulogne si délicieusement transformé par lui ; l'autre monumentale, dans ce Paris qu'il a si merveilleusement changé avec tant de goût et une prévision si juste de ce que demandaient le mouvement des chemins de fer, et les développements de l'avenir. Cela ne devrait pas être oublié par la gratitude publique.

Je voudrais qu'un héritier de Henri IV acquittât pour Paris, si la ville ne l'acquitte pas d'elle-même, cette dette que ne reconnaît pas la République actuelle, si prodigue de satues, même de celles à ne pas élever.

Les régimes qui ont assez de gloire à eux, n'ont pas à craindre de reconnaître celles des autres.

Sous les deux Empires et sous la Restauration, la Société française a été classée dans ses rangs et dans ses intérêts ; la Nation a été unifiée, et l'accord cherché, maintenu entre tous, ainsi que je l'ai dit plus haut; la grande tâche du siècle a été comprise et poursuivie, honneur de ces époques! car la tâche a été bien méconnue par d'autres!

CHAPITRE IV.

LA RESTAURATION.

Napoléon Ier avait délaissé son œuvre de *restaurations* pour son œuvre de conquêtes, ce mot de *Restauration* devient le nom même du gouvernement et de la période contenue entre 1814 et 1830.

Le gouvernement de la légitimité royale a été doté de ce nom, l'a gardé, bien que lui aussi n'ait pas accompli la mission entière et belle que lui donnait ce nom, et qu'il n'ait pas mené à fin cette entreprise, *accord entre le présent et le passé, tache du siècle!*

Mais de cette époque date une magnifique restauration des temps modernes par les beaux génies de ce temps-là, par la science, par les arts, par l'histoire.

La Restauration tirait de sa nature ce que Napoléon avait tiré de son esprit supérieur; et ce que nous, nous avons à tirer de l'expérience; c'est qu'il faut établir l'accord entre tous les éléments de la nation française, et tous les éléments de son histoire.

La légitimité royale arriva d'elle-même à cette pensée, *qu'il fallait renouer la chaîne des temps* (préambule de la charte), ne pas compter dans l'histoire deux Frances, mais une seule; *et chercher sa nature dans le caractère français*. (*Ibidem.*)

Avoir exprimé ces pensées en tête de la charte restera l'honneur de Louis XVIII et de la Restauration.

Seulement, par omission et réticence timide en face de la Révolution, il ne fut pas dit que le catholicisme était le premier honneur du caractère français, et le premier élément de notre histoire.

Puis *les monuments vénérables des siècles passés* étaient d'abord à relever, à restaurer eux-mêmes. Monuments historiques et matériels étaient alors également dégradés, ignorés ou incompris. Pour renouer les temps il fallait d'abord les connaître.

L'Empire avait trop occupé le monde de lui-même, il avait trop rempli l'histoire pour qu'on pût songer à autre chose. Ce fut seulement sous la Restauration qu'on éclaira d'un jour nouveau la civilisation de la France et celle de l'Europe.

Pendant ce temps les passions et les intérêts suivaient une autre voie. J'ai dit au livre précédent, comment le Tiers-Etat qui avait voulu être tout en 1789, n'avait pas abdiqué sous la Restauration. Il n'a pas même encore abdiqué aujourd'hui, malgré les leçons de 1848, et le flot montant des revendications populaires. Les intérêts égoïstes de la bourgeoisie, et ses vanités ne se trouvaient pas entièrement satisfaits par le gouvernement de la Restauration. Les divisions entre les classes, divisions oubliées ou comprimées sous l'Empire, se prirent à renaître; la bourgeoisie sous l'égide de la garde nationale, voulait un gouvernement bourgeois.

Le voltairianisme et la Révolution irrités de la résurrection chrétienne, voulaient arrêter son ascension glorieuse.

Enfin les bonapartistes, responsables de l'invasion étrangère, des rançons et des humiliations qui suivent les grandes défaites; et responsables deux fois par le retour de l'île d'Elbe, étaient parvenus à détourner sur la Restauration le ressentiment national. Jamais injustice de l'opinion ne fut plus égarée et plus grande!

Quand la France succombait sous la revanche de l'Europe, et allait expier l'ambition d'un homme, la royauté légitime avait fait tout à coup reparaître la France, telle que l'Europe l'avait connue durant mille années, imposant le respect au nom de sa royauté, l'aînée de toutes les autres.

Cela avait été comme un coup de théâtre. Les étrangers étaient venus saisir la France impériale ; et tandis qu'ils tenaient entre leurs mains le manteau parsemé d'abeilles dont elle s'était revêtue pour des scènes grandioses, la France avait revêtu le manteau de fleurs de lis, et s'asseyait à nouveau sur son trône : ses ennemis vainqueurs prenaient le nom d'alliés, l'honneur de la nation était sauvegardé ; l'étranger ne la rendait pas solidaire de l'ambition du conquérant.

Il n'avait pas tenu à l'empereur que la France deux fois ne fut perdue : il a tenu à la Restauration que deux fois elle ait été sauvée.

La Restauration a eu dans tout leur éclat les débats parlementaires ; elle a établi la liberté de la presse, et vu se développer le journalisme bien qu'il se soit tourné contre elle. Elle a fait pour la propriété la grande et difficile transaction entre les spoliés et les spoliateurs, transaction qui pouvait susciter bien des réclamations et qui n'en suscita aucune, sauf l'opposition de la Révolution qui ne voulait rien réparer ni rendre, et qui sur ces points a toujours été intransigeante. Cette transaction pourtant était si juste et si nécessaire, qu'aussitôt accomplie elle a commencé cette prospérité agricole qui a grandi jusqu'à la République actuelle où elle s'affaisse et tombe. — La Restauration par les routes, canaux, voies de communications et de commerce que depuis lors le travail, la science, la découverte et l'emploi de la vapeur ont développées d'une manière si merveilleuse, la Restauration a donné le premier essor à l'industrie, à la multiplication de la richesse pendant le demi-siècle qui a suivi l'impulsion de cette époque. Époque féconde en génies, en illustrations, première éclosion d'hommes, d'idées, d'inventions et de progrès qui allaient faire de ce siècle, un siècle de transformations prodigieuses. Enfin la Restauration a donné l'Algérie à la France ; et avec tout cela, aux jours mêmes de cette dernière, fière et utile conquête, elle est tombée sous la triple opposition bourgeoise, bonapartiste et voltairienne, qui fit la révolution de 1830.

Le libéralisme, ce nom et cette enseigne de tous ceux qui

ne voulaient pas reconnaître la liberté acquise, là où elle n'était pas aux couleurs de la Révolution et au profit exclusif d'une classe, était une catapulte dressée contre la Restauration, maniée au grand jour par les libéraux, mais avancée dans la nuit des sociétés secrètes, par les efforts redoublés de la franc-maçonnerie.

Craintifs et dominés résolument par l'Empire, les francs-maçons avaient retrouvé sous la Restauration trompée et sans défiance, les repaires où ils avaient voté et préparé la mort de Louis XVI. Ils s'étaient multipliés sous divers noms en associations, les unes d'apparence modérée, comme la Société *Aide-toi, le Ciel t'aidera* (on est étonné de savoir que nombre de royalistes chrétiens et jusqu'à des ministres même de la Monarchie faisaient de bonne foi partie de cette société), les autres plus voilées et conspiratrices acharnées, telles que les Carbonari ; toutes marchaient à l'assaut de la Restauration, se proposaient pour le moins, la chute et le bannissement du Roi, frère de Louis XVI, et surtout, entendaient par là porter un coup mortel à la religion chrétienne, au catholicisme.

Car c'est toujours là que se dirige l'attaque principale de la Révolution et de la franc-maçonnerie ; et si du côté chrétien fléchit la défense, tout alors est promptement perdu ; comme il arriva en ces jours de 1789, où le clergé et la noblesse lâchèrent pied et n'opposèrent pas de résistance énergique, ne comprenant pas même la portée de l'attaque. Il en fut à peu près de même aux derniers jours de la Restauration.

Pendant que le voltairianisme multipliait les éditions de Voltaire et réattaquait le christianisme sur toute la ligne, les assaillants par une sorte de mouvement tournant, s'étaient concentrés sur une aile du catholicisme: les ordres religieux, les Jésuites surtout ! ces premiers postes que la Révolution ne manque jamais d'enlever d'abord et dès qu'elle le peut, pour faire une trouée importante. Tactique de 1830 comme du XVIIIe siècle, comme de 1828 à 1830.

Quand il se fut trouvé un évêque de Beauvais (diocèse deux fois mal représenté dans l'histoire), pour contresigner les ordonnances fameuses de 1828, et montrer quels étaient après la Révolution les aveuglements de l'église Gallicane ; et quand le Roi pieux Charles X en signant ces ordonnances eut montré que sa faiblesse était bien de la famille de Louis XVI, la royauté ne tarda pas à être emportée. Ses dernières ordonnances de 1830 parlaient trop tard de résolution forte. On en savait la débilité.

La Révolution de 1830 se fit contre la légitimité Royale, et contre la Noblesse, mais surtout contre la religion catholique. Nous allons voir les inattendus des prévisions humaines.

CHAPITRE V.

RÉVOLUTION DE 1830. — LE CATHOLICISME ET LE GALLICANISME ET LE MONOPOLE UNIVERSITAIRE.

J'ai dit au livre II (chap. v) ce qu'avait été la Révolution de 1830, sous le rapport politique : Malheureuse ! — il n'en a pas été de même au point de vue Chrétien, et par rapport aux destinées du xixe siècle.

Le Gallicanisme, développé en France par le Jansénisme, les Parlements, et l'orgueil de la Royauté, n'avait pas cependant été jusqu'au Schisme ; et n'avait pu aller jusque-là avec Louis XIV dont l'âme catholique se retrouva aux jours d'épreuves, ni avec un évêque docteur de l'Église tel que Bossuet, ni avec les saints, les savants et les prédicateurs illustres de cette grande époque.

Ensuite, malgré les corruptions, la décadence et les abus introduits dans la disposition des biens, des bénéfices, et des honneurs ecclésiastiques ; l'Église Gallicane à la fin du xviiie siècle, était encore assez éminente en foi et en vertus, pour donner au catholicisme de nombreux martyrs, et l'exemple des dévouements héroïques. Mais de trop célèbres évêques, des moines, des abbés et beaucoup de prêtres, étaient préparés pour le Schisme. La Constitution civile du clergé trouva un clergé constitutionnel ; tandis que la foi catholique et royaliste trouvait une Vendée ; et que tant d'hommes, tant de femmes sublimes, montaient à l'échafaud sans faiblir. Les confesseurs de la foi reparurent devant les proconsuls de la Révolution ; il put y avoir à un seul moment treize mille hommes, femmes, enfants, dans les prisons de la seule ville de Nantes ; et les noyades par bateaux à soupapes, furent inventés pour en finir avec tant de victimes chrétiennes.

Pendant que le catholicisme semblait ainsi perdu dans les massacres en France, des exilés missionnaires allaient le faire revivre en Angleterre, le porter et le multiplier dans la libre Amérique : en cela nous retrouvons la valeur du sang versé pour la cause de Dieu, depuis le sang de Jésus-Christ. — Le sang Français et Chrétien versé à flots par la Révolution, n'a pas valu seulement à la France, une admirable résurrection du catholicisme, il a fait germer cette résurrection en Angleterre, et une transformation aux États-Unis. Quelques prêtres il n'y a pas un siècle, et quelques catholiques, se sont changés en millions de fidèles, avec plus de cent évêques, archevêques et cardinaux réunis récemment au concile de Baltimore ; remarquable compensation des providences divines !

En France, le catholicisme rejaillit avec une telle force du sol français après le Concordat, que Napoléon, le jour où dans sa puissance il eut la pensée de se faire une église Gallicane au-delà des tentatives de Louis XIV et de 1682, rencontra une résistance que ne purent vaincre les intimidations violentes.

Toutefois, le Gallicanisme avec la Restauration et la race des anciens rois, avait repris ses traditions d'attache à la royauté ; union un peu subordonnée qui faisait dire : Non pas l'autel et le trône, mais le *trône et l'autel*, la protection royale était aimée du clergé et lui semblait un appui nécessaire.

Cette protection manquait pourtant d'habileté et de force, et la Révolution de 1830 en la brisant sembla porter un coup fatal au catholicisme. En effet, par ses Gallicans parlementaires, par ses répressions contre toute indépendance catholique, contre toute réunion d'évêques, enfin par ses nombreux appels *comme d'abus* au Conseil d'Etat, et par le monopole universitaire et les empêchements absolus d'école libre et chrétienne, cette

Révolution et ce règne de 1830 étaient hostiles au clergé, au catholicisme, et semblaient devoir leur être funestes.

Cette Révolution qui durant plus d'une année ne supportait pas l'habit du prêtre en dehors de l'Eglise, avait pillé et saccagé l'archevêché attenant aux murs de Notre-Dame. J'ai vu sur les eaux jaunes et bourbeuses de la Seine qui était à un moment de crue, passer flottants et emportés les livres de la bibliothèque de l'archevêché; les émeutiers destructeurs les avaient jetés à la rivière. La foule se pressait sur les ponts pour voir passer ce témoignage du vandalisme et des passions révolutionnaires. L'archevêque, qui depuis lors a été relégué dans une habitation bien éloignée de sa cathédrale, se retira dans un couvent, obligé qu'il était à se cacher dans sa ville épiscopale.

Eh bien, cette Révolution de 1830 a rompu l'attache gallicane du trône et de l'autel, et par là elle a fait plus pour le catholicisme que n'avait fait la faveur du gouvernement de la Restauration.

Elle fut l'occasion, elle devint le point de départ de ce grand travail des esprits qui réclame pour l'Eglise ses droits et sa liberté.

Un nom qui devait avoir une fin lamentable, Lamennais, avait commencé sous la Restauration ce mouvement catholique où il devait trouver le vertige, mais où l'Eglise allait trouver de grandes gloires et une activité nouvelle.

Le Gallicanisme, tout en repoussant les princes chefs de la Religion nationale, comme les acceptent le Protestantisme et la Russie et l'Angleterre, tendait à affaiblir et à désagréger la force du catholicisme, c'est-à-dire son admirable unité avec Rome âme et centre de la Catholicité.

Il se rapprochait de ceux qui appellent la Papauté une puissance étrangère, et désignent les fidèles unis avec le Pape, sous le nom d'Ultramontains.

Eh bien, c'est après 1830 qu'on a vu commencer le ralliement complet de l'Eglise française à la Papauté, à Rome ; et le discrédit se faire des maximes appelées *libertes Gallicanes*, maximes qui en séparant du Pape, asservissaient à la Royauté. C'est après 1830, que le rôle social du Christianisme, la grandeur et la nécessité de son action au sein des sociétés modernes, la liberté de l'Eglise, la liberté de l'éducation, la liberté des ordres religieux, trouvèrent pour frapper les esprits, et entraîner la jeunesse et les foules, le génie même de l'éloquence, Lacordaire, l'œil de feu, la voix pénétrante, la figure inspirée. — Comme ils ont retenti ces échos de Notre-Dame !

Depuis lors jusqu'à nous s'est formée et a brillé une école de talents, de science et d'ardeur dans la chaire et à la tribune ; par les paroles, les écrits, les grandes œuvres, et le journalisme ; avec des noms politiques où je ne veux citer que Berryer, et des noms tels que Montalembert, Ozanam, de Falloux, Louis Veuillot, Auguste Nicolas, Père Félix, Père de Ravignan, Dom Guéranger, MMgrs Gerbet, Dupanloup et Pie, qui se sont continués avec MMgrs Perraud, Guibert, Freppel, Père Monsabré et MM. Chesnelong, Albert de Mun, et tant d'auxiliaires comme ces élus que saint Jean ne peut compter.

Depuis 1830 nous avons pu admirer en France, la résurrection d'ordres illustres tels que Dominicains, Prémontrés, Franciscains, Capucins, Bénédictins, Jésuites qui ont fourni prédicateurs, maîtres dans l'enseignement, écrivains, savants, saints et martyrs. « Des saints, s'écriait Lacordaire, que Dieu nous donne des saints ! » et Dieu en a donné d'humbles et d'éclatants. Aussi avons-nous vu l'expansion d'ordres nouveaux consacrés à la charité, à l'apostolat, à l'éducation. Maristes, Oblats, Pères de la Rédemption, de la Miséricorde, de l'Assomption, du Sacré-Cœur ! Que dire des Frères de saint Jean de Dieu, et des Frères des écoles chrétiennes ? Sinon que leurs dévouements partout où il y a champ de bataille, épidémie, malades et incurables, leur existence vouée aux soins et à l'éducation des enfants du peuple, sont des œuvres humaines par excellence, et qui devraient exciter l'admiration même des sectaires, si les sectaires pouvaient admirer ce qui est du chrétien.

Les temps depuis 1830 ont vu également l'accroissement des ordres et des congrégations de femmes, la multiplicité de leurs œuvres, l'abondance des vocations religieuses ; la fondation et l'extension de congrégations nouvelles parmi lesquelles je ne ferai que mentionner, le Sacré-Cœur, et les couvents de Notre-Dame, et tant de Sœurs de charité pour les hospices, tant d'autres pour les écoles, et les petites Sœurs des pauvres. Je ne connais pas même la nomenclature et les noms de tous les ordres ou congrégations d'hommes et de femmes, tant ces noms sont pressés sur le livre de vie.

Chacun de ces noms exprime une sainteté ou une utilité ou un mérite, au lieu de ces désignations prétentieuses ou ridicules dont s'affublent les loges de la franc-maçonnerie ; depuis 1830 encore ont pris naissance ou se sont développées des sociétés agissantes et populaires comme l'œuvre de la Propagation de la foi, les sociétés de saint Vincent de Paul, les Comités et les Cercles catholiques.

Les églises se sont multipliées, et encore elles sont insuffisantes. Dans aucun siècle la réparation des églises anciennes, et la construction d'églises neuves n'a été plus active. Les villes et les villages ont rivalisé pour élever au culte catholique des édifices dignes de lui.

La Révolution, le temps, avaient fait partout des vides, des délabrements, des ruines. Les richesses et l'art du XIXe siècle ont tout réparé, embelli, comme si la foi des XIIIe et XIVe siècles avait voulu faire revoir en nos jours la fécondité des époques les plus chrétiennes.

Une science toute spéciale est née. L'archéologie chrétienne, qui a étudié les pierres et les symboles, reporté l'intérêt sur les monuments du passé, retrouvé les âges et la pensée de tous ces édifices dont chacun aujourd'hui apprécie le style, la perfection des détails, la sublimité de l'ensemble : alors qu'au siècle dernier ces voûtes élancées, ces forêts de nervures, ces mystérieux et profonds enchevêtrements d'arcades n'avaient plus d'admirateurs, personne ne savait en comprendre l'inspiration et le prodige.

La Révolution de 1830, inconsciente du mouvement religieux qui se produisait et allait croître après elle, s'efforçait de l'entraver. Elle fut emportée par une autre révolution qui détruisit en partie les systèmes, les illusions et les prépondérances de la bourgeoisie. Ce fut pour laisser place à la liberté des conciles et des ordres religieux, et à la liberté de l'éducation, autant que pouvaient la donner dans un premier affranchissement de l'université, le ministère chrétien de M. de Falloux, les conseils de Mgr Dupanloup, et l'appui même de M. Thiers.

Cette grande et fondamentale question de la liberté de l'éducation, des écoles et des universités libres, avait été la lutte continuée ardemment et magnifiquement soutenue pendant tout le règne de 1830, contre le monopole de l'Université. Ce monopole fondé par l'autorité de Napoléon, qui eut la bonne pensée de restaurer l'enseignement public, mis en ruines comme tout le reste par la Révolution ; mais qui avait joint à cette pensée, la volonté de tenir l'enseignement dans sa dépendance comme il voulait y tenir la religion et le pape ; ce monopole avait été gardé par la Restauration. Elle avait cru utiliser à son profit et au profit du bien, toutes les institutions administratives, centralisatrices et autoritaires de Napoléon. Des légitimistes prévoyants reprochaient dès lors et avec raison à la Restauration de n'avoir pas fait autre chose, disaient-ils, que se coucher dans le lit de Napoléon. C'est ainsi quant à l'Université que la Restauration crut avoir tout fait en plaçant un illustre évêque, Mgr de Frayssinous, à sa tête comme grand maître ; en ayant un évêque comme ministre de l'Instruction publique. — Du reste elle maintenait le monopole universitaire, le monopole et le principe de l'État enseignant.

Au nom de ce monopole, un évêque étant ministre de l'Instruction publique, les jésuites furent bannis, on ferma leurs collèges que ne pouvaient supporter ni la Révolution, ni l'Université imbue du libéralisme de l'époque, sectatrice de Voltaire, et institution officielle de la Restauration !

La Révolution de 1830 eut cet effet de rendre au sentiment catholique et aux évêques toute leur liberté pour voir les abus, l'odieux et le funeste de l'éducation et du monopole universitaire ; et la lutte, commencée dans les écrits, prit de l'éclat avec

Lacordaire, ouvrant, au nom de la liberté des familles et du christianisme, une école libre, qui fut aussitôt fermée de par le droit absolu de l'Université ; mais le procès plaidé devant les tribunaux par Lacordaire eut un grand retentissement ; si grand, que depuis lors cette question de la liberté d'enseignement est devenue, en quelque sorte, le champ clos principal où se débat la liberté de la religion et des familles, contre la tyrannie de l'impiété, de la franc-maçonnerie et de la Révolution ; et que là, pour chacun des deux camps, est le combat du présent et la question de l'avenir.

Dans ce combat, prenaient part également les écrivains des journaux légitimistes, du *Correspondant* et de l'*Univers*, Montalembert, Louis Veuillot, de Falloux, de Carné, Ozanam, Cochin ; parmi les évêques, le premier en date fut un énergique vieillard, Clauzel de Montals, évêque de Chartres ; puis des évêques jeunes et qui commencèrent par là à s'illustrer ; l'évêque de Viviers, Mgr Guibert qui, à Tours et à Paris, archevêque et cardinal, devait occuper presque tout le reste du siècle par l'éclat de sa sagesse, de sa parole et de ses écrits. L'évêque de Langres, Mgr Parisis, d'une admirable véhémence ; Mgr Dupanloup, tout l'épiscopat dirai-je, sur lequel pleuvaient en vain les appels *comme d'abus*, mais qui ne pensait pas, avec raison, abuser de sa mission en la remplissant pour défendre la liberté de l'enseignement au nom de la liberté chrétienne. Le premier triomphe fut donc emporté par le catholicisme, et vers 1850, demi-cours du xixe siècle, le principe de l'école libre vainquit le monopole de l'Université et de l'État.

Les Universités catholiques ont fait réapparaître les grands souvenirs des Universités anciennes. Si maintenant on leur a disputé et enlevé ce nom, si la Révolution réagissant contre les libertés obtenues cherche à les étouffer sous de nouvelles étreintes, veut de nouveau annuler les droits de la famille par les droits de l'État, et emploie la force et le budget de l'État à soutenir exclusivement l'enseignement de l'État ; cependant la suppression de l'école libre n'a pas encore été osée, et les sacrifices généreux et inépuisés des familles chrétiennes maintiennent la liberté, et sur tous les points du sol ont construit des écoles libres et remplies, vis-à-vis des écoles de l'Etat, coûteuses, vastes au delà du nombre des élèves, et qui peuvent à peine soutenir la concurrence.

Telle est la bataille engagée depuis 1830.

Le règne de 1830 a vu naître les merveilles de la vapeur et des chemins de fer : ces chemins ont porté facilement à Rome les évêques de tous les points du monde au rendez-vous donné par un grand Pape au Vatican. De 1830 à 1848 l'idée d'une réunion d'évêques français en France n'était pas même admise ; — les communications des évêques avec Rome n'étaient que tolérées et rares. Des permissions par le pouvoir civil étaient exigées, et parfois non données. — Aussitôt le régime de 1830 disparu, les réunions d'évêques en France furent libres, et vingt ans après s'assembla un concile œcuménique, chose impossible depuis le Protestantisme ; un concile où des continents nouveaux, entre autres l'Amérique, envoyèrent des évêques. Ce grand concile pouvait, sans difficulté, se réunir à Rome et donner au Monde le spectacle de l'Église universelle dans son unité bien agrandie ; alors que le Protestantisme et ses sectes n'étaient plus et ne pouvaient être que des membres divisés, éparpillés, sans cohésion et sans gloire.

Dans ce concile du Vatican, la doctrine de la vérité infaillible a été proclamée, avant que les puissances révolutionnaires de nouveau soulevées, eussent abaissé la France devant l'Allemagne, et livré Rome à un roi d'Italie.

Ainsi, le XIXe siècle avait continué à se montrer réaction du Christianisme contre les incroyances, l'ignorance et les destructions du XVIIIe siècle ; non pas seulement réaction pour reconquérir les positions perdues, mais marche en avant pour conquérir des positions supérieures et nouvelles.

Car c'est un développement remarquable et nouveau du Christianisme qui s'est opéré de nos jours.

Si dans l'ordre des idées humaines le XIXe siècle a réhabilité les temps modernes ; si par ses progrès matériels étonnants et par ses inventions prodigieuses, il a ouvert à la civilisation des voies plus larges que jamais et jusqu'à nous inconnues ; de même, il a dans l'ordre des idées religieuses réagi contre plusieurs siècles de Gallicanisme et de Jansénisme ; il a rétabli en France l'unité entière de l'Église sous la direction suprême du vicaire du Christ; il a ouvert de nouveaux horizons au Christianisme. Il n'a pas seulement retrouvé des apologistes éloquents et des historiens profonds, il a retrouvé des successeurs de Saint Dominique et de Saint Thomas d'Aquin ; des successeurs aussi de ces grands Papes qui ne laissent pas succomber l'Église sous les pouvoirs temporels, et qui sauvèrent au moyen âge la liberté des peuples, en faisant prévaloir les droits du Christianisme dans l'intérêt de la civilisation chrétienne.

La colonne lumineuse faite pour éclairer les Nations comme les individus, a repris sa marche vers le perfectionnement, vers la terre promise.

Or, c'est devant cette marche du Christianisme et du XIXe siècle aux trois quarts de sa course, que la Révolution s'est de nouveau dressée dans sa haine, a retrouvé des forces, et pour se grandir a mis à profit la défaite de la France !

CHAPITRE VI

DÉFAITE DE LA FRANCE

Le Protestantisme au XVIe siècle a livré ses assauts à deux Empires : à l'Empire de la Papauté et du Catholicisme ; et à cet Empire d'Allemagne qui s'appelait le Saint Empire Romain.

Il triomphait du Catholicisme dans les régions du Nord : puis il trouvait dans les passions de Henri VIII, un auxiliaire inespéré pour bouleverser l'Angleterre, l'Écosse et l'Irlande, exciter aux destructions et aux guerres civiles : là comme ailleurs, et partager cette grande Nation entre le schisme et l'hérésie. Mais il n'avait pu arracher la France au Catholicisme, et il n'avait pu arracher l'Empire Germanique à la Catholique maison d'Autriche.

Napoléon avait mis fin à l'Empire d'Allemagne ; mais ce que, dans la première force de ses entreprises, le Protestantisme n'avait pu faire en France, malgré l'aide de Calvin, de la Navarre, de Coligny et d'un Condé ; ce qu'il n'avait pu faire en Allemagne, malgré l'aide des grands guerriers de la Saxe, du Brandebourg et de la Suède, il l'a fait de nos jours. Du milieu de ses décadences religieuses visibles, a surgi un essor politique extraordinaire ; il a eu la double victoire de la Prusse sur l'Autriche et sur la France, et il a relevé un Empire d'Allemagne !

Comment cet essor préparé par le génie militaire de Frédéric II, anéanti un moment, par le génie militaire supérieur de Napoléon, ravivé par une discrète et longue préparation, aidé par les menées secrètes de la franc-maçonnerie, et favorisé par les circonstances, a-t-il éclaté rapidement en de grands succès ? L'abandon aveugle de l'Autriche par la France (un ministre prévoyant, M. Drouin de l'Huys, se refusa à cette inaction, et quitta alors le Ministère des affaires étrangères), l'éminence du Roi, des hommes d'Etat et des généraux de la Prusse, résumée dans le roi Guillaume, M. de Bismarck et le général de Moltke ; puis l'Empereur français éteint par la maladie, des généraux tels que Bazaine dans ses préoccupations égoïstes, tels que Trochu dans ses incertitudes discoureuses et politiques, tels que Mac-Mahon dans les imprudentes témérités de son courage et les incapacités de son commandement ; enfin nos divisions politiques et les ambitions républicaines désordonnées ; une révolution d'émeutes, de pouvoirs et de places, pendant que l'ennemi s'avance ; un Crémieux et un Glais-Bizoin chefs de la France, à Tours, pendant que les Prussiens sont déjà devant Paris et le cernent : tout cela suffit bien à expliquer nos revers.

Tant est-il qu'il n'y a plus d'Empire romain ; il n'y a plus de Monarchie française, fille ainée de l'Église ; il n'y a plus d'Empire français. Il y a une Autriche dépendante ; il y a en Prusse un Empereur d'Allemagne ; il y a une France vaincue.

En même temps la Catholique Espagne est sans force. De même que son sol a été ébranlé par d'effrayantes secousses volcaniques, ses royautés changeantes et ses institutions ont été secouées par les Révolutions.

L'Irlande, la terre de la foi et des constances Chrétiennes, a contaminé les revendications légitimes d'O'Connel et de la Nation, en y ajoutant le fenianisme et les conspirations incendiaires.

La France n'aspire plus par son gouvernement, et sous la direction de la franc-maçonnerie, qu'à éliminer de la civilisation l'influence chrétienne !

L'Italie enfin, cette patrie de la Papauté, renie la Papauté et la garde comme une détenue. Pour un petit royaume régional, l'Italie ôte ainsi a elle-même le diadème du monde.

Les puissances de force, de lumière et de rapidité, que l'homme du xixe siècle a mises à son service, lui font penser qu'il pourra pénétrer plus avant, créer, inventer plus encore : il voudrait, et ne le pense pas impossible, réaliser l'antique et mystérieuse idée, qu'avec les fruits de l'arbre de la science, il deviendra égal à la Divinité. Mais en même temps que ses orgueils grandissent, le sentiment des misères, des privations, des inégalités individuelles, s'aigrit et se passionne. Maîtrisé de tous côtés, et ne voulant ni Dieu, ni Maître, l'anarchie en religion, l'anarchie en politique, l'anarchie sociale, deviennent l'idéal de son âme perdue.

Rois, Empereurs, Parlements, monuments et villes, sont à la merci de cette science dont le siècle se fait gloire. Les gouvernements et les chefs de la terre emploient les progrès de la chimie et de la mécanique à décupler les forces destructives aux mains de leurs armées ; les furieux des sociétés secrètes les emploient à leur tour contre les gouvernements et les chefs des peuples. Ils n'ont en leurs pensées que des projets de morts et de ruines effroyables. La société n'est plus maîtresse des forces qu'elle a vu naître et se développer ; et pendant qu'on cherche et qu'on applique des freins pour arrêter les trains lancés à la vapeur, on annule, on enlève les freins religieux qui modéraient les entraînements des passions humaines.

Socialisme, anarchisme, nihilisme, fenianisme, se sont mis en guerre ouverte avec Rois et Empires, sans même que la couronne du grand Empire Germanique, ni sa gloire qui est celle de la Patrie prusienne et Allemande, en ait préservé le **vieil** Empereur.

L'autocrate russe Alexandre II a été une lamentable victime; son palais même a été un repaire de conspirations, et les tzars ne vivent qu'entourés de complots et d'alarmes.

Une nouvelle forme de barbarie a envahi le monde. M. de Bismarck n'en a pas eu l'idée première ; mais la Prusse dans le silence de ses préparatifs, pour la revanche d'Iéna et l'agrandissement de sa puissance a inventé le système du grand nombre armé.

La France chevaleresque plaçait la gloire dans le petit nombre armé. La Prusse la place dans la force de la multitude. La France, l'Angleterre, tous les peuples catholiques avant le Protestantisme, et jusqu'à l'Islamisme arabe d'Espagne, se disputèrent de vaillance et de générosité. On se dispute maintenant de nombre et d'armes à plus longue portée, qui annulent générosité et vaillance. C'est là aussi de la démocratie dans la puissance militaire : nous sommes loin du chevaleresque et des armes courtoises !

La France, il est vrai, a imaginé le grand nombre Electeur, le pouvoir politique remis à l'universalité des électeurs, sans distinction individuelle, sans garanties contre le mauvais emploi de la fonction, et sans tenir compte de l'instruction, du sens politique, de l'intérêt que l'électeur doit porter à la préservation sociale.

La Prusse a imaginé le nombre militaire ; cela ne tient plus compte de ce que les Nations ont à demander à la civilisation; la paix, la tranquillité du commerce et de l'agriculture, la vie consacrée autant que possible au développement du bien-être général, à la culture des arts, des sciences, de l'industrie ; au travail productif, au repos des familles, à leur bonheur. Pour cela la guerre doit être une exception, et le militarisme une obligation patriotique, nécessaire, mais aussi épargnée qu'il se peut aux populations. La civilisation devrait être la diminution des guerres et des armées.

Au contraire, voici toutes les nations en armes, et chaque nation changée en soldatesque, sur le qui vive, toujours enrégimentée et prête au combat. Voici les nations accablées sous le fardeau de dépenses sans limites; car il faut que chacune rivalise pour l'armement des soldats, et pour leur nombre : c'est là une conception dont le gigantesque ne cache ni l'idée antichrétienne, ni la barbarie.

Avec la sagesse des années, l'empereur d'Allemagne le vot

bien : et il a blâmé, il a différé ce choc des nations chrétiennes. M. de Bismarck dissimule mal cette fin inévitable de tant d'armements, de tant d'alignements de soldats dans les cadres, lorsqu'il leur donne pour cause le maintien et la garantie de la paix.

Maintien de la paix par la crainte mutuelle, et par l'appréhension des forces préparées pour la guerre, cela est un vieil adage païen (*si vis pacem, para bellum*) ; mais l'adage chrétien c'est la fraternité entre peuples comme entre individus ; la tendance chrétienne, c'est l'adoucissement des lois de la guerre, ce sont les trèves de Dieu ; ce sont les arbitrages de l'équité et de l'Eglise ; en tout cas, ce n'est point cet état de crainte et de haine, et cette fureur d'armements qu'il faille considérer et qui puissent rester comme l'état normal désormais et constant de la civilisation européenne parmi ses nations diverses.

Si l'état de tribus sauvages et ennemies est un état de barbarie, comment appeler autrement un état analogue ? Serait-ce parce que les tribus se nomment nations, et que les armes primitives et imparfaites seront remplacées par des armes d'autant plus parfaites qu'elles multiplient le carnage ?

Une fois entrées dans cette voie sans arrêt, où chaque nation grandit ses préparatifs à mesure que l'une a augmenté les siens ; où d'un million de soldats on passe à deux ou trois millions ; et voilà que l'Allemagne étage quatre et cinq millions de combattants ; les nations se créent un nouvel esclavage, celui des enrôlements et de la discipline des armées. Les rêves militaires se portent sur des écrasements par masses ; la recherche de destructions rapides et immenses par les armées et les engins guerriers, pourrait bien s'étendre encore : (l'idée a déjà apparu de destructions perfides et pestilentielles), et en attendant ces ruines de peuples par la guerre, la ruine par les dépenses nécessitées pousse à la guerre inévitable. Ce va-tout inconnu et terrible est recherché, et peut l'être par cette seule raison qu'une nation se croit mieux outillée qu'une autre !

Des hommes qui ne voient pas la discipline des passions

par l'Eglise, ont cherché à donner une raison civilisatrice à cette barbarie des nations sous les armes. Ils parlent de la moralisation des hommes par la caserne et la discipline militaire ! C'est pour leur faire recevoir cette moralisation qu'ils veulent enlever leurs lévites aux séminaires, aux cloîtres, aux églises, afin d'enlever par là les futurs prêtres tout autrement moralisateurs et éducateurs des peuples.

Cet état actuel de la France et de l'Europe entière, d'où vient-il ? — Il vient de la défaite de la France !

Sans doute l'idée première de l'organisation militaire du nombre vient de la Prusse, et comme organisation défensive d'une nationalité, comme esprit militaire entretenu chez un peuple, comme préparation à entrer dans les rangs à l'appel extrême de la Patrie en danger, cette organisation a sa raison d'être. Elle pouvait servir d'exemple, elle a valu à la Prusse son élévation, aidée par nos incapacités et nos discordes révolutionnaires ; mais enfin, c'est de la défaite de la France que date ce développement immense de la première organisation prussienne, et que les nations Européennes sont entrées forcément dans ce courant imitateur, obligatoire et fatal.

Si l'empire prussien et protestant s'est établi, non sur la défaite de l'Autriche, mais sur la défaite de la France ; si le royaume de Prusse ne s'est changé en empire d'Allemagne qu'après les défaites de la France ; et si la proclamation de cet empereur d'Allemagne s'est faite en France, à Versailles, dans le palais de Louis XIV, sous la superbe de ces plafonds où elle a été l'humiliation calculée de nos orgueils et de nos victoires passées ; il n'en reste pas moins une chose qui nous relève : car elle constate que le triomphe simultané du Protestantisme et de l'Empire germanique n'a pu se produire qu'aux jours d'une France vaincue et révolutionnée.

De là même, nous pouvons penser que le rôle de la France dans le monde, sa mission catholique et influente dans les destinées de l'Europe se sont manifestés jusque dans nos désastres.

A partir de sa défaite, la France devient le cauchemar de

M. de Bismarck ; l'idée d'une revanche possible est l'obsession de sa pensée, et la cause de tout ce qu'il fait, de tout ce qu'il médite.

Le catholicisme en Allemagne, et surtout dans les provinces Rhénanes, pourrait avoir des attaches avec la France ; il le persécute, en même temps qu'il donne ainsi satisfaction au protestantisme et signale le triomphe de l'empire protestant eu Allemagne.

Si plus tard, lassé de sa lutte avec cette part de catholiques dont il a vu l'énergie, et dont il a besoin contre les menaces et les attentats du socialisme, il se rapproche du Pape avec un art habile ; il fait ainsi pressentir que lui il peut devenir un soutien de la papauté, et dans ce rôle aller jusqu'à supplanter la France impuissante et hostile.

L'Alsace et la Lorraine le préoccupent vivement, il faut les défranciser ! Et si l'œuvre ne marche pas, il met une hâte fébrile et tyrannique à l'avancer par les moyens les plus rudes, avant qu'une nouvelle guerre éclate.

Pour cette guerre il étend indéfiniment la première organisation prussienne appliquée à toute l'Allemagne. Il ne songe qu'à multiplier armements et soldats, et nous arrivons à ce point que les Nations Européennes entraînées à cet exemple soient toutes comme des Attilas prêts à soulever leurs hordes innombrables pour vaincre et anéantir, ou être anéanties.

Depuis que la Russie a donné des appréhensions nouvelles à M. de Bismarck, ses soucis pour faire face à tout, à l'est et à l'ouest, à la Russie et à la France, et pouvoir repousser l'une et écraser l'autre, aboutissent à démesurer le système. Il crée deux ou trois landwehrs, deux ou trois landsturms ! Le colosse Allemand s'étonne de se voir menacé et de compter vis-à-vis de lui aussi des masses colossales. Où sont les champs catalauniques de ces innombrables armées ? Nul ne le sait, mais les peuples sont dans la crainte et dans l'attente !

Si la Prusse et le Protestantisme, l'Anarchisme et la Révolution se sont élevés sur l'abaissement de la France ; le relèvement de la France serait à son tour l'abaissement de la

Prusse et du Protestantisme, le relèvement du Catholicisme et des races latines, et la défaite de la Révolution. — Quels avenirs dans la balance du destin ? disons dans les desseins de Dieu !

M. de Bismarck le sait bien. Il sait que la consolidation de l'Empire germanique Protestant ne peut se faire que par l'abaissement prolongé de la France, par l'abaissement du Catholicisme en France, par le maintien en France de la Révolution.

Il peut laisser respirer le Catholicisme en Allemagne, pourvu qu'il soit étouffé en France ; pourvu que la France, cet antique soldat de Dieu, soit désarmé par la Révolution.

Il peut favoriser le Catholicisme dans le Pape, et ne plus irriter les Catholiques Allemands ; mais il voit avec satisfaction le Catholicisme Français livré aux attaques de la Révolution, et il est de sa politique que l'action de ce Catholicisme Français soit annulé dans l'Europe ; et que nos alliances naturelles avec l'Italie, la Bavière, l'Autriche, soient ainsi brisées ; car sans le ciment catholique elles ne peuvent se reconstituer. C'est pourquoi il aime la République en France sans craindre de le déclarer, et de dire même ses raisons pour cela, car sa manière n'est pas de dissimuler l'évidence.

Il aime la République en France pour son isolement en Europe, pour ses divisions entre les partis, les tiraillements, les incohérences et l'instabilité de son gouvernement, pour ses changements perpétuels d'administration, de direction, et de ministres. Le jour où cette République tomberait dans le radicalisme et le socialisme, la France serait d'autant plus attaquable qu'elle serait plus en proie aux discordes, et apparaîtrait à tous les gouvernements comme un danger social. — Le grand chancelier de l'Allemagne irait comme Richelieu à l'égard des Protestants, jusqu'à ne pas craindre de favoriser le radicalisme en France pendant qu'il l'écraserait en Allemagne. S'il a des agents provocateurs en Suisse, il en a sans doute en France. — Mais en dehors de cette extrémité politique, ce qu'il préfère c'est la République de l'opportunisme et de la franc-maçonnerie bourgeoise, où il a ses adhérences, et où règne le souvenir évoqué de Frédéric II, plus important que les réminiscences de Molé le templier, de l'architecte Hiram, et du temple de Salomon. La République opportuniste suffisamment anticatholique, et plus rattachée à l'influence de la Prusse qu'à tout autre, c'est on peut le croire, le gouvernement que M. de Bismarck aime en France.

Ainsi la défaite de la France a porté le roi d'Italie de Florence à Rome, réduit la souveraineté temporelle du Pape à l'enceinte du Vatican, et de l'Italie a fait l'obséquieuse du plus fort, et par là notre ennemie. La défaite de la France a fait de l'Autriche, l'alliée subordonnée et mélancolique de la Prusse ; l'Autriche est forcée d'oublier sa défaite à elle-même, l'abaissement des Hapsbourg ! et au lieu de ses grandeurs séculaires du côté de l'Allemagne, elle est forcée de chercher de nouvelles grandeurs du côté de la Turquie, si la Russie ne lui barre pas les routes. — Enfin la défaite de la France est la cause capitale de l'état armé, ruineux et effrayant de l'Europe. La Prusse est fière de son système militaire, mais la défaite de la France en obligeant ce système à aller jusqu'à ses extrêmes conséquences, oblige la Prusse à ployer sous le fardeau de sa victoire, de sa puissance à maintenir, et c'est la Prusse qui a la responsabilité de ce qui est, mais qui n'était pas avant la défaite de la France.

Cette défaite coûte cher à toute l'Europe.

Voyons donc s'il y a lieu de craindre l'abaissement définitif de la France aux mains de la Révolution.

CHAPITRE VII

RECRUDESCENCE DE LA RÉVOLUTION.

Année 1870 ! triste fin de l'Empire, tristes défaites, triste recrudescence de la Révolution. Et ce ne sont pas les figures de Jules Favre, du juif Crémieux et du général Trochu, qui en rehaussent le retour. Une seule figure a un certain éclat, celle de Gambetta, pour l'ardeur qu'il met à ses essais de défense nationale. Mais désorganiser un gouvernement, et susciter les discordes civiles en présence d'une invasion formidable et rapide, ne se justifierait qu'en organisant la Victoire. Gambetta voulait galvaniser des armées et tout d'abord par opposition à son pouvoir révolutionnaire, la grande armée de Metz était paralysée.

Que l'Empire donc ait la première responsabilité de la défaite, la Révolution n'en a pas moins assumé les conséquences ; et de ses faiseurs qui disaient pour la défense du pays avoir fait un pacte avec la mort ; pas un d'entre eux ne perdit une goutte de son sang. Prenons pourtant que dans l'honneur de généreux combats, tous les partis animés d'un sentiment patriotique comptent des blessés et des morts ; du moins le dévouement des Monarchistes et chrétiens a-t-il ce patriotisme spécial et ce mérite qu'il leur fallait fermer les yeux sur le gouvernement, sur les hommes qui partout avaient saisi le pouvoir, sur des républicains improvisés militaires, tels qu'un pharmacien Bordone et bien d'autres semblables, sur l'importance antichrétienne et fatale attribuée à Garibaldi, en un mot, sur tout ce qui blessait leurs pensées et ne leur laissait pas même l'espoir du salut pour la patrie ; il leur fallait fermer les yeux, pour ne regarder que la France ! Sans hésiter ils marchèrent pour elle !

Un prince d'Orléans, que la République a récompensé en lui ôtant son grade, cacha son nom pour venir combattre en soldat. Les zouaves de Charette et du général de Sonnis eurent les glorieuses morts d'une lutte héroïque à Patay ; et un général chrétien, Chanzy, donna un dernier reflet de gloire à la résistance et à la défaite.

Gambetta pour ne plus voir que des ennemis dans le christianisme et dans les monarchistes, n'aurait pas dû oublier qu'il leur devait d'avoir soutenu la défense nationale. Le Pays tout entier sut mieux le reconnaitre, lorsqu'il envoya une Assemblée monarchiste et chrétienne ; assemblée qui n'eut, il est vrai, ni l'habileté ni le courage de ses sentiments sociaux et politiques, mais qui du moins conserva l'existence de la France.

L'Assemblée nationale a mal fini en participant à ce lucre des places qui est la plaie de notre époque, à ces pitoyables transactions qui se firent pour des places inamovibles de sénateurs. Dès la Constitution du Sénat, elle n'avait pas admis la place de droit des grandes sommités, des grandes illustrations de la France, tels que Maréchaux de France, Amiraux, etc., etc., afin de laisser place entière aux médiocrités qui aspiraient à la remplir !

Mais d'abord, après un gouvernement de républicains qui n'avaient osé prendre que le nom de gouvernement de la défense nationale, comment l'Assemblée déroutant la nation pût-elle accepter le nom de République, robe de Nessus dont elle ne sut plus réussir à débarrasser ses membres ?

Comment pour rejeter trop tard la direction personnelle et cauteleuse de M. Thiers, ne trouva-t-elle que l'incapacité et la faiblesse du maréchal de Mac-Mahon ? — Comment ne songea-t-elle pas à Chanzy, l'homme de talent et d'énergie ? —

Comment repoussa-t-elle le roi, en désirant la royauté ? — Comment n'eut-elle plus ni direction, ni but, qu'une attente dans l'indécision des partis, et créa-t-elle alors un septennat plus indécis que les partis eux-mêmes ? — L'histoire de l'Assemblée nationale, de ses divisions obstinées et imprévoyantes, de ses hommes aux petites combinaisons pour louvoyer, parce qu'ils n'étaient pas en état de franchir les écueils, et qu'à la fin ils s'y brisèrent, sera l'histoire des atermoiements dans la Révolution.

Mais il restera à cette Assemblée nationale d'avoir rempli sa mission première, la libération du sol français, aussi bien que possible dans les tristes conditions imposées par la défaite. Les républicains effacèrent l'Assemblée pour reporter l'honneur sur M. Thiers, *le Libérateur* ! S'il ne faut pas effacer M. Thiers, il ne faut pas oublier non plus M. Pouyer-Quertier, le négociateur, ni l'Assemblée.

Il restera encore à M. Thiers et à l'Assemblée d'avoir vaincu la Commune, que peut-être on eut pu prévenir. Il ne fallait pas brusquer autant qu'on le fit la transition de l'état armé, soldé et enregimenté de beaucoup d'hommes du peuple, à l'état d'ouvriers sans travail, excités par l'issue fatale de la guerre et ne trouvant tout à coup dans une paix à peine rétablie, que la cessation de leur activité, le manque de salaire, la désorganisation des travaux, et la misère ! ils furent à ceux qui leur promettaient une solde. M. Thiers a été le répresseur de cette insurrection formidable ; il était toujours prêt pour comprimer, sans jamais rien faire pour prévenir.

La Commune révolutionnaire a signalé cet élément nouveau et franc-maçonnique de l'internationalisme, qui depuis et de temps à autre ne craint pas de se manifester hautement contre le patriotisme. L'internationalisme inoculé aux anarchistes, qui en effet, sont de tous les pays, ne vient pas du peuple naturellement et par ses habitudes attaché à la patrie ; il provient du commerçant cosmopolite, du commis-voyageur chargé de l'écoulement des marchandises médiocres, des idées fausses et colporteur attitré de la franc-maçonnerie. L'internationalisme comme on l'a vu à la Commune, donne au peuple égaré des chefs étrangers, aventuriers inconnus, ou même perfides émissaires de l'ennemi, qui s'inquiète peu de brûler les monuments et les villes, et qui peut trouver des sectaires comme Courbet pour renverser les souvenirs de gloire. Durant la Commune, les Prussiens étaient à la porte de Paris, et virent flamber la capitale qu'ils n'avaient pas flambée eux-mêmes !

L'Assemblée nationale a étendu la liberté de l'enseignement et augmenté ainsi les difficultés que la Révolution trouve pour les restreindre !

L'Assemblée nationale, malgré les milliards payés forcément à l'étranger, a maintenu l'état de nos finances en des limites depuis lors bien dépassées.

L'Assemblée nationale, si elle n'a pas su faire les lois que réclameraient la propriété et l'agriculture, a soutenu du moins par la confiance en son gouvernement, la prospérité agricole et le travail général qui sont aujourd'hui en arrêt et en ruines.

Au point de vue Chrétien, elle s'est associée à cette construction éclatante que le Paris révolutionnaire et les partis anti-chrétiens n'ont pas encore pu empêcher, et qui s'élève, sans eux et malgré eux, sur le point culminant de Montmartre, l'Église du Sacré-Cœur.

Enfin au point de vue politique, l'Assemblée nationale a fait contre la Révolution et contre le Tiers-État, une chose capitale, l'abolition de la Garde nationale !

La Garde nationale était la Révolution en permanence, par l'abaissement de l'armée. Elle était le contre-sens de l'honneur des armes, de l'état militaire et de la défense de la Patrie. Instituée contre la Noblesse plus animée de l'esprit militaire que ne le sont les classes occupées surtout des gains du commerce ; instituée contre le peuple qui veut bien interrompre ses travaux pour fournir des forces à l'armée et s'identifier avec elle, mais non pour donner son temps à une parade inutile, et former double emploi avec l'armée qu'il recrute et qu'il paie ; la Garde nationale était le déploiement de la vanité, et l'instrument de la toute puissance bourgeoise. Aussi la

Charte de la Révolution bourgeoise de 1830, se déclarait-elle *confiée au Patriotisme et au courage de la Garde nationale.*

Après 1870, la nécessité d'opposer à l'ennemi la véritable garde de la Nation, c'est-à-dire l'Armée, a fait abolir cette création hybride de la Garde nationale. La Prusse et nos défaites nous ont valu du moins cette grande contre-révolution.

Le général Chanzy a eu l'honneur d'avoir été le rapporteur vigoureux, éloquent et convaincu de la loi qui a renversé cette base de 1789 et de 1830, cette base de la bourgeoisie révolutionaire prenant le pas sur f'armée.

Les Révolutions en avaient montré le danger : l'Assemblée nationale de 1871 a rétabli sur de vrais principes militaires, la force de la Nation.

Mais la Garde nationale n'est pas le seul appui et la seule idée que la Révolution ait perdus.

Parmi les causes et les idées principales de la Révolution française j'ai signalé la passion imitative de l'Antiquité, — le système des Constituants et des Constitutions, l'utopie de l'homme de la nature, bon par nature, — et au fond de tout cela, le mépris et l'ignorance des temps modernes, le dédain et la haine du Christianisme en général et du Catholicisme en particulier.

Or, au XIX° siècle nous avons vu la réaction éclatante du Christianisme et des temps modernes contre l'Antiquité.

Nous avons vu que le système constituant d'après Lycurque et Rousseau a été épuisé et usé par l'exemple de nos Constitutions multiples, entassées les unes sur les autres !

En face de ces Constitutions qui se brisent comme un airain fêlé, le pape Léon XIII a montré l'airain solide pour les siècles, tant il est sorti bien combiné des mains du fondeur divin ; l'airain de la Constitution chrétienne.

Quant à l'homme de la nature, c'est une donnée que la science antichrétienne s'efforce encore d'étayer, pour l'opposer à la création divine. Mais l'homme, bon par nature, n'a plus de romanciers ni de sophistes pour le présenter aux béats de la philosophie et de la politique. Depuis Robespierre et les hommes de la Terreur, jusqu'aux hommes de la Commune et de la dynamite, la Révolution s'est chargée de remplacer l'homme bon naturellement, par l'homme sauvage et cruel naturellement.

Ainsi la Révolution a perdu le grand cortège de ses systèmes décevants, de ses idées chimériques, et de cette histoire faussée qui avait entraîné tant d'esprits dans toutes les classes. Elle a perdu cet immense avantage qu'elle avait à ses débuts, d'être une illusion générale, un idéal indéfini qui semblait répondre aux aspirations généreuses, se prêter à tous les enthousiasmes ! La Révolution aujourd'hui n'est plus une inconnue.

Des idées premières de la Révolution, il ne reste plus que deux ou trois provenances, à savoir : l'Etat un et maître, et son corollaire, l'éducation par l'Etat, — la forme de République, — puis la guerre au Christianisme.

Ce n'est plus par des admirations antiques qu'on proclame les droits omnipotents de l'Etat ; mais cette exaltation de l'Etat et ses conséquences tyranniques n'en sont pas moins le reste des systèmes puisés dans les études classiques. On a beau vouloir moderniser l'idée au nom de la démocratie, qui peut être oppressive, mais qui serait encore plus opprimée ; l'État omnipotent est l'idée rétrograde du pouvoir tel qu'il était compris dans les sociétés antiques. Le stigmate de l'antiquité est attaché à ce système de l'Etat que préconise la Révolution. Voilà ce qu'il est important de reconnaitre et de dire ; car cela le caractérise.

Système despotique, arriéré, antérieur à la civilisation chrétienne !

Système Jacobin, et par là même issu des idées païennes qui étaient le fond du Jacobinisme. Le monde moderne, le dix-neuvième siècle, ont à rejeter ce gouvernement où la révolution se cantonne contre la liberté.

L'Etat, cet État mobile, soumis à tous les souffles d'une élection variable, et ses ministres soumis à tous les hasards du vote parlementaire ; l'Etat, qui se déclare sans croyances, neutre quant aux doctrines, athée quant à la foi, cet Etat qui selon la logique ne devrait pas songer à régénérer la pensée, veut au contraire former le cœur et l'âme des générations ; leur inculquer l'incroyance à Dieu, et par contre, la croyance à la République.

Incapable de constance et de suite dans ses desseins par les fluctuations des partis, il prétend se saisir de la mission qui exige le plus de temps et de suite, l'éducation, la formation de la jeunesse.

Où donc l'Etat moderne a-t-il pris ce pouvoir contraire à la liberté des familles et des consciences, aux libertés et à l'essence du christianisme ?

Uniquement dans l'antiquité ! ou à vrai dire, tout simplement dans Rousseau. La politique qui ne veut pas du catéchisme de l'Evangile, n'a pas d'autres idées que le catéchisme du Contrat social !

L'Etat qui *doit régler la forme et la matière des études*, rassembler tous les enfants en des lycées pour une même éducation publique, lycées de garçons, lycées de filles et inspirer à tous l'amour de la patrie, le culte des institutions nationales : — Contrat social !

L'Etat un et maître ! Il ne doit pas y avoir deux états dans l'État : tout ce qui rompt l'unité sociale ne vaut rien ; le Pape est un souverain étranger : le Christianisme a introduit dans le monde une distinction de pouvoirs, contraire à l'unité de l'État : — Contrat social !

Proscrire le Christianisme comme *insociable* : — Contrat social !

Voilà les quelques maximes où se borne toute la politique actuelle de la Révolution, avec l'égide sacrée de la forme républicaine.

La République, disait le xviiie siècle, a pour principe la Vertu ! Il est inutile, je crois, de discuter ce principe. La République a le bon goût de ne plus l'invoquer. Au milieu des malversations, des trafics de places et de décorations, des scandales inouïs qui ont éclaté, malgré la garde préposée aux barrières de l'Elysée ; au spectacle des incroyables chantages et des rapacités qui ont fait sortir de ce palais, un Président de République démissionnaire forcé, et son gendre tombé sous la réprobation publique ; le principe de la Vertu et celui de l'austérité républicaine dont on gratifie facilement des personnages souvent peu austères, sont évidemment démodés !

La République aura de la peine à se relever vers ces régions supérieures où elle prétendait placer son principe indiscutable et en quelque sorte sacré.

La vertu et l'intégrité, dans nos temps modernes, doivent être les principes de tout gouvernement quelle que soit sa forme, car la vertu, à titre général, et toutes les vertus, sont d'essence chrétienne. En dehors du christianisme et des vertus qu'il inspire et commande, la République n'est qu'une forme de gouvernement, une forme non seulement discutable en principe, mais encore plus discutable en fait.

Elle se déclare la forme essentielle de la Révolution. A la suite de la franc-maçonnerie, elle s'est mise au service des idées antichrétiennes. Pour elle, comme pour la Révolution, le Catholicisme est l'ennemi. Elle a tort de se vouer à cette guerre; car c'est une guerre néfaste que peut-être elle eut pu ne pas entreprendre, que peut-être elle pourrait ne pas poursuivre.

La République pendant six années, de 1871 à 1876, avait été chrétienne, mais aussi les Républicains n'avaient qu'un cri pour déclarer que ce n'était pas leur République : et en effet, aussitôt ils lui rendirent ce caractère du dix-huitième siècle, d'être anticatholique, d'être persécutrice.

CHAPITRE VIII

INTÉRÊTS RÉVOLUTIONNAIRES. — PEUPLE ET BOURGEOISIE

La Révolution française a déclassé les intérêts sociaux, même ceux du Peuple.

Non seulement elle a détruit, comme nous l'avons dit, l'organisation du travail ; mais est-ce que le peuple n'avait pas intérêt pour ses pauvres et ses malades, à la conservation de ces monastères où il trouvait une assistance qu'il vit détruire avec regret, et pour lesquels il fit souvent alors des réclamations non écoutées ? Est-ce que parmi ces moines dans les campagnes, comme dans les villes, il n'avait pas des amis ? Est-ce qu'il n'y avait pas des legs, des fondations charitables à son usage.

Est-ce que c'est le peuple qui a profité des biens des Églises et des Monastères ? Est-ce lui qui les a achetés ? Il y a eu parfois des pillages restés aux mains qui pillent, et non au peuple honnête.

Il y a quelques fermes, quelques métairies, quelques maisons provenant de biens confisqués sur les émigrés et vendus à des paysans qui se sont par là enrichis : exemple encourageant pour les révolutions ! — Mais les anciens Prieurés, les anciens Couvents, Chartreuses, Monastères, Abbayes, ce sont des bourgeois acquéreurs ou fils des acquéreurs qui sont installés dans ces prébendes, et y vivent plus grassement que les Abbés et les Moines, malgré les légendes malignes ; et sans rien distribuer au peuple d'alentour.

Est-ce le peuple qui demandait le schisme Constitutionnel, et la persécution religieuse ? Est-ce le peuple qui était sans croyance et sans attache aux coutumes et à la foi de ses pères ; est-ce lui qui n'avait pas souci des consolations de la religion ; ou qui demandait la fermeture des Églises ?

Le peuple était Chrétien, si bien que Voltaire construisait un *temple* pour son village, et plaçait sur le frontispice son nom comme fondateur, vis-à-vis de Dieu. *Erexit templum deo Voltaire.* Il déclarait d'ailleurs en maintes pages la religion faite pour le peuple.

Si aujourd'hui dans les grandes villes, après un siècle de travail franc-maçonnique et révolutionnaire, le peuple pour une part a été conduit à la haine de l'Église et du Clergé, c'est d'abord la bourgeoisie commerciale qui lui donne les leçons et l'exemple de l'irréligion.

Mais soit dans les coutumes corporatives avec confréries, soit dans les habitudes et les tendances du peuple qui sent le besoin de Dieu, d'une protection religieuse ici-bas, d'un avenir meilleur là-haut ; rien de ce qui a été ôté au peuple, et de ce qu'on lui ôte encore, comme l'aumônier au soldat, la sœur de charité au malade et à l'infirme, le frère de l'école chrétienne et la sœur institutrice aux enfants ; rien ne lui a été ôté pour son bonheur et pour son profit.

Dans la première période révolutionnaire, l'intérêt populaire éveillé dans les campagnes par l'abolition des dîmes, des droits seigneuriaux, des corvées et des redevances ; trompé dans les villes par l'abolition des jurandes ; égaré partout et soudoyé pour le pillage et l'émeute, n'était qu'un intérêt secondaire mis en branle au service du Tiers-État.

Le peuple sans représentation spéciale aux États-Généraux, ne se voyait pas distinct du Tiers-État qui se garda bien de lui faire sentir la différence.

Si les piques brutales allaient parfois au-delà du point que le Tiers-État avait en vue, elles n'allaient pas jusqu'à être les armes d'intérêts séparés et rivaux de la Bourgeoisie.

Ce n'est qu'après 1830 que le dualisme des intérêts commerçants, industriels, patrons, bourgeois ; et des intérêts travailleurs, ouvriers, peuple a commencé à se faire sentir, à s'établir, à se comprendre et à former sa théorie. La bourgeoisie de 1830 venait de faire encore une Révolution toute à son profit, avec les combattants de Juillet qu'elle glorifia par une colonne monumentale. — Les reliefs de marbre et de bronze, où le peuple est combattant et victorieux, ne manquent pas pour le flatter ; mais ces combattants et ces victorieux en restent toujours réduits à se demander quel a été pour eux le fruit de ces victoires. Étaient-ils donc trop exigeants, lorsqu'ils demandaient *du travail ou du pain.* Cependant la bourgeoisie de 1830 leur répondit avec des baïonnettes. Le peuple, il est vrai, avait formulé sa demande par une insurrection. Celle-là n'eut que du sang versé, des prisons, des transportations, et point de colonne en son honneur.

Le dualisme des intérêts n'a pas pris fin, la Révolution de 1848 vint humilier et briser l'égoïste prédominance de la bourgeoisie, et depuis lors il n'y a pas seulement les intérêts et les prétentions de la bourgeoisie, il y a les intérêts et les revendications du peuple.

Au peuple, il a été donné comme satisfaction le suffrage universel.

Satisfaction dont il est fier. — Mais l'alliage confus de tous ceux qui par leurs vices n'ont ni famille, ni travail sédentaire, ni garanties d'aucune sorte à donner à la Patrie et à la Société ; mais l'inexpérience dans l'âge où commence le droit électoral ; mais les passions antisociales ; mais les sociétés secrètes dont on n'a cherché sur aucun point à se prémunir, altèrent le suffrage universel. Tel qu'il est organisé, sert-il les intérêts de la masse honnête et valable du peuple ? Je ne sais, mais il a servi les couches bourgeoises qui se sont emparées du pouvoir et veulent le garder.

Cette effrayante curée de places qui se fait au profit d'une meute ardente, est-ce le peuple qui y prend part ?

La recrudescence révolutionnaire de nos jours a ramené la recrudescence des enrichissements cherchés sur la fortune publique. — N'ayant plus la grande proie des biens du clergé et des émigrés, la couche Tiers-État actuel, se fait une proie plus minime, mais encore dévorable du budget de la France. C'est elle qui ne quitte pas des yeux le budget du clergé à ôter au clergé, pour qu'elle s'en empare ; c'est elle qui reparle comme aux jours de 1790 de saisir les biens épars, les maisons des ordres religieux, puis les Églises, pour la Nation et les Communes ; il y aurait là quelques opérations ou faire des bénéfices. — Je vois bien partout la part que peut se faire la bourgeoisie ; — je ne vois pas la part du peuple : pour lui le travail agricole, et les produits du sol et de la terre sont avilis ; pour lui le travail industriel languit et chôme ; pour lui l'impôt augmente, et la valeur du sol, des usines, des ateliers, se déprécie.

Cependant le dualisme des intérêts s'accentue et s'aggrave. Les politiques de la bourgeoisie ont alors jeté et ne songent qu'à jeter le christianisme et son clergé comme une pâture aux haines populaires.

Ce malheureux peuple, celui qui par les grèves, les violences, le désordre, émerge le plus à la surface anarchique, a perdu les sentiments chrétiens, et, par les clubs, les sociétés secrètes, est saturé de haines aveugles contre le christianisme. Tandis que Voltaire autrefois avait trouvé dans les classes supérieures et dans les premiers rangs du Tiers-État les chefs de la guerre au christianisme, et formulé cette maxime que la religion n'était bonne que pour le peuple ; c'est le peuple aujourd'hui qui trouve la religion inutile pour lui. Il a assez, dit-il, de son travail et de ses peines, il n'a pas de loisirs pour aller à l'église : la religion est bonne pour les riches.

L'irréligion passée des hautes classes aux classes inférieures, est ainsi un retour amer, et encore une réaction du XIXe siècle contre le XVIIIe.

Si ce n'est pas en vain que la bourgeoisie révolutionnaire pousse le peuple contre le clergé, par ces mots de laïcisme et de droit laïque, opposés au droit religieux, au cléricalisme ; si elle excite, par les diatribes et les calomnies, jusqu'à ces haines qui font tuer un prêtre, parce qu'il est prêtre, elle n'arrête pas cependant ce cri plus terrible et d'un intérêt plus positif, plus palpitant : le capital, la bourgeoisie, le patron, voilà les ennemis ! C'est cette clameur qui grandit, jusqu'à rugir dans les réunions socialistes, et jusqu'à tuer comme on l'a fait à Decazeville.

Qui sait jusqu'où peut aller à son tour ce quatrième état, le peuple ouvrier, à qui le Tiers-État a enlevé l'organisation qui était son appui, la religion qui était son guide et son espoir, et à qui il enlève avec acharnement les secours, les consolations des prêtres, des ordres religieux et des sœurs de Charité. — Lorsqu'il chasse celles là des hôpitaux, il pourrait bien un jour interdire aussi les petites Sœurs des pauvres.

Ainsi se développent les discordes profondes entre le peuple et la bourgeoisie. Les haines et les prétentions du peuple aujourd'hui répondent à ce qu'ont été dans la Révolution les haines et les prétentions du Tiers-État contre la Noblesse. Aujourd'hui, comme alors, des voix sinistres excusent le meurtre et disent du sang versé ce que le Tiers-État a dit avant elles : Le sang qui coule est-il donc si pur ? Laissez, laissez, c'est la justice du peuple !

Puissent les ambitions intermédiaires qui accaparent places, honneurs, profits et richesses, et cherchent perfidement à tourner les passions populaires contre la religion et le clergé, ne pas rencontrer ces passions retournées directement et non sans cause, contre leur pouvoir et leurs richesses ! Puisse la bourgeoisie, confiante en ses prépondérances depuis un siècle, ne pas subir de terribles représailles ! Puissent ces insensés qui écartent Dieu de l'enseignement social, n'avoir pas à redemander bientôt et vainement ses interventions et ses pitiés.

Des idées de la Révolution, ce qui reste se divise en deux parts. Les idées d'institutions à changer de fond en comble, de communes autonomes et de monde à refaire, sont la part des socialistes, communistes et anarchistes.

Les idées Jacobines autoritaires antiques : l'Etat, tout pour l'Etat, et par là les intérêts apparents de l'ordre, de la sécurité, du capital garantis, les intérêts bourgeois sauvegardés, sont la part de ces deuxième et troisième couches de la bourgeoisie qui détiennent le pouvoir, et se sont embusquées dans la forme républicaine.

Dans le danger, ils se disent aussi conservateurs ! Et si le flot radical et socialiste monte, ils demandent et recherchent alors, non pas au nom de la religion, mais au nom de la propriété et des intérêts communs, l'appui des partis qui se nomment conservateurs. Tant est-il que des épreuves méritées et des crises redoutables peuvent encore traverser nos destins ; tant est-il que la dissension entre Monarchistes et Républicains, entre républicains et socialistes, entre peuple et bourgeoisie, la disenssion est partout, sauf dans le Catholicisme.

Partout ailleurs il y a la guerre des intérêts, l'émiettement des partis, de grandes haines entre les hommes ! — le premier des concordats, celui de la Religion et du gouvernement est méconnu, on cherche à le lacérer par morceaux, on voudrait le déchirer tout entier ; alors au contraire qu'il faudrait de toutes parts des concordats entre les intérêts ennemis, entre les partis qui se combattent et s'annulent.

Bien loin de cette idée de concordats, on parle de *concentrations*; car le fond des idées produit toujours le mot qui les exprime. Les concentrations sont la tactique des armées qui s'apprêtent aux grands combats, c'est la tactique et le mot de la guerre. C'est le redoublement des efforts pour la bataille rangée. Des partis se concentrent pour écraser leurs adversaires.

Les partis en France, en sont donc à la guerre plus que jamais. Voilà à la veille d'un centenaire fameux, voilà après un siècle où en est la Révolution. Il peut bien être question de 1789. La Révolution ne cherche pas à se finir : c'est vers ses débuts qu'elle retourne !

CHAPITRE IX.

DEUX FRANCES! — CENTENAIRE DE 1789.

L'Évangile a dit, *unum ovile*. Il a même dit cela pour le monde entier, en y ajoutant *unus Pastor*, une seule bergerie, un seul Pasteur! Pour créer cette unité, il y a une foi et un symbole.

La Révolution aussi a tenté de faire un symbole : la déclaration des Droits de l'homme ; elle voudrait qu'il y eut une foi : la foi à la République. Elle avait proclamé pour dogme la République une et indivisible ; et afin d'imposer sa foi et son symbole, elle aime à recourir à la force, et n'a reculé devant aucune tyrannie. — Mais elle ne se donne jamais pour but et pour mission la conciliation, la conversion persuasive, l'alliance des partis et des intérêts par l'union dans l'intérêt général. Elle ne recherche pas le rapprochement des esprits, la paix et l'ordre entre les classes ; elle n'a qu'un système : opprimer ceux qui lui font opposition, les faire disparaître ; s'il était possible, les écraser !

On l'a vu en 93 décréter l'extermination des villes et des provinces ; proscrire les *suspects* d'incivisme ; tuer, jusqu'à guillotiner à Paris, en un seul mois, quatorze cents victimes. On a vu la Commune, en 1871, vouloir brûler tout Paris et enfermer l'immense population dans une immense fournaise. Le Directoire, tout adouci qu'il était, déportait à Synamary une part de la Représentation nationale plutôt que de tolérer l'opinion contraire à la sienne.

La Révolution déclare toujours qu'il y a deux Frances, comme l'a dit Jules Ferry ; et de ces deux Frances, il y en a une qu'elle ne peut supporter. Pour bien constater les deux Frances, il lui en faut une à persécuter !

La Révolution établit d'abord deux Frances sous le nom de France ancienne et de France nouvelle, elle tient absolument à maintenir cette séparation. Le point de partage est l'année 1789, et c'est pour la célébrer hautement et avec l'espoir même de la faire célébrer par l'Europe et le monde, qu'elle a décidé le Centenaire de 1789, sous l'amorce d'une Exposition universelle.

Mais la Révolution de 1789 n'a été en rien le point de départ des progrès de l'industrie, des arts, des sciences, de la richesse et de la transformation du monde au xixe siècle, bien au contraire ! Ce mouvement de progrès déjà éclatant en Angleterre, et commencé en France par les projets de routes et canaux, ces premiers moyens du commerce et du développement industriel et agricole fut complètement arrêté par 1789. La Révolution y substitua la destruction, les ravages, la misère et la ruine dans les villes et dans les campagnes. Des finances telles que les assignats, des lois telles que le maximum, un désordre administratif complet et un gouvernement effroyable amenèrent vite la France jusqu'à une désorganisation générale. Le Consulat seul rétablit l'ordre et la confiance ; il releva la Nation, il réinstitua en tout, par la religion, par les lois, par le gouvernement, une Nation civilisée. Il raviva les gloires de la France, reprit et agrandit encore la place qu'elle avait eue dans le monde. De ce qui avait été une convulsion et un chaos, il refit un ordre digne d'être le commencement du xixe siècle. Ensuite il fallait la paix, une paix longue et ininterrompue, pour que toutes les nations concourussent en même temps, et toutes en quelque sorte, sous une même impulsion, à la transformation du monde. La Révolution s'en fait une gloire, alors que par ses idées antiques et ses retours au vieux monde elle marchait dans un sens tout contraire.

Ce sont les deux Empires, ce sont les deux Monarchies, qui

ont vu naître, ont favorisé et produit en France ces changements, ces progrès qui nous émerveillent. L'Angleterre, l'Amérique, l'Allemagne ont contribué à ces progrès pour une grande part; mais nous pouvons être fiers de celle que nous y avons prise.

Le second Empire a eu l'honneur de l'initiative, et d'une initiative admirable, pour ces Expositions, ces concours grandioses ouverts à l'émulation de toutes les Nations. L'exposition de 1889 eut certainement gagné à être la glorification du xixe siècle, et non pas à vouloir glorifier le xviiie, et à se faire le centenaire de la Révolution.

Placée en 1889 comme centenaire de notre siècle, une Exposition universelle à laquelle Royautés de l'Europe et de l'Asie, Républiques des Amériques et d'Europe se fussent empressées de venir au nom de la civilisation générale, et non pas sur l'invitation insidieuse et ironique de la Révolution, eut été l'apothéose du génie moderne, et non le rappel de l'esprit antique et païen qui fût l'inspirateur de 1789, et le préparateur de 1793.

Que même pour raviver le travail et l'industrie en souffrance, par une grande exposition dans ce Paris qui attire toujours, le Gouvernement eût choisi l'année 1790, cela eût pu être encore une manifestation pacifique et une glorification du seul xixe siècle. Mais non, la République a tenu par dessus tout à glorifier 1789.

Je ne sais ce qu'il en sera des gloires que prétend se donner la Révolution et qui ne sont pas méritées par son histoire : même elle regrette de ne pas avoir songé plutôt à ajouter à la tour Eiffel et aux conceptions de l'Exposition de 1889 un édifice monumental et commémoratif de la Révolution, édifice dont il n'y aura tout au plus qu'un petit modèle fac simile, une *maquette*. Un ministre, tombé de l'un de ces ministères qui passent et s'effacent comme des ombres, montre la grandeur de ses pensées en demandant qu'il y ait des colonnes commémoratives de la Révolution dans chaque ville, bourg et village de France.

Mais tandis que, pour se fêter, la Révolution entasse ainsi projets et dépenses et ne songe qu'aux apprêts d'un triomphe ; des armées considérables se massent sur diverses frontières, M. de Bismarck aligne et combine des plans de défense et d'attaque pour cinq à six millions de soldats allemands, continue à méditer les moyens de paralyser et d'attérer la France ; il entasse, lui, de nouveaux millions sur les millions déjà amassés dans la forteresse de Spandau pour la mise en campagne, et ces millions-là, pense-t-il, pourraient produire comme intérêt d'une victoire Prussienne, plusieurs milliards et peut-être encore des provinces de rançon ; enfin partout le sol est ébranlé par les bruits souterrains d'une guerre qui peut éclater tout à coup en volcan. Tout cela s'accorde peu avec les préparatifs d'une exposition pacifique.

La Révolution n'en poursuit pas moins son idée qu'il faut avant tout célébrer la France révolutionnaire, la France de 1789 qui répudia ses institutions, sa religion, son passé : la France antichrétienne, celle qui brisa tellement tous les liens de la Nation, qu'ils n'ont pu se renouer encore. Voilà l'apothéose voulue.

J'en vois les fondements qui s'élèvent : atteindront-ils leur faite !

Or, avant ce double triomphe de la Révolution en 1789, et de la Révolution en 1889, il s'est fait en 1888, il vient de se voir un tout autre triomphe, inattendu, éclatant, extraordinaire, sans précédent, et universel celui-là avec des envoyés de tout l'Univers, et une Exposition aussi, formée de présents offerts, et d'une richesse insigne ; triomphe d'un vieillard prisonnier mais qui est le Pape, et en lui l'apothéose enthousiaste et merveilleuse de la Papauté et du Catholicisme.

On avait vu depuis dix années ce vieillard du Vatican plus confiant et plus inébranlable que le Sénat Romain vis-à-vis de ses ennemis, diriger le gouvernement des sociétés, des esprits et des âmes, avec autant de soin, de quiétude et de fermeté que si rien ne troublait son pouvoir suprême. On l'avait vu affirmer dans l'Univers, tout ce qui a force et développement Catholique, et faire surgir et croitre des puissances nouvelles.

Il parlait, et, tout renfermé qu'il était dans une étroite enceinte, sa parole avait autant et plus de retentissement que jamais : il enseignait, et son enseignement s'adressait aux gouvernements et aux passions ennemies, avec plus d'autorité que jamais : la Chaire Apostolique et Romaine dominait dans l'assentiment unanime des évêques et des fidèles attentifs à écouter la voix qui semblait tomber de plus haut qu'autrefois : et voilà que tout à coup, à l'occasion de la cinquantaine sacerdotale de ce prêtre, le monde non seulement catholique, mais les royaumes de l'hérésie et du schisme, le boudhisme du lointain Orient et le khalifat du mahométisme, comme s'ils reconnaissaient l'universel Grand Prêtre, lui envoient de toutes parts, hommages et magnifiques présents. — Les Républiques Américaines se disant les jeunes filles de l'Église lui adressent d'ardentes déclarations de dévouement et de foi : un de leurs Présidents a déjà scellé de son sang cette foi catholique. — La fille aînée de l'Église, la France, représentée par ses fidèles et la splendeur de ses offrandes, voit son gouvernement Révolutionnaire entraîné lui-même dans ce mouvement des nations, et qui, pour ne pas rester seul, envoie au Souverain Pontife un Ambassadeur chargé de porter ses dons et son adhésion respectueuse. L'Angleterre l'a précédée avec un de ses plus grands seigneurs pour parler en son nom. L'Empire protestant d'Allemagne honore de nouveau et magnifiquement celui qu'il avait précédemment réclamé comme arbitre ; en un mot une glorification du Pape et de son rôle, dans le monde, s'est vue comme jamais encore il ne s'en était fait dans l'histoire des Pontifes Romains.

La Révolution a bien médité, bien étudié, bien apprêté le triomphe qu'elle entend se donner avec le Centenaire de 1789 ; je ne sais ce qu'il sera, — mais le Jubilé de Léon XIII, a éclaté spontanément du cœur, et de l'assentiment des peuples et des Rois ; il est né de l'union des âmes ; et comme l'a remarqué avec émotion le Vicaire du Christ offrant à l'Autel la prière et le sacrifice pour tous, la Mitre superbe donnée par l'Empereur d'Allemagne et placée d'un côté sur l'Autel de Saint-Pierre, la Thiare magnifique donnée par la France sur l'autre côté, Mitre et Thiare tour à tour mises sur la tête du Pape, et au milieu de l'autel le précieux Calice donné par l'Autriche, étaient le symbole de l'union qui devrait exister toujours entre les peuples Chrétiens et que le Vicaire du Christ demandait à Dieu.

Le Centenaire de la Révolution, au contraire, n'est qu'une pensée de discordes et d'inimitiés. C'est le Tiers-État remémorant sa guerre au clergé, à la noblesse, et sa prise de possession du peuple. Le Tiers-État s'abuse sur les suites de ce rappel de 1789, car c'est la Révolution surtout qui a intérêt à glorifier dans ce Centenaire sa guerre à la Société chrétienne.

1789 avec son schisme d'abord, et la proscription du clergé, la destruction des églises ensuite ; 1789 avec son anarchie d'abord, et puis les années néfastes qui furent ses conséquences, 1791, 92 et 93, voilà la France à célébrer d'après la Révolution !

Un historien qui voit et stigmatise les procédés, les horreurs et les insanités de la Révolution, adopte néanmoins cette idée chère au Tiers-État de deux Frances ; il recherche comme dans les débris d'un vieux monde et d'une France disparue, les origines de la France contemporaine.

Mais les deux Frances ne sont pas seulement l'ancienne et la nouvelle ; c'est aussi la France chrétienne et la France antichrétienne, et c'est la guerre entre ces deux Frances que mène la République actuelle ; car dans la République même, la Révolution tient pour ennemie une République conservatrice qui ne serait pas antichrétienne. Pour détruire le Christianisme les sectaires ne diffèrent pas sur le but : ils diffèrent seulement sur les moyens, sur l'opportunité, sur le plus ou moins de radicalisme.

Les deux Frances ! on aura beau dire à la Révolution qu'il vaudrait mieux ménager et apaiser, recourir à la liberté et à la tolérance, ne pas diviser la nation, ne pas entretenir l'antagonisme perpétuel ; elle ne peut pas changer de système sans cesser d'être la Révolution et l'incroyance : son Coran est l'État sans Dieu ; les infidèles sont les chrétiens.

C'est pourquoi elle a imaginé le centenaire de 1789, parce que le centenaire est par lui-même, et en dépit de toutes atténuations diplomatiques, une injure aux Rois et un défi au Christianisme.

Les Rois atermoient, mais ils répondent en augmentant leurs armées. — Le Christianisme a répondu par le Jubilé du Pape à Saint-Pierre de Rome.

La République cherche des millions pour solder son budget annuel ; elle laisse les communes grever le leur sans contrôler et arrêter leurs dépenses ; elle les excite même aux dépenses exagérées ; elle épuise les contribuables pendant la paix ; elle n'a pas de réserve financière pour la guerre. N'importe, elle ne regarde pas aux millions pour un centenaire placé juste au moment où l'Europe est prête à s'ébranler et où l'avenir est plus redoutable que depuis longtemps il n'a été.

Ce ne sont pas des souvenirs irritants qu'il faudrait réveiller, pas plus qu'il ne faudrait attiser nos discordes ; ce que l'état de la France réclamerait à l'intérieur ce serait, non pas le gouvernement, et la concentration d'un parti, mais une concentration nationale ; et ce que l'état de l'Europe réclamerait à l'extérieur c'est aussi le concours national de tous les partis pour le salut de la Patrie. Mais alors il ne s'agirait donc ni de scinder la France, ni de caractériser et de maintenir deux Frances. Car, malgré tout, et quelque puisse être le chemin à parcourir, il faut tendre à un accord nécessaire pour tous, afin que la France retrouve ses grandeurs des siècles passés et du nôtre, afin d'abord qu'elle ne retrouve pas des défaites, il ne faut pas deux Frances, il n'en faut qu'une !

CHAPITRE X

FUSION.

La grande division qui s'est faite et s'entretient par la Révolution, de deux Frances historiques, l'ancienne et la nouvelle ; de deux Frances sociales, la chrétienne et la non-chrétienne ; a pour suite des subdivisions multiples, subdivisions des partis ; divisions entre les partis monarchistes, divisions entre les partis républicains, depuis l'opportunisme jusqu'à l'extrême anarchie : tout cela est bien loin, paraît-il, d'une France unifiée !

Cependant par le cours du siècle, par les événements, les morts, les fins de dynasties et les fins d'empire, par la lassitude des partis, par le développement de l'unité matérielle et la multiplicité des intérêts en jeu ; par les conditions de sécurité et de suite que réclament le commerce si étendu, l'industrie si puissante, l'agriculture si active ; la France comme les autres nations, a de plus en plus besoin d'être Une, et de se rallier pour elle-même aussi bien que vis à vis de l'étranger, dans l'unité de son histoire, et dans son unité sociale. C'est là le but que désigne le mot *fusion*.

Par ce mot n'entendons pas le mélange hétéroclite du bien et du mal, des bons et des méchants, du vrai et du faux ; ni ces coalitions passagères entre partis qui se concentrent au jour le jour contre des adversaires.

J'entends ce mot : fusion, comme l'entendait le premier Consul et l'Empereur, caractérisant ainsi lui-même sa politique, et cherchant à fondre les Partis dans la masse nationale. — J'entends, à l'opposé des violences théoriques et sectaires, et des intérêts égoïstes d'une classe, d'une coterie, d'une affiliation, uniquement préoccupés d'eux-mêmes, j'entends cette conciliation politique qui comprend les intérêts des classes diverses, en tient compte, et se fait un but de les coordonner et de les satisfaire.

Ce but supérieur de tout gouvernement juste et vraiment national, ne se distingue même pas du mot gouvernement. Dans les temps où le gouvernement est établi sur l'assentiment général, sur l'intérêt général de la Nation. Aussi le mot de fusion ne peut-il se trouver qu'à la fin des révolutions, aux époques qui les terminent; lorsqu'il s'agit de retrouver enfin l'équilibre rompu, et l'accord entre les partis et les classes ; ce qui est la paix, la force, et la prospérité de l'existence nationale !

Cette conciliation politique, ces réconciliations nationales, ne se font pas facilement ni vite, entre des partis divisés par des luttes passionnées et des causes profondes. En France il leur a fallu d'abord être imposées par un génie et une puissance telles que furent le génie et la puissance de Napoléon. Mais cette compression utile qui rétablit la Nation sur ses bases ne suffit pas encore à unifier les idées et les intérêts. Il faut le travail des idées sur elles-mêmes, et le travail du temps. Il se fait des ressauts de discordes, des remous de révolution. L'œuvre d'un siècle ne se parachève pas en quelques années.

Mais voilà que le siècle s'est écoulé ! et après tant de désaccords où l'on voit mieux ce que gagnent les intérêts particuliers que ce qui est gagné par le pays, l'intérêt général demande, non plus des concentrations de partis hostiles, mais la concentration de la Nation, dans un de ces accords qui mettent fin aux guerres civiles et aux Révolutions.

Or, la Révolution n'a jamais eu, et il semble qu'elle ne peut pas avoir le sentiment de cette mission gouvernementale qui finit les luttes en réconciliant les adversaires, et les dominant tous par l'impartialité de la justice.

Henri IV finissant les guerres civiles ; Charles VII au temps de Jeanne d'Arc, vainqueur de l'étranger et faisant des Armagnacs et des Bourguignons une seule France, sont des énigmes que la Révolution ne veut pas et ne peut pas comprendre.

La fusion des partis, c'est-à-dire la paix rétablie au sein de la Nation, le bon accord entre les classes diverses et non l'antagonisme entre elles, et non l'oppression de l'une par l'autre ; cette idée qui a fait la gloire du Consulat et relevé tout à coup l'honneur de la religion et de la France ; la paix religieuse et la paix civile, l'accord entre le présent et le passé ; voilà ce que la France attend aux derniers jours de ce siècle, et ce que la Révolution prend à tâche de ne pas lui donner !

Ce mot et cette idée de fusion nécessaire avait reparu après 1848, et l'on avait cherché d'abord sous ce nom l'accord à rétablir dans la famille Royale. Le second Empire intervint au milieu des désaccords Royaux et civils, qui n'avaient pu s'apaiser ; et comme le premier Empire, il imposa un accord suivi bientôt d'une grande prospérité Nationale. Mais ce second Empire, comme le premier Empire aussi, et c'est ce que les Bonapartistes oublient, a été terminé par une immense catastrophe.

La fusion alors fut encore recherchée dans la famille Royale ; et le comte de Paris a eu cet honneur de dominer les sentiments particuliers et filiaux qui lui rendaient sa détermination difficile et pénible, et de les subordonner au devoir de reconnaitre le droit légitime dans la personne du prince exilé par la Révolution de 1830. — Il alla noblement s'incliner devant le comte de Chambord et comme il avait compris l'utilité de cette fusion dans l'intérêt de la France, il la comprend et il la comprendrait dans toute son importance nationale entre les classes et les Partis.

Les deux Empires à leurs premières années avaient compris qu'il fallait dominer la Révolution, relever la noblesse, le rôle des classes dirigeantes, ne pas donner à la bourgeoisie tous les privilèges, elle qui ne souffrait pas les privilèges des autres, et protéger spécialement les intérêts du peuple qui a besoin de protection. On a dit et remarqué que dans ses instructions données aux monarchistes, le Comte de Paris avait emprunté aux premières idées impériales ; pourquoi pas ? si en effet elles étaient justes et ont valu aux deux Empires leur éclat, et que ce soient les dernières idées et les dernières années impériales qui aient gâté les premières !

Le Comte de Paris est sorti du terrain étroit de 1830, pour se placer sur le terrain large de la grande et séculaire monarchie ; il ne serait plus le roi d'une garde nationale bourgeoise, il serait le roi de la nation et de l'armée. S'il a aussi demandé aux deux Empires ce qui a fait leur force, et leur avait donné l'assentiment national, tout cela est compris dans le mot, fusion !

La Providence réserve-t-elle au comte de Paris cette gloire, je l'ignore, et je puis le penser, mais ce qui est visible, c'est que Dieu a fait pour cette fin du siècle, pour la fusion des partis en France et le salut de cette noble terre, plus que ne pouvaient faire les hommes. Un Empire a disparu ! et le prince Impérial qui, à défaut d'Empire, méritait un destin glorieux, a eu l'honneur d'une mort digne de finir la grande épopée des Napoléons. — Le comte de Chambord a disparu ! il semblait l'élu de Dieu ; il a maintenu durant un demi-siècle, avec une grande dignité, le principe du droit National, l'hérédité monarchique. Par sa mort les partis Royalistes longtemps divisés et peu conciliables, ont été réunis.

Dans la France Catholique, les scissions jansénistes, gallicane, libérale, ultramontaine, ont été effacées et fondues en ce seul nom : Catholiques !

Dans les partis républicains, une large part peut rentrer facilement dans la conciliation générale, religieuse et Nationale : d'autant plus qu'il y a à concilier les intérêts bourgeois et les intérêts populaires.

Les intérêts du peuple sont l'objet le plus sacré d'une véritable restauration Nationale. Le progrès pour le peuple, la vérité pour le peuple, c'est là l'Évangile même, la bonne nouvelle pour tous. La Révolution a fermé les oreilles du peuple pour qu'il ne l'entende plus ; c'est là pourtant le fondement du Christianisme même et de ses institutions sociales.

Quant aux républicains révolutionnaires et anarchistes, ce ne sont que de malheureuses parts de la Nation, des égarés, des illusionnés, des victimes. Ils ne sont pas à opprimer, loin de là ! Ils sont à affranchir des directions secrètes et des excitations publiques qui les corrompent par l'irréligion et les captivent par le mensonge.

Si la République ne revendiquait pas l'héritage amoindri de l'Antiquité et du jacobinisme ; si elle n'était pas la Révolution bien forte au xviiie siècle contre le christianisme, mais réduite aujourd'hui à une guerre insidieuse, qui pour être habile n'en dénote pas moins l'affaiblissement de l'attaque ; si la République au lieu d'être ce qui nous divise le moins, n'était pas au contraire la division irrémédiable des Partis et des Républicains eux-mêmes, en sectes ennemies ; — si elle n'était pas la franc-maçonnerie ; si elle n'était pas antichrétienne et dès lors incapable de pouvoir rétablir l'accord entre les classes, entre les esprits, et de mener à fin nos longues dissensions ; — si enfin elle n'était pas vis à vis de l'Europe et surtout de la Prusse, l'affaiblissement prolongé de la France : je dirais avec l'Eglise que la République est une forme de gouvernement acceptable et possible comme toute autre ; je pourrais penser qu'un Président et un Ministère généreux et habile arriveraient à tenter cet accord, cette fusion nécessaire, pour la France, et je ne présagerais pas les destinées de la République.

Mais la République en France n'a à son avoir que les horreurs de la Révolution première, la Terreur et le Directoire ; puis en 1848 les émeutes socialistes, et les terribles journées de juin ; puis en 1870 le parti qu'elle a tiré de nos défaites et de l'invasion étrangère, la République au lieu de victoires n'a fait apparaître que la Commune. Ces titres ne sont pas à son avantage.

Maintenant des compétitions d'intérêts et de personnes ; une prodigalité gouvernementale nécessitée par la recherche des honneurs et des places ; l'obligation de flatter les passions démocratiques qu'elle redoute ; les crimes qui tous les jours s'accroissent ; les bases morales de la société ébranlée, le suicide devenu un usage pour des enfants qui désapprennent dans les écoles laïques le respect de Dieu, le respect de la famille, et le respect de leur propre vie ; le vol et les meurtres affreux qui ne sont plus de dernières ressources pour des hommes habitués peu à peu au crime, mais qui sont la première ressource de jeunes et tout jeunes gens se refusant de prime abord au travail, à la vie honnête. — Voilà où en est la Révolution ! Elle met ses forces à jouir du présent, et ses faiblesses à laisser faire ; elle s'est rétrécie et usée ! Des crises aussi violentes que la Révolution française ont des retours ! Mais la République en est contre le Christ et contre Dieu à ses derniers efforts.

Les hommes qui faisaient la guerre au Christianisme à la fin du xviiie siècle, et semblaient l'avoir anéanti sous la terreur et dans le sang, se chargeaient les uns vis à vis des autres par la guillotine et les morts violentes, d'accomplir sur eux-mêmes les vengeances divines.

Les hommes qui à la fin du xixe siècle ont repris la guerre contre Jésus-Christ et contre Dieu, disparaissent et disparaîtront aussi sous des punitions imprévues. Gambetta a péri de ses vices et de la colère inattendue d'une femme ! La chute de Jules Ferry, ministre, l'a surpris au milieu des soutiens qu'il s'était faits dans le Parlement, et qu'en un jour il a vu se tourner contre lui. Il les avait ralliés encore pour le pousser jusqu'à la Présidence de la République ; les menaces radicales les ont dispersés, et il n'a recueilli qu'une tentative d'assassinat sur sa personne.

Et la Présidence de Jules Grévy, renouvelée sous le prestige de son *austérité* républicaine ! qui aurait pu prévoir sa fin subitement forcée, et déshonorée par les incroyables trafics de son gendre ? Et comment penser qu'à l'Élysée, dans le palais du chef de l'Etat, sous ses yeux et dans sa famille, il a pu se tenir boutique ouverte de décorations et de places, sans qu'il y ait eu connivence, ou cécité de ce beau-père investi du plus haut pouvoir et qui devait au moins veiller à son honneur et à celui de son gouvernement?

Qui aurait pu prévoir que le chef de la police, des chefs de la magistrature, des généraux fussent ainsi tout à coup impliqués dans un déshonneur rejaillissant sur la République !

Voilà les exemples de la soudaineté des changements dans l'atmosphère de la Révolution, et de l'imprévu dans les desseins de la Providence.

Ne demandons pas toujours comment cela se fera-t-il ? car il n'est pas donné de connaître les temps et les moments. *Non est vestrum nosse tempora vel momenta*, et de savoir à travers quelles épreuves nous pouvons passer encore, crises intérieures ou guerres étrangères ! Mais c'est à l'accord entre les intérêts, les classes et les partis qu'il faut tendre ; et à ne voir que les seuls partis francs-maçons et gouvernementaux qui entretiennent les désaccords, pour être seuls maîtres et exploiter la France, il ne faut pas croire l'accord, la transaction impossible, ou si peu rapprochée qu'elle semble.

Noblesse, Tiers-État, et peuple, Monarchistes et Républicains, sont au fond d'accord sur ce point que les bienfaits de la civilisation doivent profiter à tous. Ils invoquent les mêmes mots de Liberté, de justice, d'honneur national, d'équité et de solidarité entre les intérêts des classes diverses.

Chacun dans une nation peut dire comme l'apôtre : qui est-ce qui souffre et qui pâtit sans que je ne participe aussi à la souffrance? et nul n'avouera qu'il veut s'exempter des charges et les laisser aux autres, quoique ce soit là le but et le résultat de bien des révolutions.

Mais enfin il est permis de penser que la Providence donnera à la France de voir se renouveler à la fin du xixe siècle, ce qu'ont vu la fin du xve siècle et la fin du xvie : c'est à dire après les longues périodes de discordes civiles, et sous un gouvernement qui saura les terminer, une France plus glorieuse que jamais dans le monde chrétien !

CHAPITRE XI

FIN DU XIXᵉ SIÈCLE

La France est nécessaire au monde Chrétien ! non pas que Dieu ne puisse susciter où il voudrait des Machabées pour le catholicisme. Il y en a eu suivant les circonstances en Hongrie, en Autriche, en Pologne, en France, en Espagne. Mais quels qu'aient été les errements et les crimes de la Révolution française, quelle que soit encore la guerre faite par la Révolution en France à Jésus-Christ et à Dieu, et eussions-nous encore des fléaux de Dieu à subir ; cette France Chrétienne qui durant tout le cours du xixᵉ siècle a réagi d'une manière si persévérante contre le xviiiᵉ, la France par ses manifestations éclatantes d'œuvres, de doctrines, de fondations, de propagande, de foi et d'ardeur chrétiennes, la France semble encore, parmi les nations de l'Europe, avoir gardé sa primauté catholique. Là où ont abondé les fautes semblent avoir surabondé aussi la grâce et les manifestations divines.

Les Papes Pie IX et Léon XIII n'ont pas cessé de considérer *la noble nation française,* suivant leur expression, comme une nation, non pas tombée et marchant à sa décadence, mais comme destinée encore à être une gloire dans le monde, une gloire et un appui pour le catholicisme.

L'ombre actuelle du Gouvernement républicain et Révolutionnaire, sortie des ténèbres de la franc-maçonnerie, ne sera qu'une ombre de passage. On verra cette éclipse disparaître par le mouvement chrétien qui a été imprimé à la France, et qui fera reparaître son disque lumineux.

Le XIXe siècle a vu les phases d'une grande lutte qui ne peut se terminer sans alternatives et sans résistances acharnées. La Révolution a pu contrebalancer la réaction moderne et chrétienne qui est la marche du siècle, mais cette marche ne sera pas arrêtée par quelques dernières idées de Rousseau et de l'Antiquité ; sa fin répondra à ses commencements, et à ce courant magnifique qui de nos jours a transformé le monde.

Le Christianisme qui a créé ce monde moderne, et renouvelé la face de ce monde antique que la Révolution voulait faire revivre, ne craint pas le courant des idées vraiment modernes, vraiment rénovatrices. La France reprendra sa place et sa mission à l'honneur du catholicisme, et par là à l'honneur d'elle-même.

La France est nécessaire au monde Européen !

On a parlé des races latines abaissées par les races germaniques et slaves ! Reparler ainsi des nationalités et des races, c'est les diviser et les refaire hostiles suivant les idées anciennes.

Les Nations sont distinctes sans doute, et il y a le grand sentiment de la Patrie ; mais la politique et la recherche des races, politique dont le Germanisme a fait son profit rentre au fond dans les idées de la révolution et du monde antique.

Dans le monde moderne il pouvait y avoir plusieurs nations, mais il devait y avoir une seule race, issue du Christ, la Race Catholique.

Divisée par le schisme grec d'abord, elle l'a été plus encore par le Protestantime ; mais elle reste encore à titre général, la race chrétienne.

Les races latines ne sont pas abaissées, comme on le dit, par les races germaniques et slaves.

Mais c'est dans l'abaissement de l'idée et de la race catholiques que sont englobées les nations latines, parce que ce qui a grandi dans les races germaniques et slaves, ce sont les parts protestantes et schismatiques, la Prusse et la Russie.

La race catholique si elle était Latine, était aussi germaine et slave; et c'est par le triste rôle et les fatales influences du XVIII° siècle chez les nations catholiques depuis le Portugal jusqu'aux confins de la Russie, que le catholicisme miné partout par les sociétés secrètes, et par le philosophisme public, a été méconnu, trahi par les gouvernements. Le XVIII° siècle a vu la France insoucieuse, et l'Autriche complice, laisser mutiler et enchaîner ces soldats du Nord, cette vaillante armée catholique, la Pologne! cette Pologne qui, vis-à-vis du Germanisme protestant, et du slavisme Russe, aussi bien que vis-à-vis du Mahométisme puissant, fournissait toujours des héros et des vainqueurs : l'Autriche sauvée récemment encore par elle, eut l'aveuglement et la honte de se réunir contre elle à Catherine de Russie et à Frédéric II de Prusse.

La France s'occupait à détruire les Jésuites, et les écrivains et les politiques français étaient en admiration devant le roi de Prusse, et l'impératrice de Russie.

Napoléon dans son génie français attaqua la Prusse et la Russie; et si au lieu d'attaquer au même moment le Pape et le catholicisme, il se fut inspiré d'une pensée catholique et prévoyante, il se fut arrêté contre la Russie aux limites de la Pologne ; il eut relevé cette Pologne catholique qui avait acclamé en lui un libérateur, et qui fut trompée ! il eut par là réduit cette Prusse qu'il n'écrasa qu'en passant, et qui se releva aussitôt que le cyclone eut passé et se fut effondré en Russie. Napoléon ne remplissait plus sa mission catholique en France; il ne sut plus la comprendre en Pologne.

L'Autriche en face des deux colosses Russe et Prussien, est-elle assez visiblement punie d'avoir, elle Catholique, abattu ce bras catholique de la Pologne qui pouvait la défendre ! fratricide insensé qu'un siècle tel que le XVIII° siècle pouvait seul voir s'accomplir, et que les philosophes de ce temps-là pouvaient seuls applaudir. L'Autriche est-elle assez humiliée, elle qui était la tête du saint Empire Romain, de n'être plus que l'alliée vassale du nouvel Empire Germanique, qui la pousse autant qu'il le peut au dehors de l'Allemagne.

L'élévation des grandeurs Prussienne et Russe, et l'abaissement des races Catholiques ne pouvaient se compléter que par la défaite de la France.

Eh bien, tout ce qui par le xviiie siècle et la Révolution française, tout ce qui par notre déchéance, nos défaites et nos gouvernements demi-chrétiens ou anticatholiques, tout ce qui a grandi contre le catholicisme, contre nous, et on peut le dire contre le monde Européen, c'est-à-dire la Prusse, la franc-maçonnerie, la Révolution, l'athéisme et les passions anarchiques ; tout ce qui apparait aujourd'hui abaissé, déprimé par la *fureur teutonique* et l'astuce révolutionnaire, tout cela peut changer de situation et de rôle.

Que la France ait un gouvernement catholique dans son intérêt et dans un intérêt Européen, et les races, les nationalités, non plus comme la politique néfaste du second Empire en a suscité la théorie païenne et les inimitées rivales sous ces noms de Latines, Germaines et Slaves ; mais les races catholiques réapparaitraient bientôt à ce titre commun, et d'autant plus puissantes qu'elles invoqueraient la justice au lieu de la force seule ; le droit des peuples au lieu du seul droit des armes ; des médiations chrétiennes au lieu du seul recours au nombre et à la mitraille.

La France catholique donnerait à l'Autriche le courage et la salutaire pensée de réparer la première plaie faite aux races catholiques par la Pologne livrée à la Prusse et à la Russie. M. de Bismarck dans sa puissance s'effraie de la France non accablée, et s'est déjà effrayé aussi de la Pologne si accablée qu'elle soit. Les tronçons de la Pologne réunis sont le spectre qui trouble toujours la Prusse et la Russie. Ah ! si ces deux soldats du Catholicisme, la France et la Pologne, se retrouvaient pour la même cause avec les races Catholiques de l'Allemagne et de l'Autriche, la Carte de l'Europe taillée par M. de Bismarck, serait bien changée.

La France apporterait dans ce renouvellement ces sentiments de générosité et ces traditions de christianisme chevaleresque, dont ses révolutions n'ont pu effacer entièrement la trace.

Si elle faisait renaître contre la Prusse et la Russie, l'alliance catholique de la France, de la Bavière, de l'Autriche et de la Pologne, et détruisait ainsi toute l'œuvre de M. de Bismarck et l'Empire nouveau-né de l'Allemagne du Nord, elle ne riverait pas la Russie dont elle est facilement amie, et à qui elle doit reconnaissance, à ses limites privées de la Pologne. La Russie aurait ses compensations sur les pays du Mahométisme.

Mais enfin, tandis que la France du XVIIIe siècle, révolutionnaire et même Napoléonienne, n'a été que fatale à la Pologne ; il faut pour que la Prusse soit abaissée, et pour que le Catholicisme Slave reparaisse avec des héros et des armées, il faut la France chrétienne.

J'ai parlé, et tout le monde parle aujourd'hui, de l'écrasement de l'Europe par le poids des armées, et des conséquences effroyables que peut amener le choc barbare de millions d'hommes se ruant avec fureur les uns sur les autres.

Ces perspectives deviennent si effrayantes qu'elles arrêtent les armées et les hommes qui auront la responsabilité de dire ce premier et terrible mot : Marche !

Or, une seule chose peut sauver l'Europe et résulter même de ces armements gigantesques. Chose curieuse, c'est l'auteur même de ce système, les Nations entières sous les armes ! qui le premier a donné l'exemple et la pensée du seul moyen capable de suspendre ces fureurs humaines, d'arrêter ces exterminations de peuples. M. de Bismarck a repris à des temps appelés à tort barbares, au moyen âge Chrétien, une idée Chrétienne, pour notre époque arrivée à une barbarie nouvelle ; l'Arbitrage du Pape !

Cet arbitrage ne sera-t-il pas commandé par la nécessité même de mettre une limite à des hostilités illimitées par le nombre des combattants et l'horreur des combats ? — Un tel arbitrage ne paraît-il pas dès à présent sollicité par l'impossibilité même où se trouvent les peuples de l'Europe de pouvoir supporter indéfiniment l'état actuel de paix armée, autrement dit de guerre imminente.

Dans un petit conflit, M. de Bismarck a donné un sage conseil pour les grands conflits qui se préparent ; et qui sait si la Prusse elle-même après des combats où les destinées pour elle auraient changé, n'aurait pas besoin de faire appel à la sagesse catholique de la Papauté ! Tant est-il que cette grande médiation apparaît possible, probable, nécessaire dans les luttes formidables de l'avenir.

La France républicaine n'a pas songé à ces grandeurs secourables de la Papauté. Elle ne poursuit que l'idée de l'asservissement de l'Église à l'État, et ses haines sont contre le Catholicisme qui seul pourrait être la force d'une politique vraiment française, salutaire pour nous et salutaire à plus d'un peuple.

Si déjà par sa forme de république, la France n'a a attendre que la défiance et l'antipathie des royautés Européennes, par le fond de sa politique, par ses passions anticatholiques elle ne peut avoir l'alliance et l'appui des peuples catholiques. Elle ne songe qu'à l'appui momentané de la Russie. Elle abdique le grand rôle qu'elle aurait comme champion de ces races catholiques qu'elle délaisse et dont elle est délaissée.

Puisque la Révolution et la République ne peuvent comprendre ce rôle et le saisir, la France le reprendra pourtant et dans sa grandeur, qui ne consistera plus seulement à défendre sa nationalité, mais à défendre en elle, à défendre au dehors contre l'Empire prussien et protestant, des races catholiques, et à leur rendre l'ascendant civilisateur. Aujourd'hui, cet ascendant est comprimé par la Prusse, par la révolution en France, et par notre abaissement.

Mais déjà en Italie la compression du Pape et de la Papauté a abouti à une glorification sans pareille du Prêtre vicaire du Christ, père commun des fidèles : de toutes les routes de l'univers sont arrivés à Rome, à Saint-Pierre de Rome, au successeur de Pierre, des félicitations, des hommages tels que la Papauté n'en avait jamais reçu de plus éclatants, de plus universels.

Donc regardons sans crainte la Révolution user contre le Christianisme de ces derniers maléfices. Le XIX⁰ siècle en verra la fin. Il aura à glorifier je l'espère et le crois, la réconciliation des partis et des classes dans le relèvement de la France. Ces relèvements là n'étonnent pas notre histoire.

La Révolution pourtant non contente des statues de la République et toujours préoccupée de s'affirmer à elle-même son existence et sa gloire, demande qu'il soit élevé un monument commémoratif de la Révolution française.

L'idée est peut être plus juste qu'elle ne le pense, car les monuments commémoratifs, sont les monuments de la fin, les monuments de la mort et des derniers souvenirs. En effet, il est à désirer que l'on soit arrivé à ce terme final de la Révolution, et qu'il y ait à l'opposé deux renaissances nouvelles, celle de la Rome Papale et celle de la France catholique.

Rome reprendra cette supériorité séculaire dont elle a gardé l'honneur avec les illustres Papes qui enseignent ce que sont les Constitutions chrétiennes ; et quelles sont les institutions ténébreuses de la franc-maçonnerie, et de toute politique antichrétienne.

Le Capitole redeviendra ce que les destins Romains et Catholiques l'avaient fait. *Caput urbis et orbis*, *Ara cœli*, sous le rayonnement de Saint-Pierre qui domine tout, cette Église d'où les chrétiens réclament la bénédiction pacifique et solennelle, à la ville et au monde.

Depuis cette bénédiction interrompue, l'Europe n'entend plus que l'appel aux armes.

L'Amérique avec ses nations qui s'intitulent les jeunes filles de l'Église, doit s'étonner de voir la vieille Europe transformer ses nations en d'immenses tribus rivales se disputant leurs parts de territoires. Elles doivent se demander quel sera le rôle d'une nation leur sœur, la France, la fille aînée de l'Église.

Mais elles ont vu à Rome, le représentant du chef divin dont il a été dit : *Propugnator sum ad salvandum*. Et comme les races Catholiques de la jeune Amérique, les races catholiques de la vieille Europe ont confiance dans le Christ qui combat et qui sauve.

Il a déjà sauvé la France même par des prodiges : et parmi les réactions du xixe siècle contre le xviiie, il en est une qu'ici en finissant je ne puis oublier.

Au xviiie siècle, le sentiment de Nationalité française était tellement amoindri, qu'il ne suffisait pas d'admirer seulement l'étranger contemporain, Prusse et Russie, et l'antiquité jusqu'à la folie, Phrygie, Sparte et Rome ; il y avait plaisir à déshonorer la France et ses plus belles gloires. Le xviiie siècle à sa fin a eu l'infamie du livre intitulé poème, *la Pucelle*, de Voltaire.

Aussi les soldats de la Révolution passant à Domrémy ne songèrent-ils qu'à outrager la mémoire de Jeanne d'Arc en ravageant l'Église.

Bien différents, les étrangers qui envahirent la France en 1814, s'arrêtaient respectueux devant la petite maison de Domrémy, et ils en emportaient des reliques, herbes et fleurs parasitaires, fragments de bois ou de pierres, montrant par cette admiration quel prix nous devions, nous Français, attacher à ces souvenirs.

De nos jours et pour réveiller Voltaire et la Révolution, la franc-maçonnerie avait incité un de ses plus fervents adeptes à détruire historiquement cette légende de la foi catholique et de la foi française qui illumine le front de Jeanne d'Arc.

Mais ce fut précisément à l'étude approfondie de cette page de notre histoire que le franc-maçon retrouva, dans l'auréole de la pure et noble figure, un tel rayonnement que son âme en fut saisie et éclairée. Il redevint Chrétien ! (*Léo Taxil*).

Comme lui le xixe siècle a retrouvé à la fois le sentiment Chrétien et le sentiment patriotique. En répudiant le xviiie siècle, il a reporté ses hommages et ses admirations à la jeune fille choisie surnaturellement pour être la libératrice de la France.

Nous aussi nous avons besoin d'union, d'élan et de secours divin, afin de relever la France. La fibre nationale fait vibrer pour nous tous, peuple et soldats, ce nom de Jeanne d'Arc comme le symbole de victoires soudaines qui, au bon vouloir de Dieu, changent la face des choses.

Nous songeons d'autant plus à Jeanne d'Arc, que son pays la Lorraine, cette vaillante province, est exposée aux premiers chocs de l'invasion : et si l'on désire aujourd'hui voir le nom de Sainte couronner en Jeanne d'Arc le titre d'héroïne, c'est qu'on veut exprimer à Dieu la reconnaissance pour le passé, l'espérance pour l'avenir.

Vive Labeur ! le labeur de notre époque a été grand.

Pour la France, le xixe siècle sera dans l'histoire un siècle de luttes, mais finalement un siècle de triomphe : un siècle humain de travail et de rénovation, un siècle chrétien militant et vainqueur.

ÉPILOGUE

AU LIVRE ET AU LECTEUR

Va maintenant et sois lu, si tu peux être utile, livre incomplet, mais écrit avec une recherche consciencieuse de la vérité, la volonté de la dire telle qu'elle m'apparaît, et le désir qu'elle serve à combattre les préjugés et les erreurs révolutionnaires.

Il y a grand intérêt à ce que les appréciations des faits et des idées dans l'histoire soient justes et vraies : car alors elles contiennent l'enseignement le mieux fondé et le plus profitable ; tandis que l'histoire faussée et incomprise est fatale par les conséquences qu'on en tire, et auxquelles elle donne une trompeuse autorité.

Telle fut, au xviiie siècle, l'histoire laudative de l'antiquité : elle a enfanté les systèmes et les hommes de la Révolution.

Depuis lors l'histoire atténuative du mal, des excès et des crimes, et laudative de la Révolution en général, du Tiers-État et de 1789 en particulier, a enfanté de nouveaux épisodes et fait surnager des hommes et des systèmes révolutionnaires, malgré le courant du xixe siècle qui emportait à la dérive les idées du siècle précédent.

Les histoires récentes sont plus critiques que laudatives de la Révolution. Elles sont plus vraies.

Cependant il a encore été laissé un certain temps aux révolutionnaires pour élever des statues à Diderot, à Voltaire, à la République; ils voudraient même réhabiliter les septembrisades par une statue à Danton ! Mais quoi qu'ils fassent, ils ne domineront pas l'histoire.

Si, aux histoires encore incomplètes, j'ai apporté un supplément de vérité, et un résumé utile des idées et des intérêts qui ont fait la révolution et qui en prolongent la durée, ce livre néanmoins reste incomplet aussi; car, il n'est dans ma pensée qu'un tome premier, la politique de la Révolution, et il lui faudrait, pour second tome, la politique chrétienne et française.

A chaque idée antichrétienne, antifrançaise, j'ai opposé par contraste l'idée française et chrétienne; et il en résulte une première affirmation des principes qui devront être le salut et l'avenir de la France.

Mais ce premier volume, histoire et polémique, voudrait être complété par un tableau historique de la politique française, et par la vision lumineuse de la politique chrétienne.

Cette politique, élucidée par les attaques de l'hérésie et de la Révolution, *Oportet hereses esse,* et perfectionnée par les épreuves, se développe avec ampleur au milieu des merveilles de notre époque, et répondra à tous les progrès sociaux, parce qu'elle est à la fois la loi du progrès et la loi de la durée.

L'âge et l'insuffisance ne me permettront pas d'écrire ce second volume. Puisse le grand cadre qu'il renferme, apparaître à un esprit, à un savoir, à un chrétien capables de le remplir.

Après la Révolution, le Catholicisme apparait plus éclatant : après tous les déluges, c'est toujours un même soleil qui reprend sa splendeur, le soleil du vrai Dieu.

TABLE DES CHAPITRES

Préface v

LIVRE PREMIER

IDÉES ET SYSTÈMES

Chapitre Ier.	— La Révolution	1
II.	— Le Protestantisme et la Révolution . . .	4
III.	— L'Antiquité	11
IV.	— Constituants et Constitutions	18
	Suite du Chapitre IV	27
V.	— L'Homme de la Nature et les droits naturels de l'homme	34
	Suite du Chapitre V	40
VI.	— La femme et la famille	45
VII.	— Politiques étrangères	52
VIII.	— Ancêtres et Patrie	59
IX.	— Les classes dans la Nation	65
X.	— Jacobinisme et socialisme. L'individu et l'association	72
XI.	— La Franc-maçonnerie	78
XII.	— Liberté, Égalité, Fraternité	88
XIII.	— L'idée humanitaire	95
XIV.	— La Terreur	100

Chapitre XV. — République et Monarchie. Forme et fond 104
XVI. — Fanatisme et hypocrisie 109
XVII. — Souveraineté du peuple et Souveraineté nationale. 115

LIVRE DEUXIÈME

LES INTÉRÊTS

Chapitre 1er. — Le Tiers-État. 131
II. — Intérêts nationaux, ancienne constitution française 140
III. — Droits et devoirs. Royauté, Clergé, Noblesse. 146
IV. — Une Assemblée seule et constituante 1789 à 1793 166
V. — La Bourgeoisie, 1830. 182
VI. — Peuple et Bourgeoisie. Le Socialisme et la Commune. Intérêts et partis, de 1848 à 1888. 191
VII. — Résumé, intérêts Tiers-État. Idées antichrétiennes. Apogée de la Révolution. 199

LIVRE TROISIÈME

LA FRANCE AU XIXe SIÈCLE

Chapitre Ier. — Premier aperçu sur le XIXe siècle en France 209
II. — Réaction contre l'antiquité 212
III. — Les deux Empires 220
IV. — La Restauration ...., ... 228
V. — 1830. Le Catholicisme et le Gallicanisme. Le monopole universitaire et la liberté d'enseignement 233

Chapitre VI. — La défaite de la France 242
       VII. — Recrudescence de la Révolution. 251
      VIII. — Intérêts révolutionnaires. Peuple et bourgeoisie 259
       IX. — Deux Frances. Centenaire de 1789 . . . 265
       X. — Fusion 272
       XI. — Fin du XIXe siècle. 279

ÉPILOGUE 289

www.ingramcontent.com/pod-product-compliance
Lightning Source LLC
Chambersburg PA
CBHW071413150426
43191CB00008B/905